典型机械零件数控铣削加工

主　编　郑金杰
副主编　黎华平　王中宝　刘济慧
参　编　姚朝霞　王　鹏　俞　学
　　　　苗景国　郭献育　杨　帆

机械工业出版社

本书结合企业典型加工实例，系统地介绍了数控铣削加工过程中的编程、操作及加工工艺编制技术。其主要内容包括数控铣床概述、数控铣床操作技能、外轮廓零件编程与加工、内轮廓零件编程与加工、孔类零件编程与加工、数控铣削编程与加工的提高、CAM 在数控铣削上的应用、数控铣工技能鉴定实例。本书涵盖了数控铣削加工的"任务要求—任务实施—任务评价"全流程训练，可使读者掌握从图样到成品的完整技术链。本书针对一些抽象不易理解的知识点配套二维码链接企业技师操作视频，可帮助读者实现"纸质图书+数字资源"立体化学习。

本书可供从事数控加工的技术人员、工人参考，也可以作为高职院校数控技术、机械制造等专业核心课程教材和中职院校进阶培训的参考用书。

图书在版编目（CIP）数据

典型机械零件数控铣削加工 / 郑金杰主编. -- 北京：机械工业出版社，2025.9. -- ISBN 978-7-111-78824-9

Ⅰ. TH13；TG547

中国国家版本馆 CIP 数据核字第 20250JL181 号

机械工业出版社（北京市百万庄大街22号　邮政编码100037）
策划编辑：陈保华　　　　　　　责任编辑：陈保华　王彦青
责任校对：郑　婕　张　薇　　　封面设计：马精明
责任印制：刘　媛
北京建宏印刷有限公司印刷
2025 年 9 月第 1 版第 1 次印刷
169mm×239mm・14.75 印张・303 千字
标准书号：ISBN 978-7-111-78824-9
定价：59.00 元

电话服务　　　　　　　　　　　网络服务
客服电话：010-88361066　　　　机 工 官 网：www.cmpbook.com
　　　　　010-88379833　　　　机 工 官 博：weibo.com/cmp1952
　　　　　010-68326294　　　　金 书 网：www.golden-book.com
封底无防伪标均为盗版　　　　　机工教育服务网：www.cmpedu.com

前　言

　　数控铣削加工是一门由多学科交叉融合而成的实用性较强的技术，它不仅涉及材料学科，同时涉及机械制造、公差配合、机械制图和 CAM 技术等。数控铣削加工技术在多个行业中发挥着重要作用，尤其是在航空航天、汽车、电子、医疗器械等领域，相关技术的不断创新和设备的更新换代使得数控铣削加工的精度和效率得到了显著提升。随着智能制造、自动化生产和新材料技术的不断发展，数控铣削技术也将进一步向高效、高精度、绿色环保的方向发展，推动制造业向更高水平迈进。同时，行业人才的培养与技术的普及也将是未来数控铣削技术持续发展的重要支撑。

　　本书打破传统学科界限，以典型机械零件加工任务为主线，融入企业生产标准和工艺规范。例如，在"孔类零件编程与加工"一章中，引入企业高精度液压阀阀孔加工案例，通过"任务要求—任务实施—任务评价"全流程训练，使读者掌握从图样到成品的完整技术链。同时，结合中小企业对"一专多能"人才的需求，本书包含"CAM 在数控铣削上的应用"一章，引入 UG 软件自动编程技术，强化读者的数字化设计与制造能力。利用数控仿真软件完成编程验证与工艺优化，通过实训车间真实机床操作巩固技能。书中配套二维码链接企业技师操作视频，实现"纸质图书+数字资源"立体化学习。此外，"数控铣工技能鉴定实例"一章直接对接国家职业资格标准，涵盖初、中、高三级考核项目，助力读者"职业技能"证书获取。

　　本书共 8 章，主要包括数控铣床概述、数控铣床操作技能、外轮廓零件编程与加工、内轮廓零件编程与加工、孔类零件编程与加工、数控铣削编程与加工的提高、CAM 在数控铣削上的应用、数控铣工技能鉴定实例。为了便于读者学习，各章开篇列举了学习目标，并导入特色鲜明的案例。本书可供从事数控加工的技术人员、工人参考，也可以作为高职院校数控技术、机械制造等专业核心课程教材，还可以作为中职院校进阶培训的参考用书。

　　本书由郑金杰担任主编，黎华平、王中宝、刘济慧担任副主编。编写分工：玉环中等职业技术学校的杨帆编写第 1 章的 1.1 节，嘉兴南洋职业技术学院的刘济慧编写第 3 章的 3.1 节，上海电子信息职业技术学院的苗景国编写第 4 章的 4.1 节，台州职业技术学院的黎华平编写第 5 章的 5.4 节，浙江海德曼智能装备股份有限公司的郭献育编写第 7 章的 7.1 节，台州职业技术学院的姚朝霞、王鹏和俞学共同编写第 7 章的 7.2 节，玉环中等职业技术学校的王中宝编写第 8 章的 8.1 节，其他章节由台州职业技术学院的郑金杰编写。全书视频的录制和书稿的统稿及定稿工作由郑金杰完成。

本书是浙江省高职教育"十四五"第一批教学改革项目（"中高企"工学一体化课程构建与实施——以《机械零件数控加工》课程为例，负责人：郑金杰，项目编号：jg20230246）和 2025 年度全国机械行业高端装备职业教育金课项目（机械零件数控加工（高级），课程负责人：郑金杰，金课编号：JXCRTJK2025131）的部分研究成果，本书出版得益于浙江省教育界和台州职业技术学院的大力支持，以及玉环市经济和信息化局、本地行业协会的多方协作。特别感谢浙江海德曼智能装备股份有限公司的技术专家提供的工艺指导与案例资源。

由于编者水平有限，书中不足之处恳请读者批评指正。

编　者

目 录

前言
第1章 数控铣床概述 ………… 1
学习目标 ………………………… 1
导入案例 ………………………… 1
1.1 数控铣床的结构组成和分类 … 2
1.2 数控铣床常用的附件 ………… 8
1.3 数控铣床的维护保养和安全
    生产 ………………………… 18
思考与练习 ……………………… 23

第2章 数控铣床操作技能 ……… 24
学习目标 ………………………… 24
导入案例 ………………………… 24
2.1 熟悉操作面板 ………………… 25
2.2 机床的基本操作 ……………… 30
2.3 数控铣床常见附件及其安装 … 35
2.4 工件的装夹和试切法对刀 …… 38
2.5 分中棒和对刀器 ……………… 41
思考与练习 ……………………… 44

第3章 外轮廓零件编程与加工 … 45
学习目标 ………………………… 45
导入案例 ………………………… 45
3.1 直线型外轮廓编程与加工 …… 46
3.2 圆弧型外轮廓编程与加工 …… 59
3.3 台阶型外轮廓编程与加工 …… 65
3.4 复杂型外轮廓编程与加工 …… 70
思考与练习 ……………………… 78

第4章 内轮廓零件编程与加工 … 79
学习目标 ………………………… 79
导入案例 ………………………… 79
4.1 十字槽内轮廓编程与加工 …… 80
4.2 "回"字形内轮廓编程与加工 … 85

4.3 "S"形内轮廓编程与加工 …… 92
4.4 复杂型内轮廓编程与加工 …… 97
思考与练习 ……………………… 103

第5章 孔类零件编程与加工 …… 105
学习目标 ………………………… 105
导入案例 ………………………… 105
5.1 常规孔类零件编程与加工 …… 106
5.2 高精度孔类零件编程与加工 … 113
5.3 螺纹孔编程与加工 …………… 122
5.4 液压阀阀孔编程与加工 ……… 128
思考与练习 ……………………… 131

第6章 数控铣削编程与加工的
提高 ……………………… 133
学习目标 ………………………… 133
导入案例 ………………………… 133
6.1 子程序的调用 ………………… 134
6.2 旋转坐标指令的应用 ………… 139
6.3 镜像指令的应用 ……………… 144
6.4 宏指令编程 …………………… 148
思考与练习 ……………………… 153

第7章 CAM在数控铣削上的
应用 ……………………… 155
学习目标 ………………………… 155
导入案例 ………………………… 155
7.1 CAM自动编程简介 …………… 156
7.2 针对球面零件的UG软件自动编程与
    加工 ………………………… 158
7.3 针对多孔零件的UG软件自动编程与
    加工 ………………………… 177
思考与练习 ……………………… 189

第 8 章　数控铣工技能鉴定实例 … 190
　　学习目标 ………………………… 190
　　导入案例 ………………………… 190
　　8.1　初级职业技能鉴定实例 …… 191
　　8.2　中级职业技能鉴定实例 …… 198
　　8.3　高级职业技能鉴定实例 …… 207
　　8.4　CAM 技术辅助技能鉴定实例 … 216
　　思考与练习 ……………………… 225

附录 ……………………………………… 227
　　附录 A　FANUC-0i 系统数控指令中
　　　　　　支持的 G 代码组成及其
　　　　　　含义 …………………… 227
　　附录 B　FANUC-0i 系统数控指令中支持
　　　　　　的辅助功能（M 功能）…… 229

参考文献 ……………………………… 230

第1章 数控铣床概述

学习目标

1) 能独立查阅资料,梳理数控铣床的发展历史和技术演变脉络。
2) 熟悉数控铣床的工作原理。
3) 掌握数控铣床的核心结构组成及其分类标准。
4) 能独立选用并正确安装数控铣床常用的工装夹具。
5) 掌握数控铣床刀具的组装与调试方法。
6) 熟悉数控铣床常用量具的操作规范与精度校准流程。
7) 能独立完成数控铣床的日常维护。
8) 掌握数控铣床的安全操作规范与典型故障的预防、诊断方法。
9) 能独立完成设备安全检查。
10) 掌握数控铣床的安全生产要求。

导入案例

20世纪40年代以来,汽车、飞机和兵器制造工业进展迅速,传统的加工设备已无法承担加工航空工业需要的复杂曲面零件。数控技术就是为了解决复杂曲面零件加工的自动化而产生的,如图1-1所示。数控技术是综合应用计算机、自动操纵、自动检测及精密机

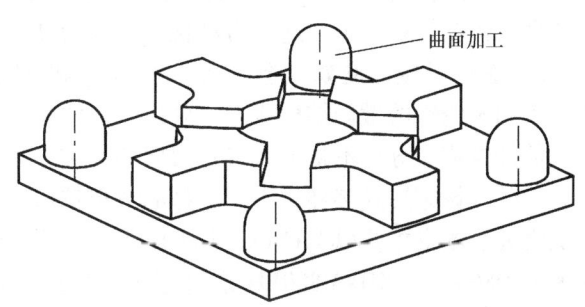

图1-1 数控铣床加工复杂曲面零件

械加工等高新技术的产物。它已应用于许多领域,同时它所带来的庞大效益已引起世界各国科技与工业界的普遍重视。数控铣床只是数控技术在铣床上面的应用。在深入学习数控机床之前,需要先通过参观数控加工车间来认识数控机床,通过观察、比较等方式直观地了解数控加工设备和普通机床设备的区别,体验数控加工车

间的生产氛围，提高学习的兴趣。

1.1　数控铣床的结构组成和分类

数控铣床是一种由计算机数控系统（CNC）控制的铣床，广泛应用于金属加工、模具制造、精密零件加工等领域。它通过程序控制刀具的运动轨迹和加工参数，实现对工件的精确铣削。

数控铣床的主要特点如下：

1) 数控系统控制，通过计算机输入加工程序，数控系统控制机床的运动，包括刀具的进给速度、旋转速度和位置精度。

2) 高精度加工，能够实现高精度的切削和复杂的三维加工，适用于批量生产和单件定制。

3) 自动化操作，操作员可以通过编程控制加工过程，减少人工干预，提高生产率。

4) 多功能性，可以进行多种加工，如平面铣削、成形铣削、切槽等。

数控铣床的应用领域如下：

1) 精密机械加工，例如高精度齿轮、阀体等复杂零件制造，公差控制达微米级，适用于光学仪器、精密设备核心部件加工，满足高稳定性与重复定位要求。

2) 模具制造，例如加工注射模、压铸型型腔和精密电极，实现复杂曲面与微细纹理雕刻，支持淬火钢、硬质合金等高硬度材料的高效切削。

3) 航空航天，例如钛合金机身框架、发动机叶片等关键部件加工，兼顾轻量化与结构强度，满足高温合金切削及复合材料的精密铣削需求。

4) 汽车零部件加工，例如生产发动机缸体、变速器齿轮等高精度组件，支持铝合金、铸铁批量加工，适应自动化生产线的高速、高一致性要求。

5) 医疗器械，例如人造关节、手术器械等生物相容性部件加工，实现钛合金、医用不锈钢的微创结构成形，确保表面质量与无菌环境适配性等。

数控铣床又分为不带刀库和带刀库两大类，其中带刀库的数控铣床又称为加工中心。数控铣床形式多样，不同类型的数控铣床在组成上虽有所差别，但却有许多相似之处。本书主要以 FANUC 0i Mate-TD 系统，浙江凯达机床股份有限公司生产的 KDVM800LA、KDVM800LH 系列为例讲解数控铣削加工过程中的编程技巧和操作技巧，以及加工工艺编制技巧。

1. 数控铣床的结构和组成

数控铣床的核心组成包括床身、主轴、工作台、数控系统、进给系统、伺服电动机、刀库、冷却系统等。数控铣床的内部结构和外部结构如图 1-2、图 1-3 所示。

数控铣床主要包括以下核心部分，每部分都在数控加工过程中起着重要作用。

第1章 数控铣床概述

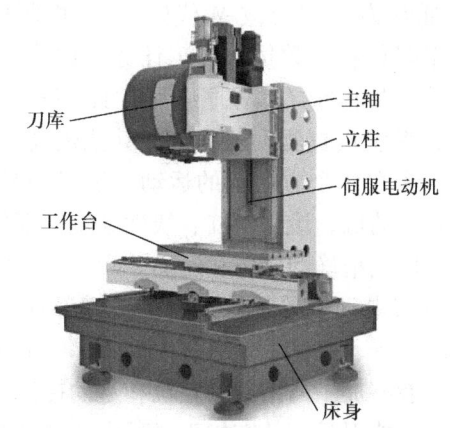

图1-2 数控铣床的内部结构

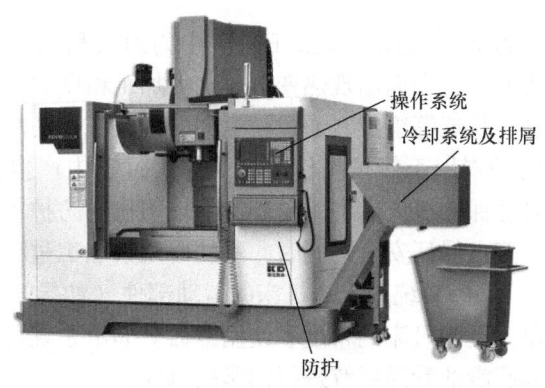

图1-3 数控铣床的外部结构

下面是数控铣床的主要组成部分及其功能介绍。

（1）床身　床身是数控铣床的基础部分，起支撑整个机床的作用，它提供了强大的刚性和稳定性，确保机床在加工过程中能承受切削力并保持高精度，床身一般采用铸铁材质，具备良好的减振性能。

（2）主轴　主轴是驱动切削刀具旋转的核心部件，它承载并传递动力，通常安装有刀具或夹具进行切削工作。主轴的转速可以根据加工要求进行调节，高转速主轴适用于高速切削，低转速主轴适用于大功率切削。

（3）工作台　工作台是放置工件的地方，工件通过夹具固定在工作台上。工作台的移动可以沿着X轴、Y轴、Z轴方向进行，以便进行不同方向的切削操作。工作台通常可以在多个方向上进行精确的进给运动，确保刀具可以精确地作用在工件上。

（4）数控系统（CNC控制系统）　数控系统是整个数控铣床的"大脑"，负责接收和解析加工程序（通常为 G 代码或 M 代码），并控制机床各部分（如主轴、进给电动机等）按照预定路径和参数执行加工任务。数控系统包括硬件（如显示器、操作面板、控制单元）和软件（如程序编写、加工程序解析）。

（5）进给系统　进给系统负责驱动工作台和其他运动部件（如主轴）按预定路径进行移动，它控制机床在各个方向上的运动，确保刀具与工件之间的相对位置。进给系统通常由伺服电动机、滚珠丝杠、线性导轨等部件组成，伺服电动机提供动力，滚珠丝杠和导轨提供精确的定位和运动。

（6）伺服电动机　伺服电动机是进给系统的关键部件，负责精确控制机床的运动，它通过数控系统的指令，控制工作台、主轴等部件的准确定位和运动。伺服电动机响应快、精度高，能够提供高精度的定位和运动控制。

（7）刀库　刀库用于存放刀具，并在加工过程中自动更换刀具，它通常用于多刀具切削操作，提高了加工效率。刀库可分为圆盘式和链式两种，支持不同类型的刀具储存和更换方式。

（8）冷却系统　冷却系统用于在加工过程中为刀具和工件提供冷却，减少切削热，防止刀具过热或工件表面出现热变形，确保加工精度和刀具寿命。冷却系统通常由冷却液箱、泵、管道等组成，通过喷嘴向切削区域供切削液。

（9）防护罩　防护罩用于保护操作者免受加工过程中产生的切屑、冷却液和噪声等的伤害，同时也保护机床部件不受外界物体损伤。防护罩通常采用金属材料制成，且是透明的，能在保证安全的同时，不妨碍观察加工过程。

（10）润滑系统　润滑系统用于为机床的运动部件（如导轨、丝杠等）提供润滑，减少摩擦和磨损，提高机床的精度和使用寿命。润滑系统可以是手动的或自动的，通常通过油泵或润滑油管道系统进行油脂的供应。

（11）辅助设备　除了主要的机械部分，数控铣床还可能配备一些辅助设备，以提高加工效率或提供额外功能，如自动换刀装置、自动对刀仪、测量系统等。

2. 数控铣床的分类

数控铣床种类较多，分类方法也各不相同。一般可根据数控铣床的结构和功能，主要有以下三种分类形式。

（1）按加工主轴的放置形式分类　按机床主轴的布置形式及机床的布局特点分类，可分为立式数控铣床、卧式数控铣床、立/卧两用数控铣床和龙门数控铣床等。

1）立式数控铣床（见图1-4）的特点是主轴轴线与工作台平面垂直，是数控铣床中常见的一种布局形式，应用广泛，适合于加工板、套、盘类零件。

图1-4　立式数控铣床

这类机床一般可进行三坐标联动加工,目前三坐标数控立式铣床占大多数。数控立式铣床主轴与机床工作台面垂直,工件装夹方便,加工时便于观察,但不便于排屑。一般采用固定式立柱结构,工作台不升降。主轴箱做上下运动,并通过立柱内的重锤平衡主轴箱的质量。为保证机床的刚性,主轴中心线距立柱导轨面的距离不能太大,因此,这种结构主要用于中小尺寸的数控铣床。

此外,还有的机床主轴可以绕 X、Y、Z 坐标轴中其中一个或两个做数控回转运动的四坐标和五坐标数控立式铣床。通常,机床控制的坐标轴越多,尤其是要求联动的坐标轴越多,机床的功能、加工范围及可选择的加工对象也越多。但随之而来的就是机床结构更加复杂,对数控系统的要求更高,编程难度更大,设备的价格也更高。

数控立式铣床也可以附加数控转盘,采用自动交换台,增加靠模装置来扩大它的功能、加工范围和加工对象,进一步提高生产率。

2)卧式数控铣床(见图 1-5)的特点是主轴轴线与工作台平面平行。一次装夹后可完成除安装面和顶面以外其余四个面的各种工序加工,适合箱体类零件。卧式数控铣床与通用卧式铣床相同,其主轴轴线平行于水平面,由于数控卧式铣床的主轴与机床工作台面平行,加工时不便于观察,但排屑顺畅。为了扩大加工范围和扩充功能,一般配有数控回转工作台或万能数控转盘来实现四坐标、五坐标加工,这样不但工件侧面上

图 1-5 卧式数控铣床

的连续轮廓可以加工出来,而且可以实现在一次安装过程中,通过转盘改变工位,进行"四面加工"。尤其是万能数控转盘可以把工件上各种不同的角度或空间角度的加工面摆成水平来加工,这样可以省去很多专用夹具或专用角度的成形铣刀。虽然卧式数控铣床在增加了数控转盘后很容易做到对工件进行"四面加工",使其加工范围更加广泛。但从制造成本上考虑,单纯的数控卧式铣床现在已比较少,而多是在配备自动换刀装置(ATC)后成为卧式加工中心。

3)立/卧两用数控铣床(见图 1-6)的主轴方向可以更换,在一台机床上既可以进行立式加工,又可以进行卧式加工,同时具备了上述两类机床的功能。目前这类数控铣床已不多见,由于这类铣床的主轴方向可以更换,能达到在一台机床上既可以进行立式加工,又可以进行卧式加工,而同时具备上述两类机床的功能,其使用范围更广,功能更全,选择加工对象的余地更大,且给用户带来方便。这类机床特别适合生产批量小、品种较多,需要立、卧两种方式加工的场合。

4)龙门数控铣床(见图 1-7)的铣床主轴可以在龙门架的横向与垂向溜板上

运动,而龙门架则沿床身做纵向运动。因要考虑扩大行程、缩小占地面积及刚性等技术问题,大型数控铣床往往采用龙门式结构。

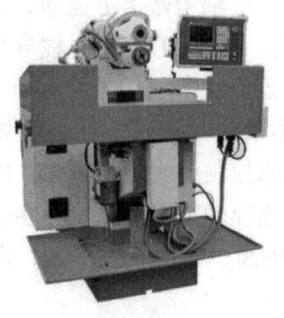

图1-6　立/卧两用数控铣床　　　　图1-7　龙门数控铣床

龙门数控铣床主要针对大尺寸(尺寸超过1m,质量超过500kg)的工件加工,一般采用对称的双立柱结构,以保证机床的整体刚性和强度。数控龙门铣床有工作台移动和龙门架移动两种形式,主要用于各种基础大件、板件、盘类件、壳体件和模具等多品种零件的加工。工件一次装夹后可自动高效、高精度地连续完成铣、钻、镗和铰等多种工序的加工,适用于航空、重机、机车、造船、机床、印刷、轻纺和模具等制造行业。

(2)按控制轴的数量分类

1)三坐标数控铣床(见图1-8)的特点是同时控制 X、Y、Z 三个坐标轴,刀具在空间的位移方向都可移动,能够进行形状复杂的二维以至三维复杂轮廓的加工能力,适于多工序加工,如箱体等需要铣、钻、铰及攻螺纹等多工序加工的零件。三坐标数控铣床加工的零件如图1-9所示。

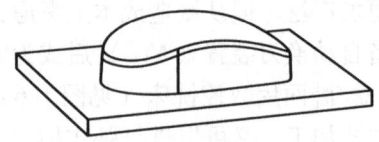

图1-8　三坐标数控铣床　　　　图1-9　三坐标数控铣床加工的零件

2)四坐标数控铣床如图1-10所示。四坐标是指在 X、Y 和 Z 三个平动坐标轴基础上增加一个转动坐标轴(A 或 B),且四个轴一般可以联动。其中,转动轴既可以作用于刀具(刀具摆动型),也可以作用于工件(工作台回转/摆动型);机床既可以是立式的也可以是卧式的；此外，转动轴既可以是 A 轴（绕 X 轴转动）也可以是 B 轴（绕 Y 轴转动）。由此可以看出，四坐标数控机床可具有多种结构类型，但除大型龙门式机床上采用刀具摆动外，实际加工中多以工作台旋转/摆动的结构居多。但不管是哪种类型，其共同特点是相对于静止的工件来说，刀具的运动位置不仅是任意可控的，而且刀具轴线的方向在刀具摆动平面内也是可以控制的，从而可根据加工对象的几何特征，按保持有效切削状态或根据避免刀具干涉等需要来调整刀具相对零件表面的姿态。因此，四坐标加工可以获得比三坐标加工更广的工艺范围和更好的加工效果。四坐标数控铣床加工的零件如图 1-11 所示。

图 1-10　四坐标数控铣床

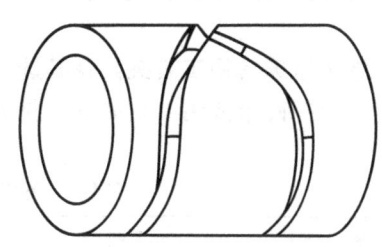

图 1-11　四坐标数控铣床加工的零件

3）五坐标数控铣床如图 1-12 所示。对于五坐标机床，都具有两个回转坐标。相对于静止的工件来说，其运动合成可使刀具轴线的方向在一定的空间内（受机构结构限制）任意控制，从而具有保持最佳切削状态及有效避免刀具干涉的能力。因此，五坐标加工又可以获得比四坐标加工更广的工艺范围和更好的加工效果，特别适用于三维曲面零件的高效、高质量加工以及异型复杂零件的加工。采用五轴联动对三维曲面零件的加工，可用刀具最佳几何形状进行切削，不仅加工表面粗糙度低，而且效率也大幅度提高。一般认为，一台五轴联动机床的效率可以等于两台三轴联动机床的效率，特别是使用立方氮化硼等超硬材料铣刀进行高速铣削淬硬钢零件时，五轴联动加工可比三轴联动加工发挥更高的效益。五坐标数控铣床加工的零件如图 1-13 所示。

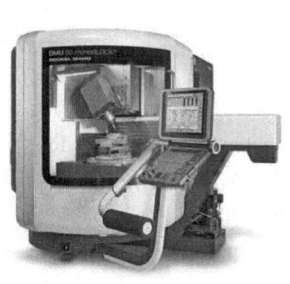

图 1-12　五坐标数控铣床

图 1-13　五坐标数控铣床加工的零件

(3) 其他分类方式　数控铣床除了以上两种主流划分方式，还有其他分类方法，见表1-1。

表1-1　数控铣床其他分类方法

分类方法	数控铣床类型		
按运动控制方式	点位控制数控铣床	直线控制数控铣床	轮廓控制数控铣床
按伺服系统	开环数控铣床	半闭环数控铣床	闭环数控铣床
按功能水平	经济型数控铣床	中档数控铣床	高档数控铣床

1.2　数控铣床常用的附件

1. 数控铣床常用工装夹具及其选择与找正

（1）数控铣床常用工装夹具（见表1-2）

表1-2　数控铣床常用工装夹具

名称	示意图	相关知识
平口虎钳		具有较大的通用性和经济性，适用于尺寸较小的方形工件的装夹。平口虎钳根据夹紧方式可以分为手动、气动、液压式；根据钳口精密程度，分为精密级和机用（常规）等
组合压板		在单件或少量生产和不便于使用平口虎钳等夹具夹持的情况下，常采用组合压板方法
自定心卡盘		用于回转体类零件的装夹
组合夹具		组合夹具是由一套结构已经标准化，尺寸已经规格化的通用元件、组合元件所构成，可以按工件的加工需要组成各种功用的夹具

（续）

名称	示意图	相关知识
回转工作台		适用于加工有等分结构的零件
专用夹具		具有结构合理、刚度高、装夹稳定可靠、操作方便、提高安装精度及装夹速度等优点。缺点是制造成本较高，适用于大批量生产

（2）数控铣床常用工装夹具选择方法　表1-2列出了数控铣床常用工装夹具，但是这些夹具针对的是不同类型的工件，如何选择这些夹具，才能够更好地发挥数控铣床的优势，是必须要认识和学习的知识点。数控铣削加工对夹具主要有两大要求，即夹具应具有足够的精度、刚度和可靠的定位基准。选用夹具时，通常考虑以下几点。

1）尽量选用可调整夹具、组合夹具及其他通用夹具，避免采用专用夹具，以缩短生产准备的时间。

2）在成批生产时才考虑采用专用夹具，并力求结构简单。

3）装卸工件要迅速方便，以减少机床的停机时间。

4）夹具在机床上安装要准确可靠，以保证工件在正确的位置上加工。

（3）数控铣床常用工装夹具找正方法　数控铣床工装夹具虽然可以扩大铣床的加工范围，但是夹具附件和机床毕竟是两个不同的个体，通过夹具装夹工件，就必须要对夹具上的工件进行找正。找正的目的在于将工件的基准表面，即工件坐标系的 X 轴或 Y 轴，找正到与数控铣床的 X 轴或 Y 轴重合。常见的找正方法见表1-3。

表1-3　数控铣床工装夹具找正方法

名称	示意图	相关知识
划线找正		通过钳工预先在毛坯等工件上画线，机床操作人员按照钳工画线找正工件的 X/Y 轴，保证工件的 X/Y 轴和机床的 X/Y 轴重合
百分表找正		针对半成品零件进行百分表找正。通过找正工件的 X/Y 轴，保证工件的 X/Y 轴和机床的 X/Y 轴重合，用百分表找正，要控制百分表的量程，避免损坏百分表

2. 数控铣床刀具系统及常用刀具选择

（1）数控铣床常用刀具（见表1-4）

表1-4 数控铣床常用刀具

名称	示意图	相关知识
面铣刀		用于大平面铣削加工、台阶面铣削、毛坯的粗加工等
键槽立铣刀		主要用于加工圆头平键槽，也可用于加工开口槽、台阶面、成形面铣削等。键槽刀的主切削刃位于刀具的端面和圆柱表面上，所以键槽刀可以直接用于深度切削
立铣刀	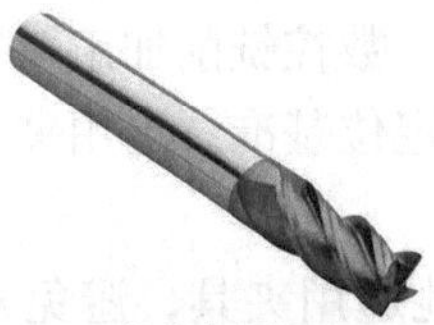 整体式立铣刀  可转位镶刀片立铣刀	内、外轮廓铣削加工，台阶面，凹槽，成形面，可以粗、精加工。立铣刀的主切削刃位于刀具的圆柱表面上，副切削刃位于端面上，所以立铣刀不能直接用于深度切削
球头铣刀	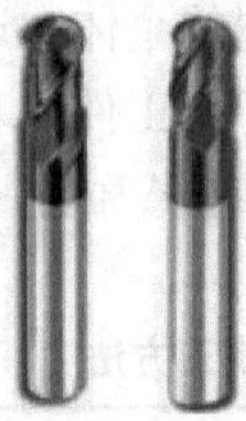	用于加工各类模具型腔或复杂的曲面、成形表面的加工
中心钻	 A型  B型	用于孔加工的预制精确定位，引导麻花钻进行孔加工，减小误差 特点：切削轻快，排屑好 中心钻有A型和B型两种。A型不带护锥，主要用于加工直径为1～10mm的中心孔；B型带护锥，主要用于加工工序较长、精度要求较高的工件
麻花钻		用于孔的加工，切削轻快，排屑好

(续)

名称	示意图	相关知识
锪孔钻		用于工件圆孔倒棱角或钻60°、90°、120°的锥孔，可一次完成所需锥角加工
机用铰刀	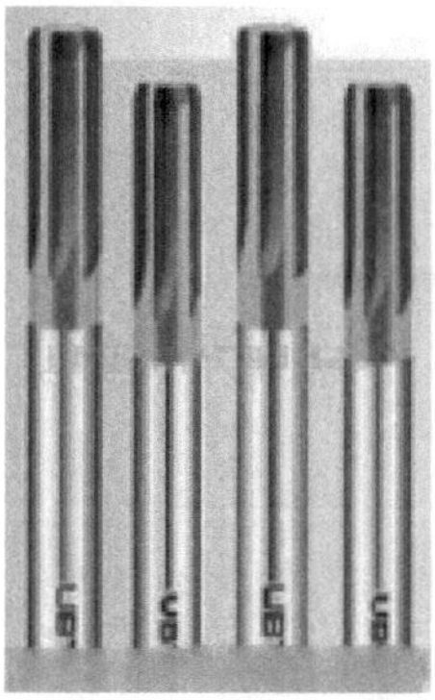	用于铰削工件上已钻削（或扩孔）加工后的孔，主要是为了提高孔的加工精度，降低其表面粗糙度值，用于孔的精加工和半精加工的刀具，加工余量一般很小，铰刀齿数多，工件平稳，导向性好
丝锥		用于内螺纹的加工，分机用和手工两种
镗刀		用于对工件上已有尺寸较大孔的加工，特别适合于加工分布在同一或不同表面上的孔距和位置精度要求较高的孔

（2）数控铣床刀具系统组合附件（见表1-5）

表1-5 数控铣床刀具系统组合附件

名称	示意图	相关知识
拉钉		用于刀柄与机床主轴的固定。拉钉安装于刀柄锥柄尾部与机床主轴拉紧机构固定刀柄的主轴上

（续）

名称	示意图	相关知识
强力刀柄及卡簧		
弹簧夹头刀柄及卡簧		
面铣刀刀柄		用于安装不同规格的铣削、钻削、镗削、攻螺纹等加工刀具，刀柄的选择要与机床主轴锥孔相匹配
钻头刀柄		
侧固式刀柄		
丝锥夹头刀柄		

（3）数控铣床刀具系统其他附件（见表1-6）

表1-6　数控铣床刀具系统其他附件

名称	示意图	相关知识
锁刀架		用于刀具系统的安装。安装时，刀柄上的键槽对准锁刀架上的键，使刀柄无法转动，然后用扳手锁紧刀柄上的锁紧螺母
扳手	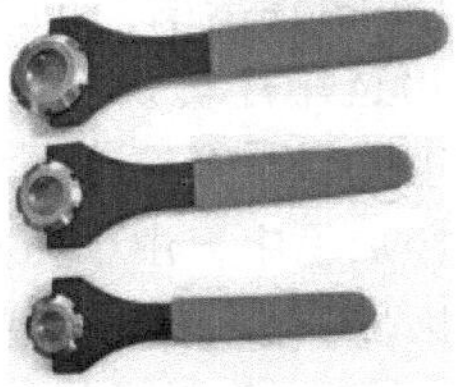	
偏心式寻边器		用于工件坐标零点的找正。偏心式寻边器或光电式（带蜂鸣或不带蜂鸣）寻边器进行 X 轴、Y 轴零件的确定，其中机械式寻边器在使用的过程中，其主轴转速不能超过 500r/min，防止头部飞出伤人。利用 Z 轴设定器进行 Z 轴零点的确定（Z 轴设定器的标准高度为 50mm 或 100mm）
光电式寻边器		
Z 轴设定器		
机外对刀仪		机外对刀仪是加工中心重要的附属设备，加工时使用的所有刀具在装入机床刀库前都必须使用对刀仪进行对刀，用来测量刀具的半径和长度，并进行记录，然后将每把刀具的测量数据输入机床的刀具补偿表中，供加工中心进行刀具补偿用

（4）数控铣床常用刀具选择方法　刀具的选择是数控编程加工人员的一项基本能力，是在人机交互状态下进行的。应根据机床的加工能力、工件材料的性能、加工工序、切削用量以及其他相关因素正确选用刀具及刀柄。刀具选择总的原则是：安装调整方便，刚性好，刀具寿命和精度高。在满足加工要求的前提下，尽量

选择较短的刀柄,以提高刀具加工的刚性。在实际生产中,被加工零件的几何形状是选择刀具类型的主要依据,其选择方法如下。

1)铣削刀具的选用。加工曲面类零件时,为了保证刀具切削刃与加工轮廓在切削点相切,而避免刀刃与工件轮廓发生干涉,一般采用球头刀,粗加工用两刃铣刀,半精加工和精加工用四刃铣刀;铣较大平面时,为了提高生产率、降低加工表面粗糙度值,一般采用刀片镶嵌式盘形铣刀;铣小平面或台阶面时一般采用通用铣刀;铣键槽时,为了保证槽的尺寸精度,一般用两刃键槽铣刀。

2)孔加工刀具的选用。数控机床孔加工一般无钻模,由于钻头的刚性和切削条件差,选用钻头直径 D 应满足 $L/D≤5$ (L 是钻孔深度)的条件;钻孔前先用中心钻定位,保证孔加工的定位精度;精铰前可选用浮动铰刀,铰孔前孔口要倒角;镗孔时应尽量选用对称的多刃镗刀头进行切削,以平衡镗削振动;尽量选择较粗和较短的刀杆,以减少切削振动。在经济型数控加工中,由于刀具的刃磨、测量和更换多为人工手动进行,占用辅助时间较长,因此,必须合理安排刀具的排列顺序。

3)刀具数量和工序的选用。一次装夹,用一把刀具加工能够加工的所有部位,尽量减少刀具的数量,减少加工工艺安排的次数。粗、精加工刀具要分开,先平面后孔,先进行曲面粗精加工,后进行二维轮廓加工。

另外,刀具寿命和精度与刀具价格关系极大,必须引起注意的是,在大多数情况下,选择好的刀具虽然增加了刀具成本,但由此带来的加工质量和加工效率的提高,则可以使整个加工成本大大降低。总之,刀具选择要综合考虑,应始终保证加工的经济性。

3. 数控铣床常用量具

(1)游标卡尺 游标卡尺是一种常用的量具,它能直接测量出工件的长度、宽度、高度、外径、内径和孔的中心距等尺寸。带深度尺的游标卡尺还能测量孔、槽的深度尺寸。游标卡尺属中等精度的量具,测量的工件精度为IT10~IT16。按其读数值分,游标卡尺有1/20mm和1/50mm两种。根据使用特点,游标卡尺可分为普通游标卡尺、带表卡尺、数显卡尺、深度卡尺、高度卡尺等。常见的游标卡尺见表1-7。

表1-7 常见的游标卡尺

名称	示意图
普通游标卡尺	(图示:内测量爪、紧固螺钉、尺框、游标、深度尺、尺身、外测量爪)

（续）

名称	示意图
带表卡尺	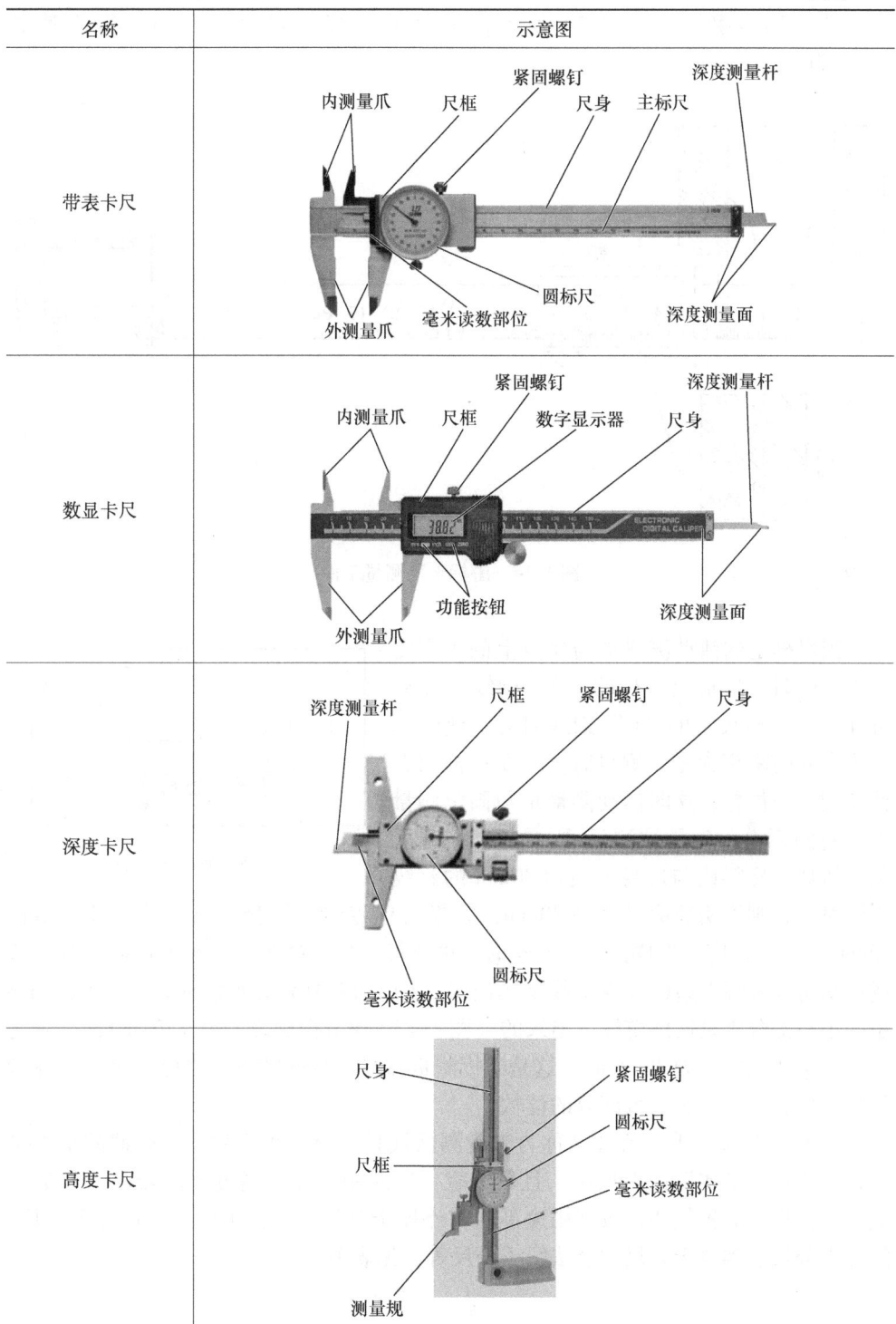
数显卡尺	
深度卡尺	
高度卡尺	

游标卡尺虽然种类很多，但是游标卡尺的读数原理大同小异，都是利用主尺和游标尺协同读数。如图 1-14 所示，用普通游标卡尺测量零件，得出读数是 30.7mm。

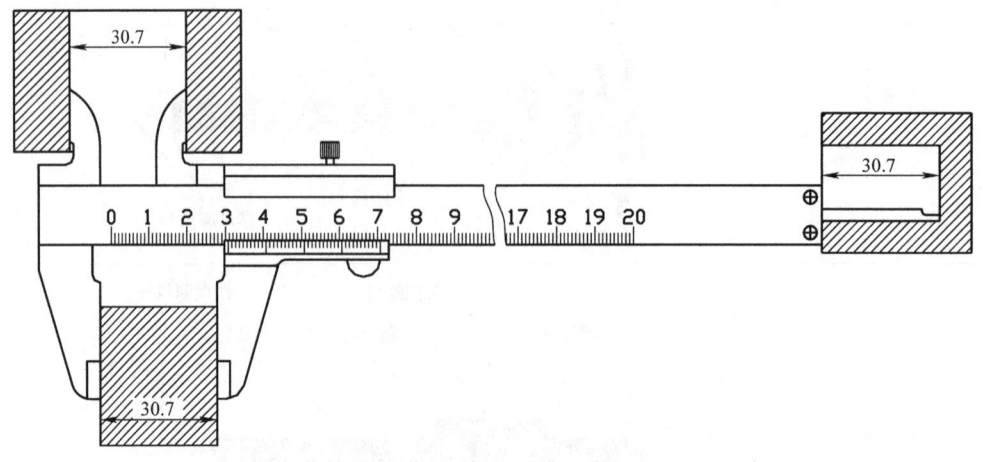

图 1-14　游标卡尺测量工件

当尺框上的活动测量爪与尺身上的固定测量爪贴合时，尺框上游标的"0"刻线（简称游标零线）与尺身的"0"刻线对齐，此时测量爪之间的距离为零。测量时，需要尺框向右移动到某一位置，这时活动测量爪与固定测量爪之间的距离，就是被测尺寸，如图 1-15 所示。假如游标零线与尺身上表示 30mm 的刻线

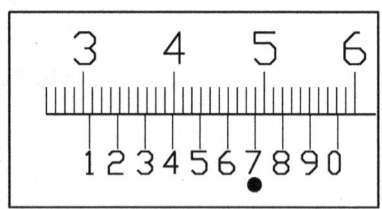

图 1-15　游标卡尺读数

正好对齐，则说明被测尺寸是 30mm；如果游标零线在尺身上指示的尺寸数值比 30mm 大一点，应该怎样读数呢？这时，被测尺寸的整数部分（为 30mm），如上所述可从游标零线左边的尺身刻线上读出来（图 1-14 中箭头所指刻线），而比 1mm 小的小数部分则是借助游标读出来的（图 1-15 中●所指刻线，为 0.7mm），二者之和就是被测尺寸，为 30.7mm，这是游标测量器具的共同特点。由此可见，游标卡尺的读数，关键在于小数部分的读数。

（2）千分尺　千分尺（又称为螺旋测微量具）是一种应用非常普遍的精密量具，其测量精度比游标卡尺高，且较灵敏，广泛用于加工精度要求较高工件的测量。千分尺的品种很多，按其用途不同有外径千分尺、内径千分尺、杠杆千分尺、深度千分尺、螺纹千分尺和公法线千分尺等，见表 1-8。

表1-8 常用的千分尺

名称	示意图	相关知识
外径千分尺		用于测量外径、长度、宽度、厚度等尺寸。当测量范围在500mm之内时，每25mm为一种规格，有0~25mm、25~50mm等多种规格
内径千分尺		1）普通内径千分尺主要用于较小孔径的测量，其刻度线方向与外径千分尺的刻度线方向相反。常见的有5~30mm和25~50mm两种规格 2）杠杆式内径千分尺可用来测量较大尺寸的孔径和槽的宽度。杠杆式内径千分尺有上旋入接长杆。成套的内径千分尺，可测量0~1500mm的尺寸
深度千分尺		用来测量孔深、槽深和台阶高度等尺寸，其读数原理和刻度线方向与普通内径千分尺相同，其测微螺杆的长度可根据被测工件深度尺寸不同进行选择。其规格有0~25mm、0~50mm、0~75mm等多种

千分尺的读数原理和读数方法大同小异，都是利用螺旋测微器来工作的，即量具的刻度由固定刻度A和可动刻度B两部分构成。固定刻度又分整刻度和半刻度，每个刻度为1mm，可动刻度部分每旋转一周测微螺杆前进或后退0.5mm，而每一周又分50个刻度，所以每旋转一个刻度测微螺杆前进或后退0.5mm/50 = 0.01mm，因此螺旋测微器测量长度时可以精确到0.01mm。当用螺旋测微器测量好物体时要读出所显示的数，这时所测物体的长度可表示为：$L = n \times 0.1\text{mm} + k \times 0.01\text{mm}$（$n$是固定刻度的格数；$k$是可动刻度的读数）。如图1-16所示，外径千分尺的读数 = 7mm + 0.01mm × 35 = 7.35mm。

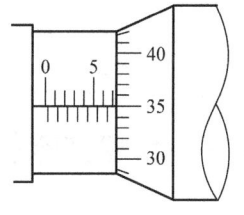

图1-16 千分尺读数

（3）百分表 百分表能测量工件相对于规定值的偏差，主要用于检验机床精度和测量工件的尺寸、形状和位置误差等。它不能直接测出工件的具体尺寸，只能检测出工件尺寸的误差大小。百分表的测量范围一般有0~3mm、0~5mm和0~10mm三种。根据精度可以划分为普通百分表和杠杆百分表，其外形如图1-17所示。

（4）游标万能角度尺 游标万能角度尺是用来测量工件内外角度的量具，也可以用它划出工件的内外角度。按游标的读数值（即测量精度）分为2′和5′两种，测量范围是0°~320°。游标万能角度尺如图1-18所示。

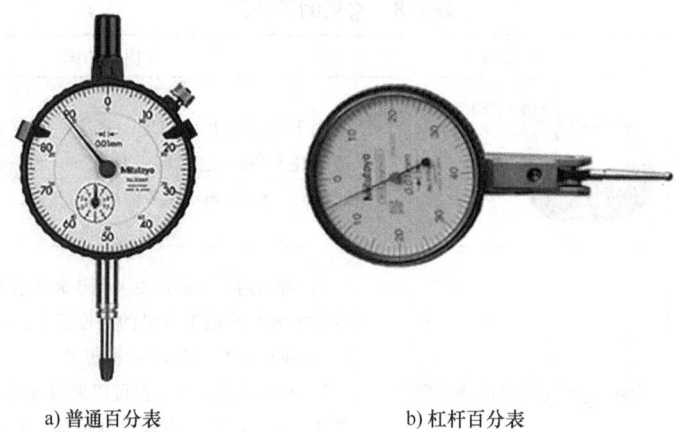

a) 普通百分表　　　　　　b) 杠杆百分表

图 1-17　百分表

图 1-18　游标万能角度尺

1.3　数控铣床的维护保养和安全生产

1. 数控系统的维护保养

（1）严格遵守操作规程和日常维护制度　数控铣床操作人员要严格遵守操作规程和日常维护制度，操作人员技术业务素质的优劣是影响故障发生频率的重要因素。当机床发生故障时，操作者要注意保留现场，并向维修人员如实说明发现故障前后的情况，以利于分析、诊断出故障的原因，及时排除。

（2）防止灰尘污物进入数控装置内部　在机械加工车间的空气中一般都会有油雾、灰尘，甚至金属粉末，一旦它们落在数控系统内的电路板或电子器件上，容易引起元器件间绝缘电阻下降，甚至导致元器件及电路板损坏，应尽量减少打开数控柜和强电柜门的次数。

（3）防止系统过热　日常应检查数控柜上的各个冷却风扇工作是否正常。每半年或每季度检查一次风道过滤器是否有堵塞现象,若过滤器网上灰尘积聚过多,不及时清理,会引起数控柜内温度过高。

(4) 直流电动机电刷的定期检查和更换　直流电动机电刷的过度磨损,会影响电动机的性能,甚至造成电动机损坏。为此,应对电动机电刷进行定期检查和更换,数控车床、数控铣床、加工中心等应每年检查一次。

(5) 定期检查和更换存储用电池　一般数控系统内对CMOSRAM存储器件设有可充电电池维护电路,如图1-19所示,以保证系统不通电期间能保持其储存器的内容。在一般情况下,即使存储用电池尚未失效,也应每年更换一次,以确保系统的正常工作。电池的更换应在数控系统供电的情况下进行,以防更换时RAM内容信息丢失。

(6) 备用印制电路板的维护　备用印制电路板长期不用时,应定期装到数控系统中通电运行一段时间,以防损坏。

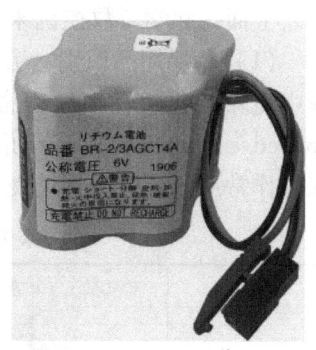

图1-19　FANUC 0i Mate-TD系统储用电池

2. 机械部件的维护保养

(1) 主传动链的维护　定期调整主轴驱动带的松紧程度,防止因带打滑造成丢转现象;检查主轴润滑的恒温油箱、调节温度范围、及时补充油量,并清洗过滤器;主轴中刀具夹紧装置长时间使用后,会产生间隙,影响刀具的夹紧,需及时调整液压缸活塞的位移量。

(2) 滚动丝杠螺纹副的维护　定期检查、调整丝杆螺纹副的轴向间隙,保证反向传动精度和轴向刚度;定期检查丝杠与床身的连接是否有松动;丝杠防护装置有损坏要及时更换,以防灰尘或切屑进入。

(3) 刀库及换刀机械手的维护　严禁把超重、超长的刀具装入刀库,以避免机械手换刀时掉刀或刀具与工件、夹具发生碰撞;经常检查刀库的回零位置是否正确,检查机床主轴回换刀点位置是否到位,并及时调整;开机时,应使刀库和机械手空运行,检查各部分工作是否正常,特别是各行程开关和电磁阀能否正常动作;检查刀具在机械手上锁紧是否可靠,发现不正常应及时处理。

(4) 液压、气压系统维护　定期对各润滑、液压、气压系统的过滤器或分滤网进行清洗或更换;定期对液压系统进行油质化验检查,添加和更换液压油;定期对气压系统分水滤气器放水。

(5) 机床精度的维护　定期进行机床水平和机械精度检查并校正。机械精度的校正方法有软硬两种。其软方法主要是通过系统参数补偿,如丝杠反向间隙补偿、各坐标定位精度定点补偿、机床回参考点位置校正等;硬方法一般在机床大修时进行,如进行轨道修刮、滚珠丝杠螺母副预紧调整反向间隙等。

3. 数控铣床操作安全教育

当把人的生命比作是"1"时，生活就是在"1"后面加"0"，后面加的"0"越多，说明事业越成功、家庭越幸福。倘若人的生命不存在了，后面加再多的"0"还有什么意义呢？我国每年因安全事故造成的直接经济损失，初步测算在1000亿元人民币以上，加上间接损失达2000多亿元，相当于一个三峡工程的投入，下面一起学习数控铣床车间安全方面的必备知识。

（1）劳保用品识别　劳动防护用品简称劳保用品，是为了让劳动者在生产过程中免除或者减轻事故伤害，个人随身穿戴的用品，国际上称为 PPE（personal protective equipment），劳动防护用品是保护员工生命健康的最后一道防线。数控铣床操作常用的劳保用品见表1-9。

表1-9　数控铣床操作常用的劳保用品

名称	示意图	相关知识
工作服和防护服		当使用机器和设备时，操作者必须保证不穿太宽松的衣服，不系领带，不带珠宝首饰等，以免产生缠绕到机床上而使人受伤的危险事故。除了适合的工作服之外，当操作时有可能会产生碰到火焰、触及高温、火花、尖锐物品或化学物料等情况，就需要穿防护服
护目镜		其分为安全防护和防护面罩两大类，作用主要是防护眼睛和面部免受辐射、粉尘、烟尘、金属碎屑等损伤
手套		当机器或设备会对人产生伤害时，例如锋利部分引起的切伤、刺伤、扯裂和运动零件摩擦引起的磨伤等，必须戴上手套来避免，可戴橡胶手套或布手套
安全鞋		安全鞋要求：鞋底可防刺破、导电性能低、可防静电、冷热隔离性好、后跟可抗冲击和避振、外鞋底带防滑花纹、耐热和不吸油、鞋面对脚背有加固保护可防止脚砸伤

(2) 正确的着装 GB/T 30574—2021《机械安全 安全防护的实施准则》规定,进入数控加工实训场所,必须做到着装整齐,保证领口、袖口、下摆三个地方扣子扣紧,如图 1-20 所示。主要目的是防止机械卷入、静电危害、碎屑飞溅、滑倒砸伤等风险,保障人身安全与设备稳定运行。男生必须穿着实训专用连体工装或分体式防静电工装(材质耐磨、防油污),禁止穿宽松休闲服、牛仔裤等非专业服装。女生优先选用女式收腰连体工装(胸围、腰围须贴合身形),分体式工装裤装需为直筒或微喇款,避免紧身裤限制肢体活动。无论是男生还是女生,立领工装须扣至第二颗纽扣,翻领工装须系紧颈部魔术贴或拉链,防止碎屑进入。袖口要做到采用收口设计或纽扣固定,长度覆盖手腕且不遮挡手部操作,禁止卷起袖管。下摆要做到分体式工装需使用内部松紧带或外置腰带固定,连体工装需调整肩带至贴合身形。头部要做到短发须佩戴无檐软质工作帽(全覆盖发际线),长发(超过耳垂)放进工作帽中,护目镜必须选择防雾、防冲击型号,镜腿需嵌入帽檐固定,避免滑落,适当配置带防砸、防滑、防刺穿、防静电的劳保鞋。

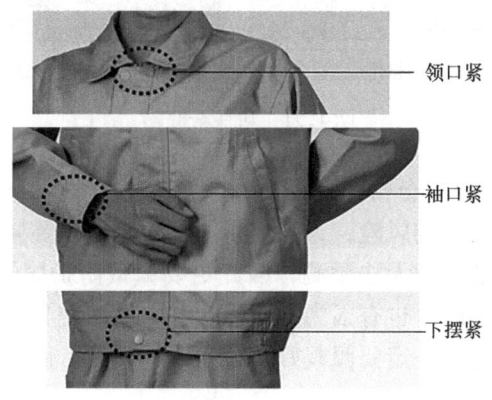

图 1-20 正确的着装

(3) 机床安全操作注意事项 要牢牢树立安全第一、预防为主的思想,建立健全安全责任体系,深化学校、二级学院、实验室三级安全管理责任制度。其中数控机床操作是试验实训管理的重点区域,在生产作业现场,师生都要有"眼观六路,耳听八方"的警惕性,不论是在操作时,还是在暂时空闲时,或是休息时,都要牢记安全第一,做到不伤害自己,不伤害他人,不被他人伤害。千万不能出现一些不安全的行为!

机床运动部件是机床主轴和工作台,这些设备最容易发生卷、绞等事故。一般要求人员必须穿戴整齐,不准戴手套、围巾,女员工需要将头发扎起来并盘紧,避免衣袖、头发等卷进机械设备,发生人身安全事故。

事故的发生有原因和预兆,一次重大事故前必然孕育着许多事故苗子,作为安全管理人员需要及时消除事故苗子,避免事故的发生。造成安全事故的原因无外乎三个方面,即人的因素、物的因素、人与物的综合因素;人的因素主要是人员缺乏安全知识,疏忽大意或采取不安全的操作动作等而引起事故;物的因素主要是机械设备工具等有缺陷或环境条件差而引起事故。或者,上述两种因素综合引起。

(4) 数控铣床上的危险源识别　　作为数控铣床操作员,每天与高速旋转的刀具、飞溅的金属碎屑为伴,深知稍有不慎便可能引发严重事故,根据操作的经验,梳理铣床作业中的主要危险源及应对措施如下:

1)手动换刀时需要一手扶刀柄,一手按刀具松下按钮,双手同时操作,严禁单手换刀,防止出现"飞刀"现象,如图1-21a所示。

a) 换刀操作　　　　　　　　b) 碎屑飞溅

图1-21　机床危险源

2)材料切割时,碎屑会四处飞溅,有时碎屑飞入眼中,不仅仅是疼痛这么简单的事,会造成眼睛失明的风险,为此切割加工时,必须要佩戴防护眼镜,特别对于初学者,碎屑飞溅的方向无法预测,因此更要佩戴防护眼镜,如图1-21b所示,另外,在清扫工作机械时,也有因为空压机吹起碎屑而使其相当急速的扬起。这种时候,不可以疏忽大意,一定要佩戴好防护眼镜,同样,使用手提式打磨机也有碎屑突然飞溅的危险性。

3)程序启动之前,需要检查程序是否正确,每一把刀具的半径补偿、长度补偿是否输入正确,避免出现撞刀现象。最常见的刀具补偿的验证方法是在MDI模式下输入"G43 H01 Z100",确认Z轴抬升正常,在刀具Z向上确保安全高度10mm以上,核对G54~G59偏移值,避免坐标错位造成加工事故。

危险源识别不仅是规章制度的背诵,更是将安全意识融入每个操作细节,唯有敬畏机器、严守规程、持续反思,才能在高风险环境中守护自己与他人的安全。

4. 数控铣床安全生产规程

1)进入生产车间必须穿合身的工作服、戴工作帽,衬衫要系入裤内,敞开式衣袖要扎紧,女生必须把长头发纳入帽内;禁止穿高跟鞋、拖鞋、凉鞋、裙子、短裤及戴围巾,以免发生烫伤。

2)操作时禁止戴手套,工作服衣、领、袖口都要系好。

3)数控铣床属贵重精密仪器设备,由专人负责管理和操作。使用时必须按规定填写使用记录,必须严格遵守安全操作规程,以保障人身安全和设备完好。

4）开车前应检查各部位防护罩是否完好，各传动部位是否正常，各润滑部位应加油润滑。

5）刀具、夹具、工件必须装夹牢固，床面上不得放置工具、量具。

6）开机后，在 CRT 上检查机床有无各种报警信息，检查报警信息及时排除报警，检查机床外围设备是否正常，检查机床换刀机械手及刀库位置是否正确。

7）各项坐标回参考点，一般情况下 Z 向坐标优先回零，使机床主轴上刀具远离加工工件，同时观察各坐标运行是否正常。

8）开机床后应关好防护罩，不准用手直接清除切屑。装卸工件、测量工件必须停机操作。

9）机床运转时，操作人员不得擅自离开岗位，必须离开的须停机。

10）手动工作方式，主要用于工作及工具相对于机床各坐标的找正、工件加工零点的粗测量以及开机时回参考点，一般不用手工加工。

11）数控铣床的运行速度较高，在执行操作指令和程序自动运行之前，预先判断操作指令和程序的正确性和运行结果，做到心中有数，然后再操作，数控铣床加工程序应经过严格审验后方可上机操作，以尽量避免事故的发生。

12）数控铣床运转时，发现异响或异常，应立即停机，关闭电源，及时检修，并做好相关记录。

13）工作结束，应关闭电源，清除切屑，清扫机床。

思考与练习

1）数控铣床的工作原理是什么？
2）数控铣床由哪几部分组成？
3）简述数控铣床的分类。
4）数控铣床常见的刀具有哪些？
5）数控铣床常见的工装夹具有哪些？
6）闭环控制系统相比开环系统的主要优势是什么？
7）数控系统的核心组成部分是什么？
8）按工艺用途分，数控机床可分为哪些类型？
9）工件在夹具中定位并固定的过程称为什么？
10）普通千分尺的测量精度可达到多少？
11）内径百分表采用哪种测量方法？
12）机械加工中的工艺系统由哪些部分构成？
13）数控加工中心与普通数控机床的核心区别是什么？
14）简述数控系统的维护有哪几个方面。

第 2 章 数控铣床操作技能

学习目标

1) 能独立操作 FANUC 系统面板完成参数设置。
2) 熟悉机床急停复位与安全防护装置的使用规范。
3) 掌握手轮微调与增量进给的精准定位技巧。
4) 能独立完成加工程序的调用、编辑及模拟验证。
5) 熟悉刀具库管理及换刀流程标准化操作。
6) 熟悉平口钳的安装和校正方法。
7) 掌握工件坐标系设定与 G54～G59 偏置值的输入方法。
8) 能独立完成切削刀具的装夹与刀长补偿校准。

导入案例

我国数控技术起步于 20 世纪 50 年代末期,现在已基本掌握了现代数控技术,建立了数控开发、生产基地,培养了一批数控专业人才,初步形成了数控产业。例如,以广州数控设备有限公司、武汉华中数控股份有限公司、浙江海德曼智能装备股份有限公司为代表的数控生产企业,生产出了具有中国特色的经济型、普及型数控机床。但是由于系统技术含量低,附加值较少,目前国产的数控设备以中低端市场为主,高端市场还是牢牢地被美国、德国、日本所掌控。为此,本书以日本的发那科系统(FANUC 0i-MD)为基础讲解数控铣床的基本操作技能,期望通过"师夷长技以制夷",学习别人的先进技术,最终实现国产替代。图 2-1 所示为数控铣床 FANUC 系统控制面板。

第 2 章 数控铣床操作技能

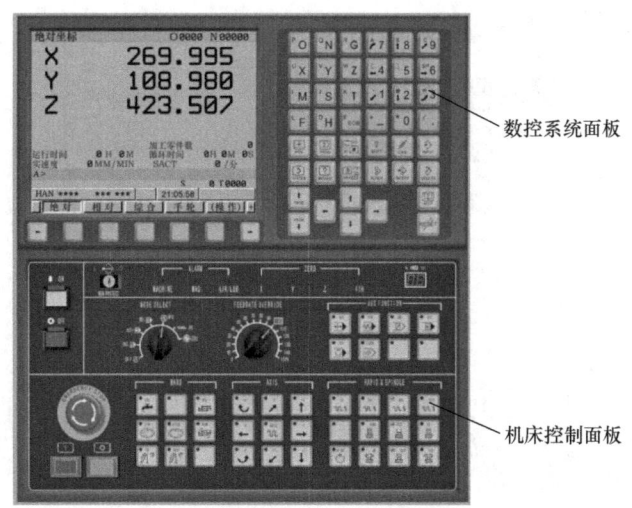

图 2-1 数控铣床 FANUC 系统控制面板

2.1 熟悉操作面板

如图 2-1 所示的操作面板一般包括电源控制区、数控系统面板和机床控制面板三个部位，各部位的功能见表 2-1。

表 2-1 数控操作面板部位及功能

序号	部位名称	功能
1	电源控制区	用于机床数控系统的电源开启与关闭
2	数控系统面板	主要在程序编辑与调试、对刀参数输入、机床参数修改等过程中实现人机对话
3	机床控制面板	主要用于操作数控机床，包括操作模式选择，主轴与工作台移动操作，移动速率调节等

1. 认识数控系统面板

图 2-2 所示为 FANUC 0i-MD 数控系统面板，该面板上包括软键、显示器、MDI 编辑器等部件，按照下面的要求，结合 MDI 编辑器操作常见功能按键，观察显示器呈现的数据信息。

（1）认识位置功能键 POS

1）按 MDI 编辑器的 POS 键，显示器上出现数控铣床当前坐标值。

2）按下显示器下侧的"绝对"软键，显示当前的绝对坐标值，如图 2-2 所示。

25

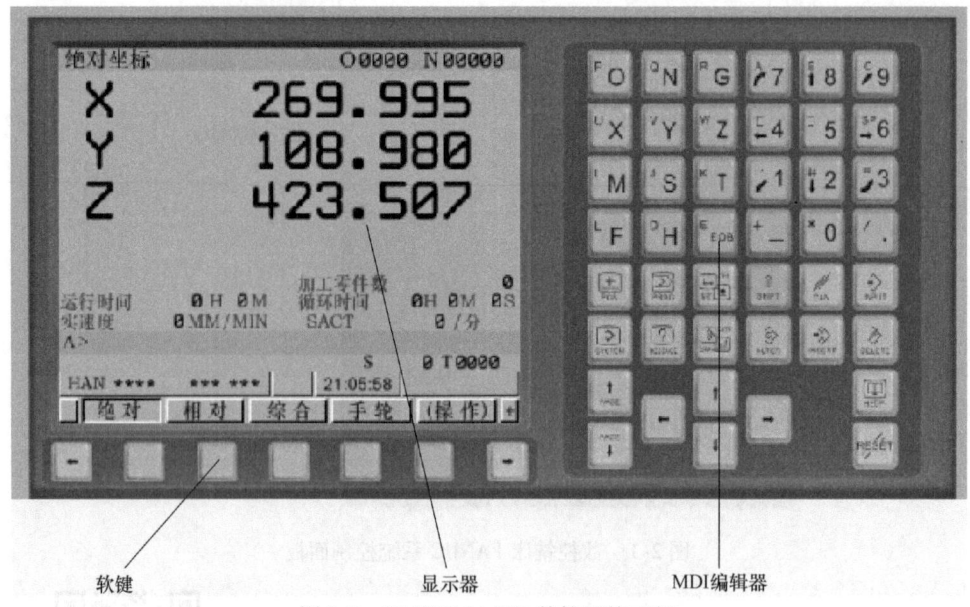

软键　　　　　　　　　　显示器　　　　　　MDI编辑器

图2-2　FANUC 0i-MD数控系统面板

3) 按下显示器下侧的"相对"软件,显示当前的相对坐标值。

4) 按上述方法,分别按"综合""手轮"与"操作"软件,观察显示器上坐标值发生什么变化。

(2) 认识程序功能键PROG

1) 将图2-1所示机床控制面板的"方式选择"旋转开关转到"编辑"位置。

2) 按MDI编辑器口的PROG功能键,显示器出现如图2-3所示的界面。

3) 利用MDI编辑器在显示器左下角输入"O0201";然后按INSERT功能键,显示器上出现"O0201"程序名,出现如图2-4所示的界面。

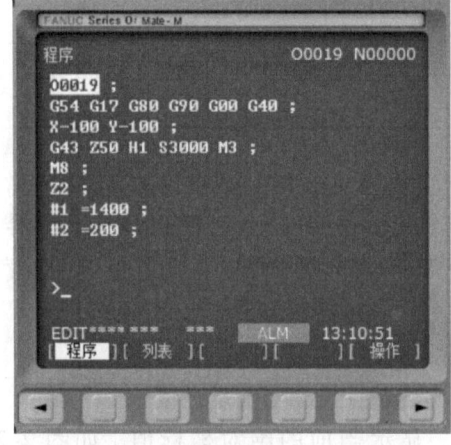

图2-3　按PROG后的显示器界面

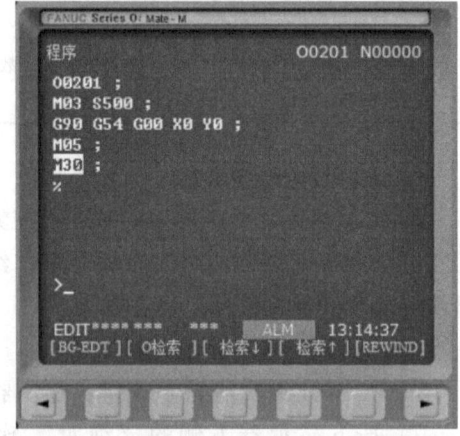

图2-4　按INSERT后的显示器界面

4）在显示器左下角输入指令"M03 S500",输入程序"O0201",其程序如下:

O0201;
N10　M03 S500;
N20　G90 G54 G00 X0 Y0;
N30　M05;
N40　M30;

(3) 认识刀具补偿功能键 OFS/SET

1）按刀具补偿功能键 OFS/SET,显示器出现图 2-5 所示界面。

2）按显示器下部"偏置"软键,显示器出现［外形］和［磨损］修正界面。

3）按显示器底部的"坐标系"软键,显示器出现图 2-6 所示的机床工件坐标系界面。

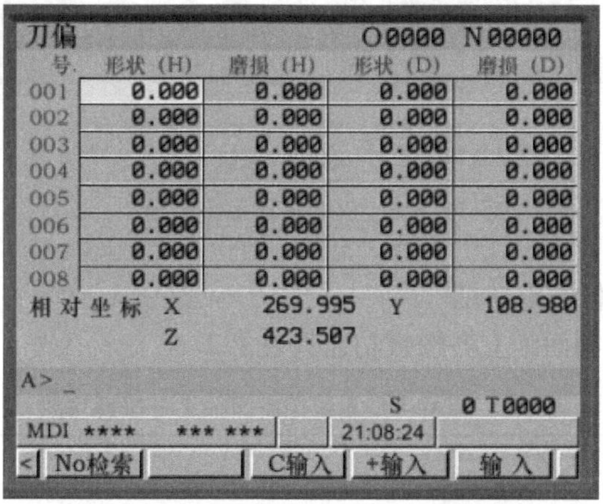

图 2-5　按 OFS/SET 后的显示器界面

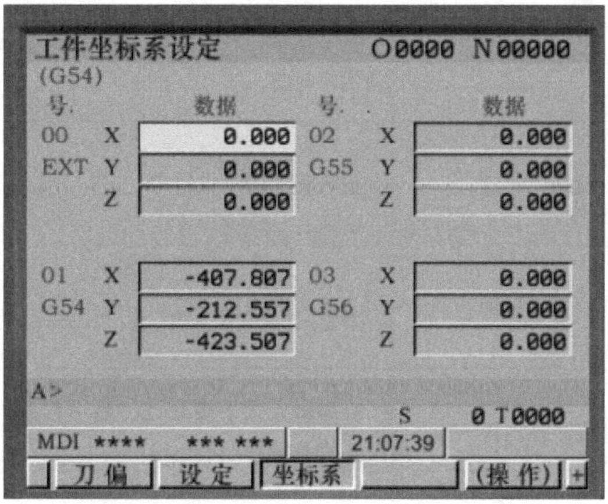

图 2-6　按"坐标系"后的显示器界面

2. 认识数控铣床操作面板

图 2-7 所示为数控铣床操作面板，通过操作面板上的这些开关、旋钮与按键可以进行简单的操作，从而控制机床实现各种运动和功能。

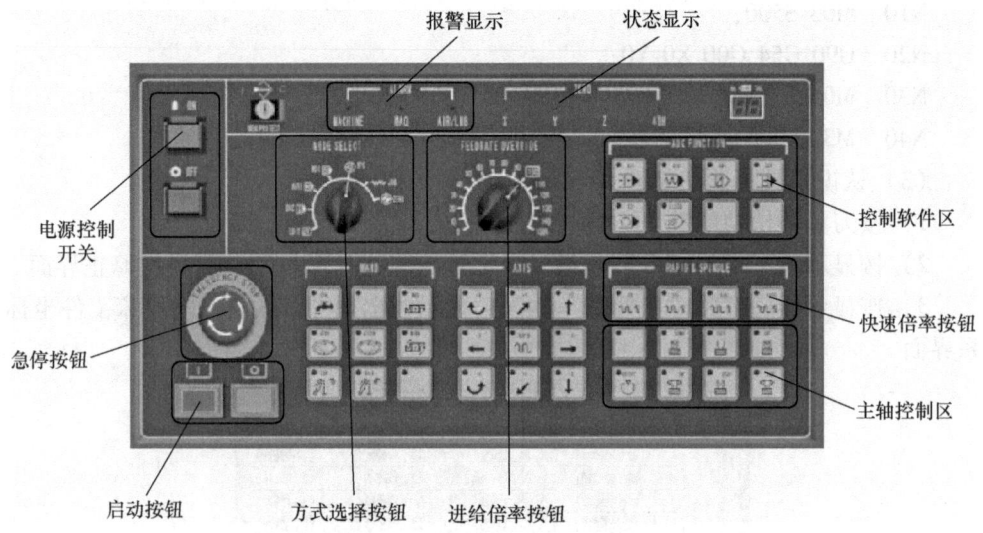

图 2-7 数控铣床操作面板

3. 控制面板其他按键功能

FANUC 系统控制面板上各按键功能见表 2-2。

表 2-2　FANUC 系统控制面板上各按键功能

按键	名称	功能
O_P N_Q 等	地址、数字、符号等输入键	字母、数字及运算符号等文字的输入
SHIFT	切换键	按下此键，在地址输入栏出现上标符号，则可输入其右下角的字母等
EOB E	段结束符键	输入程序段结束符号"；"
POS	位置显示键	显示机床坐标位置
PROG	程序显示键	在编辑方式下按此键，显示程序内容，还可进行编程、修改、查找等

(续)

按键	名称	功能
OFS SET	刀具偏置设定键	刀具半径、长度补偿量的设置，工件坐标系和变量等参数的设置与显示
SYSTEM	系统参数设置键	系统参数设置
MESSAGE	报警信息显示键	显示报警号、报警内容
CSTM/GR	图像显示键	显示刀具模拟走刀轨迹图形及图形显示参数设置
ALTER	替代键	光标当前字符替代为输入的字
INSERT	插入键	在光标当前位置后插入输入字
DELETE	删除键	删除光标当前的字和内存中的程序
CAN	退格键	删除输入到地址输入栏"__"前的一个字符
INPUT	输入键	输入刀具补偿数据、工件坐标值，按下此键，显示屏下方出现输入栏的内容
RESET	复位键	当前状态解除、加工程序重新设置、机床紧急停止时可使用该键
HELP	帮助键	提供系统信息的一些帮助
PAGE PAGE	翻页键	用于屏幕选择不同的页面，表示向前或向后翻页
↑←↓→	光标移动键	用于上、下、左、右移动光标

2.2 机床的基本操作

1. 机床的坐标系

数控铣床是复杂的机电产品,必须在稳定正常的情况下通电作业,数控系统也需要自检和初始化后方可正式进入工作状态,只需按照操作规程执行,数控机床就能安全地使用。

(1)运动方向命名的原则　机床在加工零件时是刀具移向工件,还是工件移向刀具,为了根据图样确定机床的加工过程,规定永远假定刀具相对于静止的工件移动。

(2)坐标系的规定　为了确定机床的运动方向、移动的距离,要在机床上建立一个坐标系,这个坐标系就是标准坐标系。在编制程序时,以该坐标系来规定运动的方向和距离。数控机床上的坐标系采用右手笛卡儿坐标系,如图2-8所示。

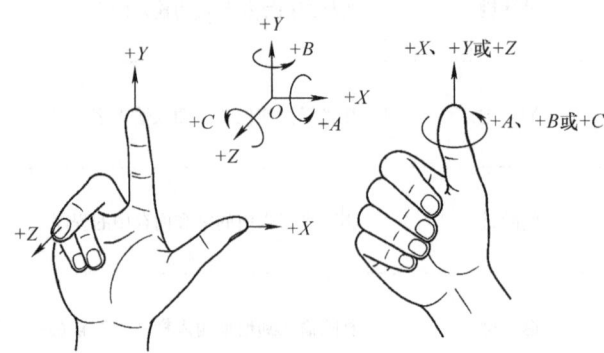

图2-8　右手笛卡儿坐标系

2. 机床的开启

1)打开压缩空气阀(数控机床需要在0.6~0.8MPa下工作)。

2)接通电源。打开位于机床后面数控柜上的主电源开关(见图2-9),可听到风扇工作的声音。按操作面板上的power按钮(见图2-10),接通数控系统电源。

3)沿顺时针方向松开"急停"按钮(见图2-11),机床进入准备状态。

图2-9　主电源开关　　　图2-10　系统电源按钮　　　图2-11　"急停"按钮

3. 机床的关闭

1）按下急停按钮。
2）关闭数控系统电源。
3）关闭机床电源。
4）关闭压缩空气阀。

4. 机床回参考点

1）方式选择旋钮打在回参考点位置，如图2-12所示。
2）分别按住Z+、X+、Y+键，使刀架自动走向参考点位置。
3）观察刀架回零后控制面板上参考点的指示灯情况。
4）观察刀架回零后机床显示器上机械坐标、绝对坐标、相对坐标的变化。

【注意】：手动机床回参考点，先回Z轴，再回X轴、Y轴（思考下为什么）。

图2-12 方式选择回零位置图

5. MDI模式下的机床主轴转动

1）把方式选择开关转到MDI（录入）状态，如图2-13所示。

2）按下PROG程序键，显示程序界面。

3）输入"M03S500;"（其中";"是按EOB键），再按下INSERT键。

4）按下绿色的程序启动键，主轴转动；按下"RESET"复位键，主轴停止。

5）把方式选择开关转到"手动"或"手轮"状态。

6）按下数控面板上的"主轴正转"

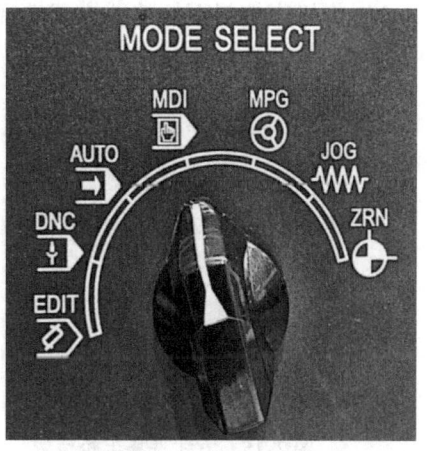

图2-13 方式选择MDI位置

键，主轴转动。

7）按下数控面板上的"主轴停止"键，主轴停止。

6. JOG 模式下实现机床移动

1）把方式选择开关转到"手动"状态（见图 2-14）。

2）选择"Z"轴键，按下"—"号（机床回参考点后，注意不能按"+"号，否则会超程报警），主轴向下移动。

3）选择"X"轴键，按下"—"号（机床回参考点后，注意不能按"+"号），工作台水平移动。

4）选择"Y"轴键，按下"—"号（机床回参考点后，注意不能按"+"号），工作台前后移动。

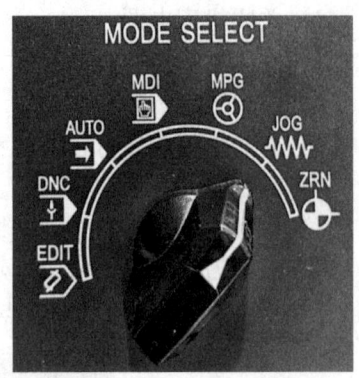

图 2-14　方式选择手动位置

7. MPG 模式下实现机床移动

1）把方式选择开关转到"手轮"状态（见图 2-15）。

2）选择手轮上的"Z"轴，选择手轮倍率"X10"，旋转手柄，顺时针转动，主轴向上移动，逆时针转动，主轴向下移动，注意观察，主轴太向上，会超程，太向下，会撞到工作台。

3）选择手轮上的"X"轴，旋转手柄，使工作台往中间位置移动，注意观察，不要超程。

4）选择手轮上的"Y"轴，旋转手柄，使工作台往中间位置移动，注意观察，不要超程。

8. EDIT 模式下程序输入和删除操作

1）将机床控制面板的［方式选择］旋钮打到［编辑］位置（见图 2-16）。

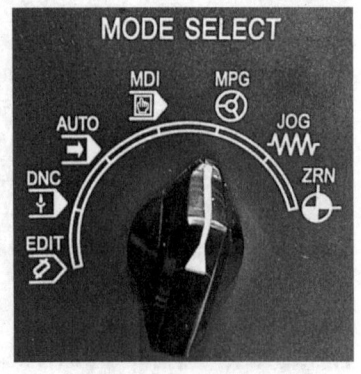

图 2-15　方式选择手轮位置

图 2-16　方式选择编辑位置

2）按下 PROG 键，显示程序界面。

3）按下地址键 O，输入程序号，如 O0201，按下 INSERT 键，再按 EOB 和 IN-SERT 键。

4）输入程序内容，如 G40 G54 G90 G0 Z100，按 EOB 和 INSERT 键。

5）类似上步操作，直到程序输完为止。

如要删除程序，在编辑状态，输入程序名，按下 DELETE 键，则删除该程序。如输入 O-9999，再按下 DELETE 键，则删除掉全部程序。

9. 操作面板其他按键功能

数控铣床的机床操作面板上各按键功能见表 2-3。

表 2-3 机床操作面板上各按键功能

按键	名称	功能
	紧急停止按钮	运转中遇到紧急情况，按下此按钮，机床立即停止所有动作
	循环启动按钮	按下此按钮，程序将自动执行
	进给保持按钮	在自动执行程序期间，按下进给保持按钮可使其暂停
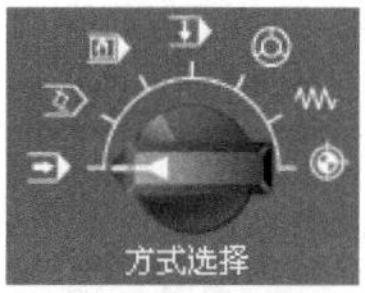	方式选择开关	通过此开关选择回零、手动、手轮、MDI、DNC 加工、编辑、自动 7 种不同的工作方式
	进给倍率开关	用于进给速度快慢的调节，相应刻度表示进给移动速度的调节倍率
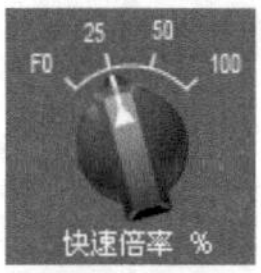	快速倍率开关	用于运动轴快速移动速度的调节，相应刻度表示机床系统设定的快速移动速度的调节倍率
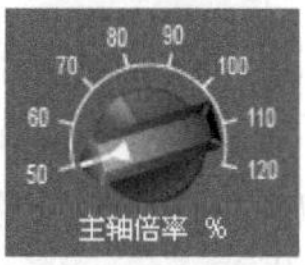	主轴倍率开关	用于主轴转速快慢的调节，相应刻度表示主轴转速的调节倍率
	切削液控制按钮	当切削液启动时，该指示灯亮

(续)

按键	名称	功能
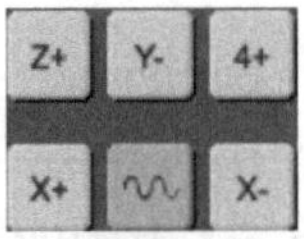	进给轴选择按钮	在手动方式下，选择欲运动轴，可进行轴的移动，再按下"〰"快速移动键的同时，则可实现该轴的快速移动
	程序保护键	当钥匙孔旋向保护状态时（如左图），不能编辑程序、工件坐标系等数据
	指示灯显示	X轴回原点时，X轴指示灯闪烁，到原点位置时，灯亮不闪烁，其他轴向的指示灯，与X轴指示灯一样
	单节执行按钮	在自动加工方式下，每按一次循环启动按钮将执行一段程序
	选择跳过按钮	加工程序段前加"/"则有效，运行时跳过此程序段，直接执行下一段
	程式空跑按钮	以进给倍率按钮设定的进给速率，替换原程序设定的进给率
	坐标锁住按钮	各坐标轴为锁定状态
	选择停止按钮	执行程序M01指令后，机床自动停止进给加工，继续加工需按循环按钮
	主轴控制按钮	主轴正转，主轴做顺时针旋转；主轴反转，主轴做逆时针旋转
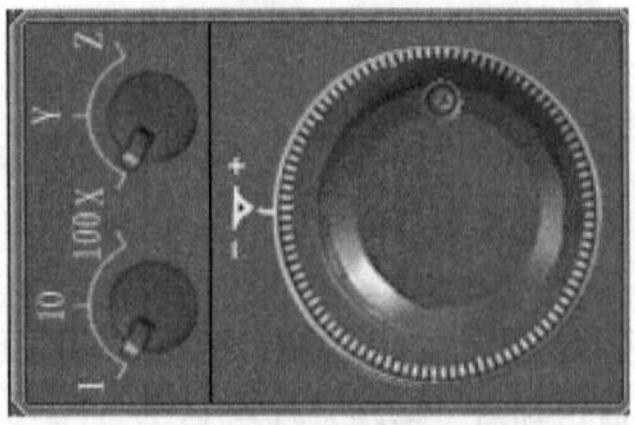	手轮摇脉冲发生器	在手轮连续方式下，通过手摇脉冲发生器选择需移动的坐标轴，就可移动选择的坐标轴，顺时针旋转为坐标轴正向移动，手摇脉冲器上有倍率选择开关

2.3 数控铣床常见附件及其安装

数控铣床的高效运行离不开各类附件的精准配合,合理选用与正确安装附件是确保加工精度与安全的关键。需要严格遵循"清洁-校准-紧固-验证"流程,结合定期点检(如每周检查夹具螺栓扭矩),构建标准化作业体系,才能充分发挥数控铣床的高效性能。

1. 平口钳及其安装

图 2-17 所示为普通平口钳,图 2-18 所示为精密平口钳。将平口钳正确装夹在工作台面上,用百分表找正,使平口钳在铣床的工作台上达到安装要求。

图 2-17　普通平口钳　　　　　　　图 2-18　精密平口钳

(1)技术要求　精密平口钳在工作台面上安装好后,要求固定钳口的水平度在 0.02mm 以内,垂直度在 0.02mm 以内。

(2)平口钳找正步骤　先在工作台面上放置好平口钳,用压板固定但不要拧紧,然后用百分表大概找正固定钳口的水平方向和垂直方向,调整偏差,再用百分表找正钳口的水平方向和垂直方向,最后拧紧压板。

(3)工具、量具的选择　平口钳安装和找正所用的工具、量具见表2-4。

表 2-4　平口钳安装和找正所用的工具、量具

种类	序号	名称	规格尺寸/mm	分度值/mm	单位	数量
工具	1	平口钳	—	—	台	1
	2	扳手	—	—	把	1
	3	橡胶锤	—	—	把	1
量具		百分表及磁力表座	0~5	0.01	套	1

(4) 平口钳的安装 把机用平口钳装到工作台上时，找到平口钳的安装孔或安装支架。将平口钳放在预定位置。用螺栓穿过安装孔，确保钳体稳固安装。如果钳子上有多个安装孔，根据需要选择合适的孔位。使用扳手或电动工具紧固螺栓，确保平口钳稳固。调整夹持口的位置：如果平口钳具有可调节的夹持部分，确保夹持口对准需要工作的物体。可以通过调节钳口来确保最佳夹持效果，图 2-19 ~ 图 2-21 所示为平口钳的安装过程。

图 2-19 平口钳放上工作台

图 2-20 用压板固定平口钳

图 2-21 紧固平口钳

(5) 用百分表找正平口钳钳口的水平方向和竖直方向

1) 磁力表座与百分表的正确安装 选择平稳、干净的金属表面来固定磁力表座。表面应无油污、铁屑和灰尘。先把带有百分表的磁力表座吸附在刀轴上，或者用磁力表座吸附在悬梁导轨或垂直导轨上，如图 2-22 所示。

2) 平口钳水平方向调整 百分表的探头应该轻轻接触工件表面，避免过度用力造成测量误差或探头损坏。水平方向调整时，使机用平口钳固定钳口接触百分表测量头，使表针压半圈，然后通过手轮移动与钳口平行的轴，找到钳口的最低点，在最低点位置处调整表针，使表针压半圈，并调整虎钳位置使百分表上指针的摆差在 0.02mm 范围内，如图 2-23 所示，把钳口的水平方向找准。

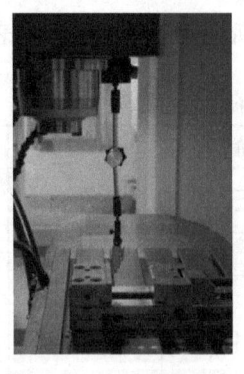

图 2-22 磁力表座的安放

图 2-23 平口钳水平方向调整

3）平口钳竖直方向调整 竖直方向调整时，使百分表测量头接触机用平口钳固定钳口底部，如图2-24所示。然后通过手轮移动与钳口垂直的轴，使得表针沿着平口钳向上移动，如图2-25所示，并调整平口钳位置，使百分表指针的摆差在0.02mm范围内，此时平口钳的竖直方向调整完毕。

图2-24 平口钳钳口底部   图2-25 平口钳钳口顶部

2. 数控铣床其他附件及其安装

（1）认识数控铣床常用的敲击工具 敲击工具材质应比钢材软，以避免影响机床、夹具的精度及加工零件的质量。数控铣床常用的敲击工具如图2-26～图2-28所示。

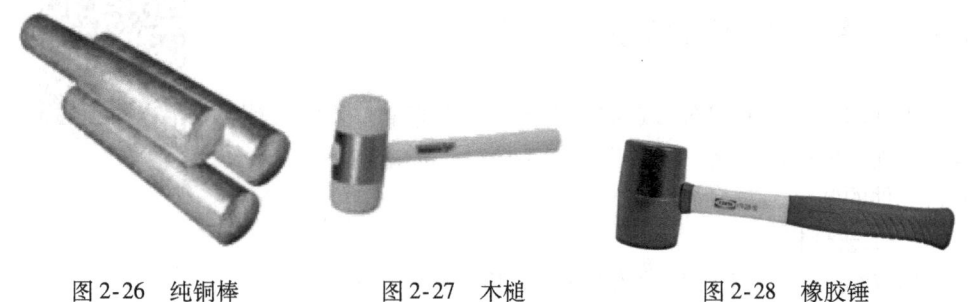

图2-26 纯铜棒   图2-27 木槌   图2-28 橡胶锤

（2）认识数控机床夹具 数控机床夹具是在数控机床上固定和定位工件的。它通过提供稳定的支撑，确保工件在加工过程中保持精确位置，避免因工件移动或变形而影响加工精度。数控机床夹具的设计与传统夹具相比，需要更多考虑自动化和高效性的因素，因为数控机床往往需要完成复杂的多维度加工任务。常用的数控铣床夹具有通用夹具和组合夹具。

1）通用夹具。常用的数控铣床夹具有平口钳、铣削用卡盘、回转轴等，如图2-29～图2-31所示。

图 2-29　平口钳　　　图 2-30　铣削用卡盘　　　图 2-31　回转轴

2）组合夹具。组合夹具是一种标准化、系列化、通用化程度很高的工艺装备。数控铣床组合夹具可分为孔系和槽系两大类，如图 2-32 和图 2-33 所示。

图 2-32　孔系组合夹具　　　图 2-33　槽系组合夹具

2.4　工件的装夹和试切法对刀

工件的正确装夹和对刀是数控铣床加工中非常重要的技能，装夹和找正的好坏直接影响零件的加工精度，根据图 2-34 所示进行工件的装夹和对刀。

1. 工艺分析

1）确定毛坯，毛坯尺寸为 80mm × 80mm × 30mm。

2）确定装夹方法，工件毛坯为正方形，采用平口钳装夹，工件伸出钳口的高度根据加工零件的需要确定，如图 2-35 所示。工件下面用垫铁支承，用锤子敲正，用百分表进行找正并夹紧，如图 2-36 所示。

2. 试切法找正的工具、量具、刀具选择

本任务所用的工具、量具、刀具清单见表 2-5。

图 2-34　工件的装夹

图 2-35　确定工件伸出高度　　　　图 2-36　百分表找正

表 2-5　试切法找正所用的工具、量具、刀具

种类	序号	名称	规格/mm	精度/mm	单位	数量
工具	1	平口钳	—	—	个	1
	2	扳手	—	—	把	1
	3	平行垫铁	—	—	副	1
	4	橡胶锤	—	—	个	1
量具	1	钢直尺	0~150	—	把	1
	2	游标卡尺	0~150	0.02	把	1
	3	百分表	0~10	0.01	套	1
刀具		立铣刀	$\phi 10$	—	把	1

1）量具选择，由于测量精度要求不高，使用钢直尺即可。

2）刀具选择及安装，加工材料为 2A12 铝材，试切法对刀时一般选择 $\phi 10$mm 的普通高速钢立铣刀。

步骤一：安装，刀柄与刀具的安装过程如图 2-37 所示。

步骤二：装刀，过程如图 2-38 所示。

3. 试切法找正步骤

（1）横向 X 轴找正

1）转动主轴（M03 S500），控制手轮的 X 轴、Y 轴和 Z 轴，使刀具移动到与工件左边刚好接触。

2）按"POS"→"相对坐标系"→"X"→"（归零/起源）"。

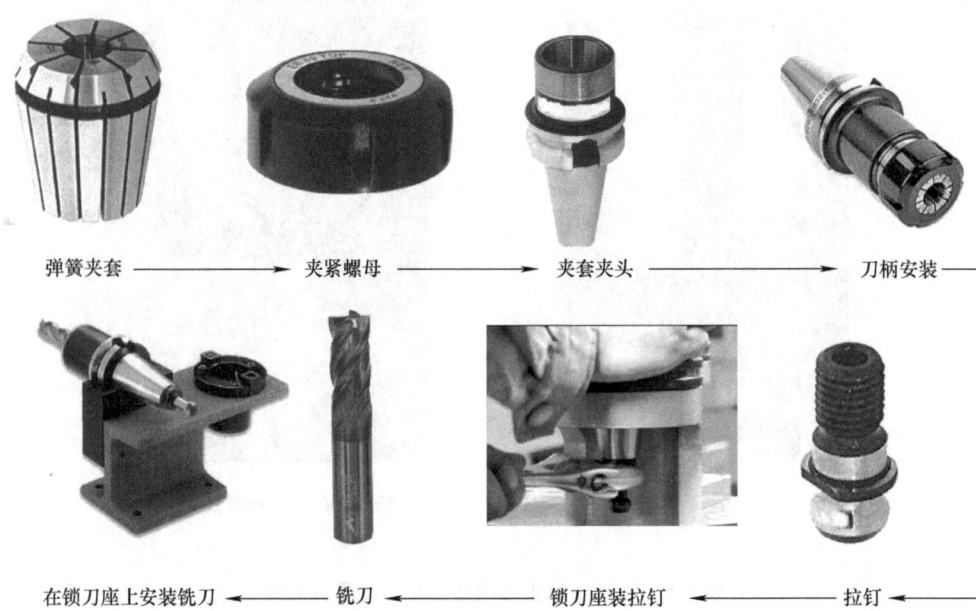

图 2-37 刀柄与刀具的安装过程

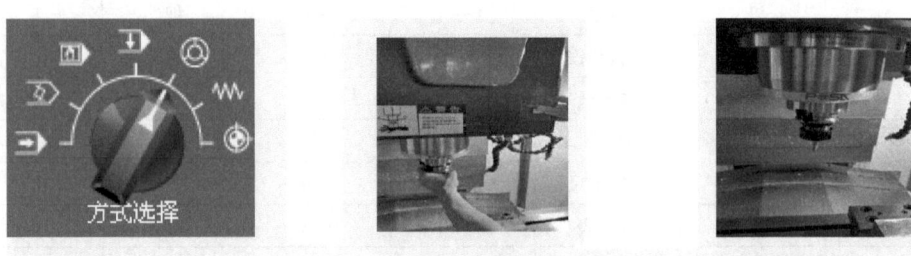

图 2-38 装刀过程

3) Z 轴抬刀（刀抬至工件上方），控制手轮的 X 轴和 Z 轴，使刀具移动到与工件右边刚好接触，记录 X 相对坐标值。

4) Z 轴抬刀（刀抬至工件上方），控制手轮的 X 轴和 Z 轴，使刀具移动到 $X/2$ 处。

5) 按 "OFFSET" → "坐标系" → "把光标置在 G54 中 X 位置" → 输入 "X0" → 测量 → POS。

（2）纵向 Y 轴找正

1) 控制手轮的 Y 轴和 Z 轴，使刀具移动到与工件前面刚好接触。

2）按"POS"→"Y"→"（归零/起源）"。

3）Z轴抬刀（刀抬至工件上方），控制手轮的Y轴和Z轴，使刀具移动到与工件后面刚好接触，记录Y相对坐标值。

4）Z轴抬刀（刀抬至工件上方），控制手轮的Y轴和Z轴，使刀具移动到Y/2处。

5）按"OFFSET"→"坐标系"→"把光标置在G54中Y位置"→输入"Y0"→测量→POS。

（3）竖直Z轴找正

1）控制手轮的Z轴，使刀具移动到工件上表面刚好接触。

2）按"OFFSET"→"坐标系"→"把光标置在G54中Z位置"→输入"Z0"→测量→POS。

【注意】刀具靠近工件时，手轮进给倍率选择×1或×10档位。

4. 工件坐标系找正检查

选择开关选择到MDI方式→按"PROG"→输入"G0 G54 X0 Y0 Z100;"→按循环启动，观察刀具与工件的位置，判断工件坐标系找正是否正确。

2.5 分中棒和对刀器

1. 分中棒

分中棒又称为寻边器，英文名称是 optical edge finder（touch point sensor）。分中棒的作用是确定工件在机床上的位置，即确定工件坐标系，它有机械式（见图2-39）和电子式（见图2-40）两种。

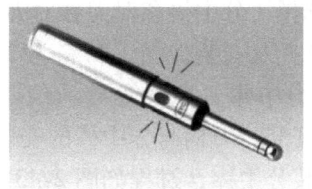

图2-39　机械式分中棒　　　　图2-40　电子式分中棒

2. 对刀器

对刀器是用以对刀具长度补偿的一种测量装置。对刀器的形式如图2-41所示，其形式多样，如对刀量块、电子式对刀器等。

3. 分中棒和对刀器找正的步骤

分中棒和对刀器找正所用的工具、量具见表2-6。

a) 对刀量块　　　　　　b) 电子式对刀器

图 2-41　对刀器

表 2-6　分中棒和对刀器找正所用的工具、量具

种类	序号	名称	规格尺寸/mm	分度值/mm	单位	数量
工具	1	平口钳	—	—	个	1
	2	扳手	—	—	把	1
	3	平行垫铁	—	—	副	1
	4	橡胶锤	—	—	个	1
量具	1	钢直尺	0~150		把	1
	2	游标卡尺	0~150	0.02	把	1
	3	百分表	0~10	0.01	套	1
寻边器		分中棒	$\phi 10$	—	把	1
对刀器		对刀器	Z50		把	1

1）量具选择，分中棒和对刀器对刀，游标卡尺作为量具足够。

2）刀具选择及安装，加工材料为 2A12 铝材，分中棒对刀时一般选择机械式 $\phi 10mm$ 的普通分中棒。

步骤一：安装，刀柄与分中棒的安装过程如图 2-42 所示。

步骤二：装分中棒，过程如图 2-43 所示。

4. 分中棒找正步骤

（1）横向 X 轴找正

1）转动主轴（M03 S500），注意主轴的转速不能超过 500（防止分中棒因转速过大，甩出伤人），控制手轮 X 轴、Y 轴和 Z 轴，使分中棒移动到与工件左边刚好接触（上下分中棒分开时，回退，让上下分中棒贴合）。

2）按"POS"→"相对坐标系"→"X"→"（归零/起源）"。

3）Z 轴抬刀（刀抬至工件上方），控制手轮的 X 轴和 Z 轴，使刀具移动到与工件右边刚好接触，记录 X 相对坐标值。

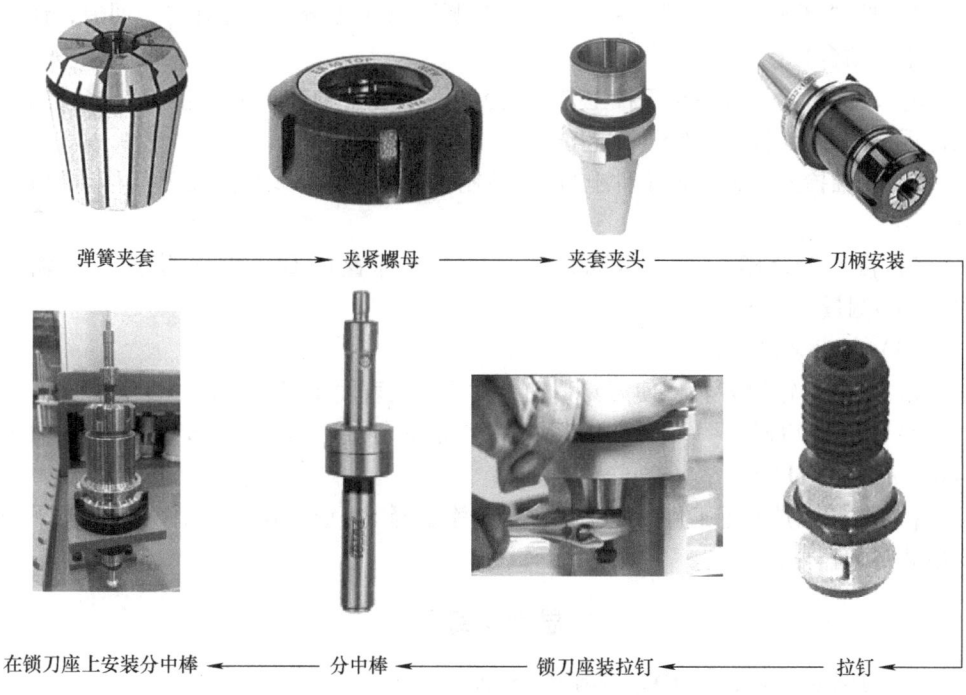

图 2-42 刀柄与分中棒的安装过程

选择方式在手轮或JOG ——→ 按下气动开关将分中棒装在主轴上顶 ——→ 松开气动开关装分中棒结束

图 2-43 装分中棒过程

4) Z 轴抬刀（刀抬至工件上方），控制手轮的 X 轴和 Z 轴，使刀具移动到 $X/2$ 处。

5) 按 "OFFSET" → "坐标系" → "把光标置在 G54 中 X 位置" → 输入 "X0" → 测量 → POS。

【注意】分中棒转速不能过快，过快的转速会造成分中棒机械弹簧飞出，造成安全事故。靠近工件时，手轮进给倍率选择×1 或×10 档位。

(2) 纵向 Y 轴找正

1) 控制手轮的 Y 轴和 Z 轴，使刀具移动到与工件前面刚好接触。

2）按"POS"→"Y"→"（归零/起源）"（上下分中棒分开时，回退，让上下分中棒贴合）。

3）Z 轴抬刀（刀抬至工件上方），控制手轮的 Y 轴和 Z 轴，使刀具移动到与工件后面刚好接触，记录 Y 相对坐标值。

4）Z 轴抬刀（刀抬至工件上方），控制手轮的 Y 轴和 Z 轴，使刀具移动到 $Y/2$ 处。

5）按"OFFSET"→"坐标系"→"把光标置在 G54 中 Y 位置"→输入"Y0"→测量→POS。

(3) 竖直 Z 轴找正

1）控制手轮的 Z 轴，使刀具移动到对刀器上表面刚好接触。

2）按"OFFSET"→"坐标系"→"把光标置在 G54 中 Z 位置"→输入"Z0"→测量→POS。

【注意】刀具靠近工件时，手轮进给倍率选择×1 或×10 档位，大家思考下用光电式寻边器如何寻边。

思考与练习

1）刀具半径补偿（G41/G42）的原理是什么？
2）数控机床的参考点（零点）作用是什么？
3）数控机床的工件坐标系（G54~G59）作用是什么？
4）数控机床的 MDI 模式是指什么？
5）数控机床的右手直角笛卡儿坐标系是如何定义的？
6）数控控制面板的功能区有哪些？
7）POS 功能键有哪些作用？
8）PROG 功能键有哪些作用？

第 3 章　外轮廓零件编程与加工

学习目标

1）熟悉 FANUC 系统数控加工程序的结构。
2）掌握直线加工指令的应用。
3）掌握刀具长度补偿指令的应用。
4）熟悉不同材料（如钢、铝、复合材料）的切削参数设定原则。
5）掌握圆弧插补指令的应用。
6）掌握刀具半径补偿指令的应用。
7）熟悉外轮廓零件的常用走刀方法。
8）能独立完成数控程序的仿真校验与错误排查。
9）会用量具完成零件的质量检测和质量控制。
10）掌握复杂外轮廓零件的加工方法。

导入案例

机械零件的外轮廓指的是零件表面在二维平面上的外部形状或边界线。通常，这个外轮廓包括零件的外边缘、侧面和轮廓的轮廓线，它代表了零件的整体外形，通常是在设计和加工过程中最为关注的部分。零件的外轮廓可以是由长方形、正方形、圆形、六边形等简单外轮廓组成（见图 3-1），可以是不规则的形状，含有内凹、圆角、斜面等特点的零件外轮廓（见图 3-2），也可以是有不同的台阶高度的外轮廓（见图 3-3），还可以是复杂的外轮廓（见图 3-4）。外轮廓的加工主要涉及加工坐标点的计算、加工路径的优化、刀具的选择、程序编制、工艺编制与加工。

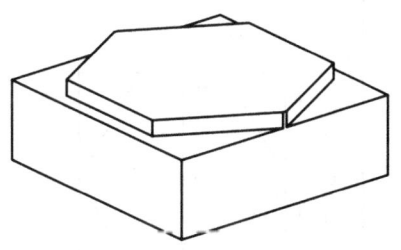

图 3-1　直线型外轮廓铣削零件图

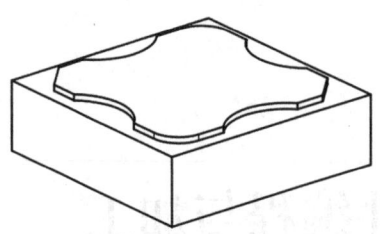
图 3-2 圆弧型外轮廓铣削零件图

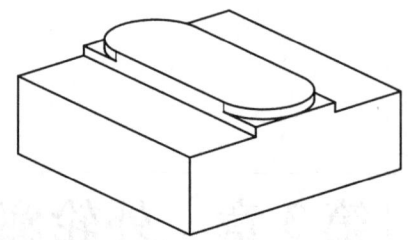
图 3-3 台阶型外轮廓铣削零件图

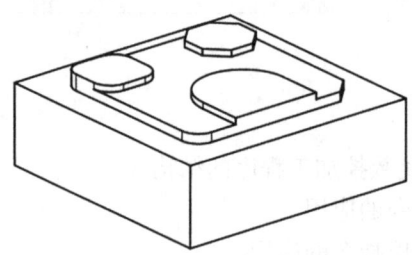
图 3-4 复杂型外轮廓铣削零件图

3.1 直线型外轮廓编程与加工

1. 任务分析

如图 3-5 所示，在 80mm×80mm×30mm 的工件上用盘铣刀铣削上表面，用立铣刀铣六边形，需要用到长度补偿、半径补偿功能，用到 G00、G01 等指令，能合理设定加工工艺路线，正确选择加工刀具，正确编制加工程序，

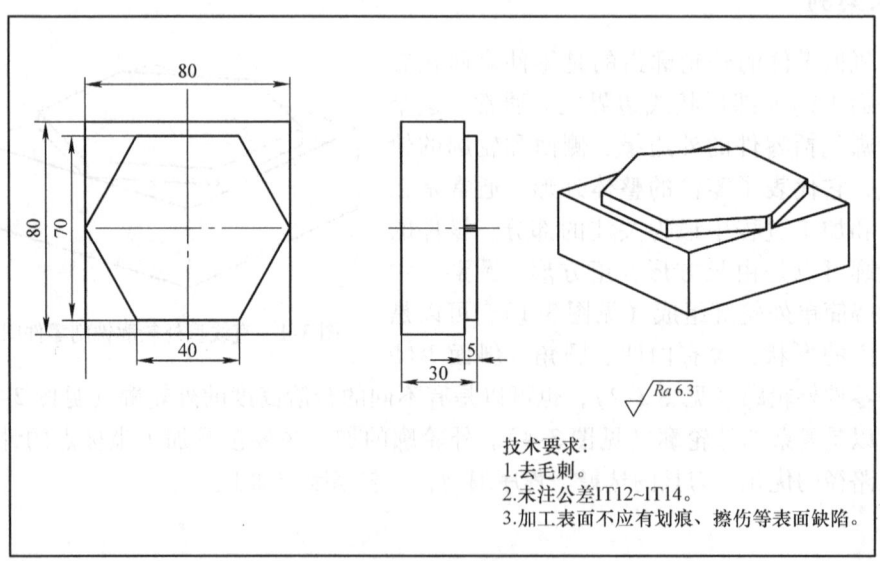

图 3-5 直线型外轮廓铣削零件图

并根据图样尺寸进行精度调试。

2. 任务知识点

（1）工件坐标系　对工件进行编程和加工，必须建立工件坐标系，工件坐标系的原点是指根据加工零件图样选定的编制零件程序的原点，考虑编程的方便性，一般选择在工件的对称中心上，如图 3-6 所示。

（2）程序结构

1）程序名。一个数控加工程序由若干个程序段组成，FANUC 系统程序名第一个字母必须为"O"，后面接四个数字。程序段号是每个程序段的参考代码，第一个字母是"N"，后接数字。

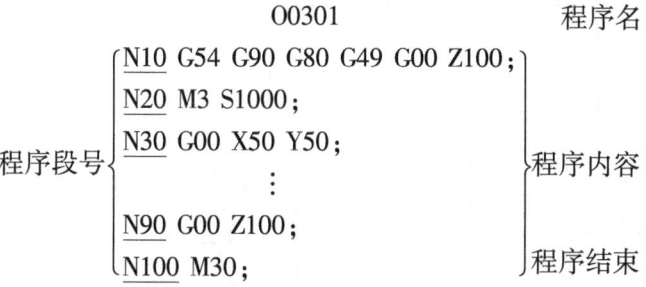

图 3-6　工件坐标系

2）程序内容。程序内容是程序的主体，它由多个程序段构成，每个程序段结束有"EOB"（;）符号。

3）程序结束。程序结束以结束指令 M02 或 M30 来结束整个程序的运行。

例 1：程序结构如下：

```
            O0301                  程序名
          ┌ N10 G54 G90 G80 G49 G00 Z100;
          │ N20 M3 S1000;
          │ N30 G00 X50 Y50;                   ┐
程序段号  ┤        ⋮                          ├ 程序内容
          │ N90 G00 Z100;                      ┘
          └ N100 M30;                          ─ 程序结束
```

4）功能字的意义和说明见表 3-1。

表 3-1　功能字的意义和说明

功能字	意义	说明
顺序号字 N	顺序号是程序段的名称，在编程中，可以省略	N 是地址符，后续数字一般为正整数，可以从程序开始处，也可从程序中间进行
准备功能字 G	又称为 G 功能或 G 指令，是用于控制系统工作方式的一种指令	G 是地址符，后续数字一般接两位正整数。FANUC 和华中系统常用 G00～G99
尺寸字 X、Y、Z、I、J 等	用于确定机床上刀具运动的坐标位置	X、Y、Z 用于确定终点坐标位置，R 用于确定圆弧半径
进给功能字 F	用于指定切削的进给速度	常用的单位是 mm/min、mm/r
主轴功能字 S	用于指定主轴的转速	单位为 r/min
刀具功能字 T	用于指定加工所用刀具的编号	通常用于自动换刀
辅助功能字 M	用于指定数控机床辅助装置的开关动作	M 是地址符，后续数字一般接两位正整数

(3) 铣削加工方式选择　按铣刀切削刃的形式和方位将铣削方式分为周铣和端铣。用分布于铣刀圆柱面上的刀齿铣削工件表面，称为周铣，如图 3-7 所示；用分布于铣刀端面上的刀齿进行铣削称为端铣，如图 3-8 所示。

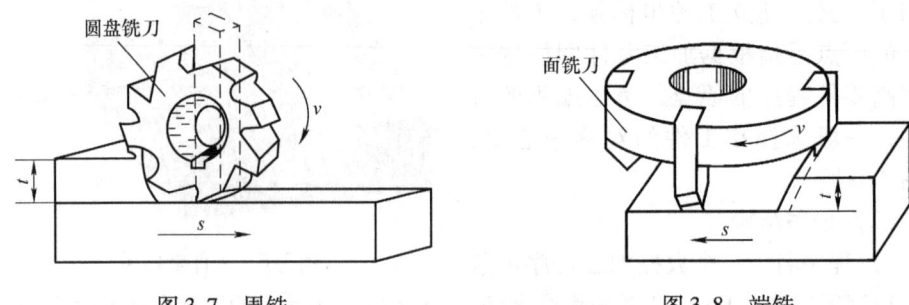

图 3-7　周铣　　　　　　　　　　　图 3-8　端铣

1) 周铣法。根据铣刀和工件的相对运动方式将周铣分为顺铣和逆铣。铣削时，铣刀切出工件时的切削速度方向与工件的进给方向相同，称为顺铣，如图 3-9a 所示；铣削时，铣刀切入工件时的切削速度方向与工件进给方向相反，称为逆铣，如图 3-9b 所示。

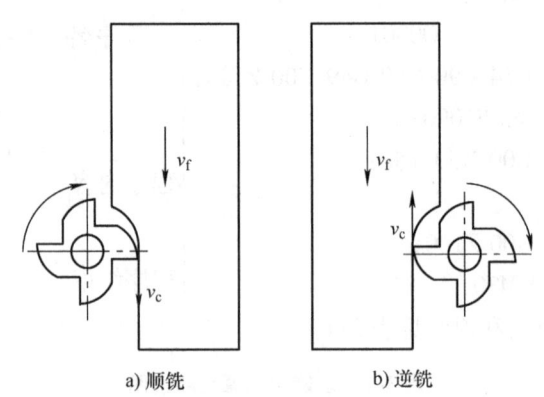

a) 顺铣　　　　　　b) 逆铣

图 3-9　周铣法分类

2) 端铣法。当铣削刀具直径大于平行面宽度时，可将端铣分为对称铣削、不对称逆铣和不对称顺铣，如图 3-10 所示。

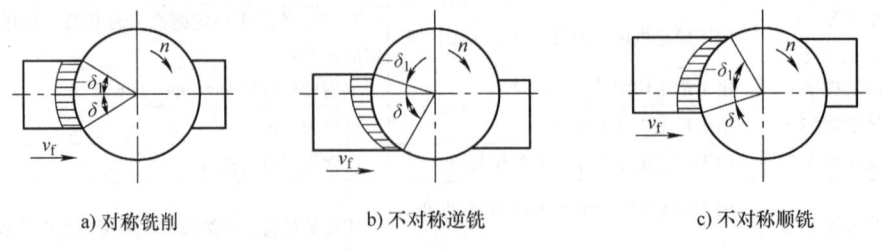

a) 对称铣削　　　　b) 不对称逆铣　　　　c) 不对称顺铣

图 3-10　端铣法分类

(4) 加工工序的划分 当零件的加工质量要求较高时，往往不可能用一道工序来满足其要求，而要用几道工序逐步达到所要求的加工质量。数控铣削加工工序通常遵循以下原则。

1) 基面先行原则。在加工过程中，应该先加工那些起到定位、约束作用的基准面或基准点。这些基准面通常是零件设计时决定的主面或关键位置，保证了后续加工时工件的准确定位和加工精度。基面先行原则的重要性体现在保证加工精度、提高加工效率、减少误差积累、便于后续操作等方面。

2) 先粗后精原则。在进行加工时，零件各个表面的加工顺序按照：粗加工→半精加工→精加工→光整加工的顺序一次进行，逐步提高表面的加工精度并减小表面粗糙度值。

3) 先主后次原则。在进行加工时，应首先加工工件的主要几何特征（即主表面），然后再加工次要几何特征（即次表面）。这种加工顺序有助于提高加工效率、确保加工精度，并避免工件因未加工部分受到干扰或变形。主表面通常指工件上对最终功能最重要的部分，如主平面、基准面、定位孔等。通过先加工这些主表面，能够为后续加工提供稳定的基准，减少因定位误差带来的不确定性。次表面指工件上对整体功能影响相对较小的部分，如非关键的定位孔、槽、轮廓等。它们的加工通常需要依赖主表面的定位和夹紧。因此，次表面应在主表面加工完成后进行。先主后次原则的重要性体现在提高加工精度、避免夹具干涉、减小变形、提高加工效率等方面。

4) 先面后孔原则。在加工过程中，首先进行平面加工（如外形轮廓面、基准面等），这些平面通常是零件设计时的重要定位面，起到定位、约束的作用。通过先加工平面，可以确保后续加工过程中的稳定性和定位精度。由于孔和槽等特征通常会依赖于已经加工的平面进行定位和加工，平面的加工通常会为孔和槽提供必要的基准和定位条件。孔和槽的加工通常需要在平面已完成的基础上进行，以保证孔的精度和位置。先面后孔原则的重要性体现在保证加工精度、避免变形、提高加工效率、提高孔加工的精度等方面。

(5) 铣削用量的选择

1) 铣削用量的概念。铣削用量是铣削吃刀量、进给速度和切削速度的总称，包括背吃刀量 a_p（mm）、侧吃刀量 a_e（mm）；进给速度 v_f（mm/min）；切削速度 v_c（m/min），如图 3-11 所示。

2) 铣削用量的选定。当侧吃刀量 $a_e < d/2$（d 是铣刀直径）时，取 $a_p = (1/3 \sim 1/2)d$；当侧吃刀量 $d/2 \leq a_e < d$ 时，取 $a_p = (1/4 \sim 1/3)d$；当侧吃刀量 $a_e = d$（即满刀切削）时，取 $a_p = (1/5 \sim 1/4)d$。铣削加工分为粗铣、半精铣和精铣，见表 3-2。具体需要查《切削用量简明手册》。

3) 进给速度 v_f 为

$$v_f = z f_z n$$

式中 z——铣刀齿数；
f_z——铣刀每齿进给量（mm/z）；
n——主轴转速（r/min）。

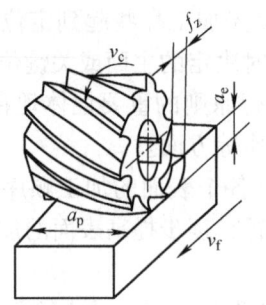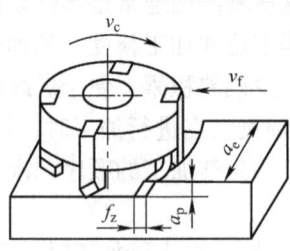

图3-11 铣削用量

表3-2 铣刀每齿进给量

工件材料	每齿进给量 f_z/(mm/z)			
	粗铣		精铣	
	高速钢铣刀	硬质合金铣刀	高速钢铣刀	硬质合金铣刀
钢	0.10～0.15	0.10～0.25	0.02～0.05	0.10～0.15
铸铁、铜铝合金	0.12～0.20	0.15～0.30		

4）切削速度 v_c 为

$$v_c = \frac{\pi d n}{1000}$$

式中 v_c——切削速度（m/min）；
d——铣刀直径（mm）；
n——主轴转速（r/min）。

选择 v_c 后，可以计算出主轴转速 n 值，也可以查《切削用量简明手册》，见表3-3。

表3-3 铣刀切削速度

工件材料	铣削速度 v_c/(m/min)		工件材料	铣削速度 v_c/(m/min)	
	高速钢铣刀	硬质合金铣刀		高速钢铣刀	硬质合金铣刀
20钢	20～45	150～250	黄铜	30～60	120～200
45钢	20～45	80～220	铝合金	112～300	400～600
40Cr钢	15～25	60～90	不锈钢	16～25	50～100
HT150	14～22	70～100			

(6) 快速定位指令 G00

1) 格式：G00 X_Y_Z_；说明：X、Y、Z 代表目标点坐标。

2) G00 指令为快速点定位指令，不能用于加工。

3) G00 速度根据机床参数设定，且各轴的移动速度不同，所以该指令的轨迹不一定是直线。如图 3-12 所示，刀具从 A 点开始执行 G00 X90 Y45 时，其轨迹为 $A \rightarrow C \rightarrow B$。

(7) 直线插补指令 G01

1) 格式：G01 X_Y_Z_F_；说明：X、Y、Z 代表目标点坐标；F 表示切削速度，单位有两种，一种是 mm/r，另一种是 mm/min。

2) G01 指定刀具以坐标联动的方式，按 F 指定的合成进给速度，从当前位置沿直线移动到程序段指定的终点，如图 3-13 所示。G01 在程序段中第一次出现时，务必要加 F 指令，否则机床不运动，系统会出现报警。

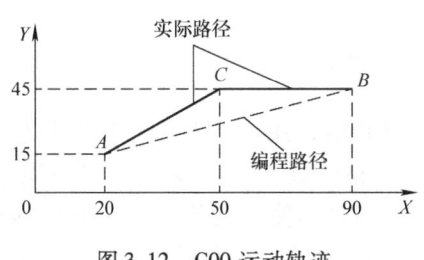

图 3-12　G00 运动轨迹

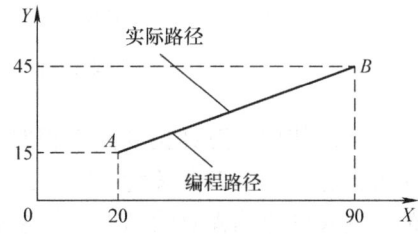

图 3-13　G01 运动轨迹

(8) 刀具长度补偿指令

1) 指令格式。数控铣床所使用的每把刀具长度都不相同，而且由于刀具的磨损或其他原因也会引起刀具长度发生变化，使用刀具长度补偿指令可使每一把刀具加工的深度尺寸都正确。为了简化零件的数控加工编程，使数控程序与刀具形状和刀具长度尺寸无关，现代数控系统建立了刀具长度补偿功能。刀具长度补偿使刀具垂直于进给平面偏移一个刀具长度修正值。

　　　　G17 G43/G44 G00 Z_H_；
　　或 G17 G43/G44 G01 Z_F_H_；
　　　　　　　…
　　　　G49 G00/G01 Z_；

其中，G17 指令指定刀具长度补偿轴为 Z 轴；G43 指令表示正向偏置；G44 指令表示负向偏置；G49 指令为取消刀具长度补偿。Z 为 G00/G01 指令的参数，即刀具长度补偿建立或取消的终点坐标值。H 为 G43/G44 指令的参数，即刀具长度补偿偏置号（H00～H99）。刀具长度补偿值通常为正值，若为负值，则补偿方向相反。G43、G44、G49 指令为同一组模态代码，可相互注销。长度补偿的取消用 G49，也可采用 "G43/G44 H00；" 来执行（H00 的偏置量永远为 0）。

2）补偿的建立。刀具长度补偿指令是用来补偿实际使用的刀具长度与编程时的标准刀具长度之间差值的指令。该长度差即长度偏置量，存放在补偿寄存器中，用 H00～H99 来指定。刀具长度补偿的建立如图 3-14 所示。

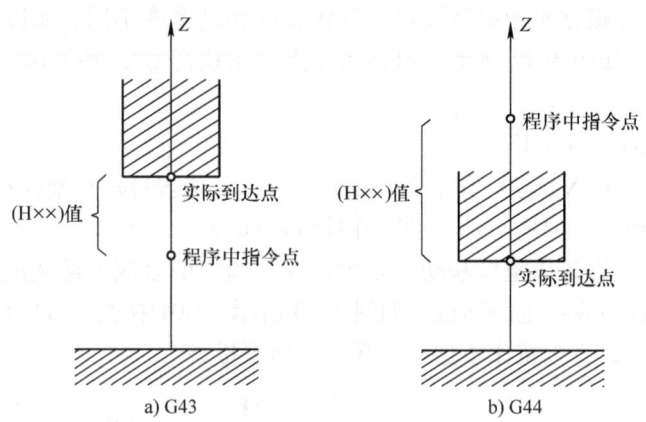

图 3-14　刀具长度补偿的建立

当实际使用的刀具长度比编程时的标准刀具长时，用 G43 指令，使刀具朝 Z 轴正方向移动一个刀具长度偏置量，Z 实际值＝Z 指令值 ＋（H××）；当实际使用的刀具长度比编程时的标准刀具短时，用 G44 指令，使刀具朝 Z 轴负方向移动一个刀具长度偏置量，Z 实际值＝Z 指令值 －（H××）。在实际使用中，鉴于习惯，一般仅使用 G43 指令，正负方向的移动，靠变换 H 代码的正负符号来实现。

（9）半径补偿指令

1）指令格式。

　　　　　G17 G41/G42　G01 X_Y_F_D_；
　　　　　或 G17 G41/G42 G00 X_Y_D_；
　　　　　G40 G01 X_Y_；

G17 指定半径补偿所在 XY 平面；G41 为刀具半径左补偿，G42 为刀具半径右补偿，G40 为取消刀具半径补偿。其中 D 为刀补号码（D00～D99），它代表了刀补表中对应的半径补偿值。G40、G41、G42 都是模态代码，可以在程序中保持连续有效。

2）补偿的建立。采用 G41 与 G42 的判断方法是：迎着垂直于补偿平面的坐标轴的正方向，向刀具的移动方向看过去，当刀具处在切削轮廓左侧时，称为刀具半径左补偿，用 G41 表示；当刀具在切削轮廓的右侧时，称为刀具半径右补偿，用 G42 表示，如图 3-15 所示。刀具半径补偿的过程分三步，即刀补

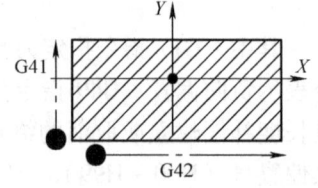

图 3-15　刀具半径补偿建立

建立、刀补进行和刀补取消。

3）直线切入切出建立刀补的方法（见图3-16）。P_1点下刀，P_1点→P_2点建立刀补，P_2点→P_3点沿轮廓直线切入并绕方形轮廓加工，P_3点→P_4点沿轮廓直线切出，P_4点→P_1点取消刀补。

4）圆弧切入切出建立刀补的方法（见图3-17）。P_1点下刀，P_1点→P_2点建立刀补，P_2点→P_3点用圆弧切入到轮廓起始点，绕方形轮廓加工，P_3点→P_4点用圆弧切出，P_4点→P_1点取消刀补。

【注意】P_1点→P_2点建立刀具半径补偿时，P_1点到P_2点的距离必须大于刀具的半径，P_4点→P_1点取消刀具半径补偿时，P_1点到P_4点的距离必须大于刀具的半径。

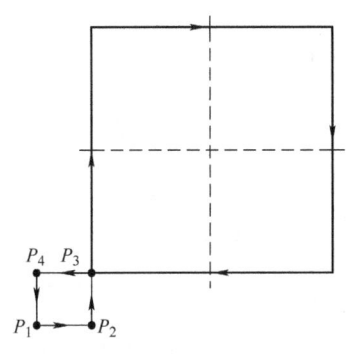
图3-16 直线切入切出

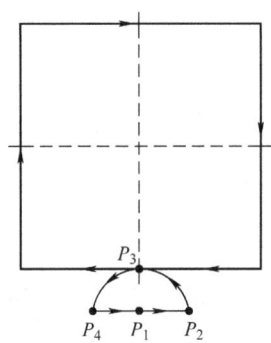
图3-17 圆弧切入切出

（10）绝对值编程 G90 指令和相对值编程 G91 指令 G90 是指程序中每个编程值都是相对于工件坐标原点的，机床默认值，模态代码；G91 是指程序中每个编程值都是相对于前一位置的，该值等于沿坐标轴移动的距离。

1）格式：

G90 X＿ Y＿ Z＿

G91 X＿ Y＿ Z＿

2）说明：

G90：绝对值编程，每个编程坐标轴上的编程值是相对于程序原点的。

G91：相对值编程，每个编程坐标轴上的编程值是相对于前一位置而言的，该值等于沿轴移动的距离。

G90、G91 为模态代码，G90 为默认值。

G90、G91 出现在同一程序段中，则各自在指定的地方有效，这一点和其他的同组 G 代码相比是一个特殊点。

例2：如图3-18 所示，已知刀具中心轨迹为"$A→B→C$"，使用绝对坐标方式与增量坐标方式时各动点的坐标分别为：

G90 时，A (10, 10)、B (35, 50)、C (90, 50)；
G91 时，B (25, 40)、C (55, 0)。

若从 A→B 编程时：

G90　X35　Y50 或

G91　X25　Y40 或

G90　X35　G91　Y40

（11）基点坐标计算

1）基点的定义。零件各几何要素之间的连接点称为基点，如零件轮廓上两条直线的交点，直线与圆弧轮廓的交点或切点，如图 3-19 中的 A 点、B 点、C 点，基点坐标是编程中需要的重要依据。

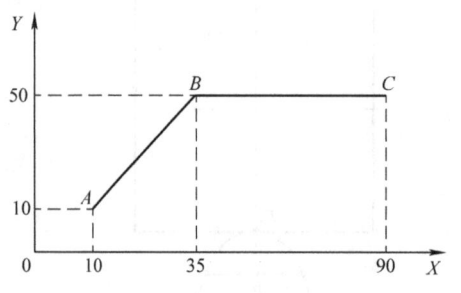

图 3-18　绝对坐标、增量坐标

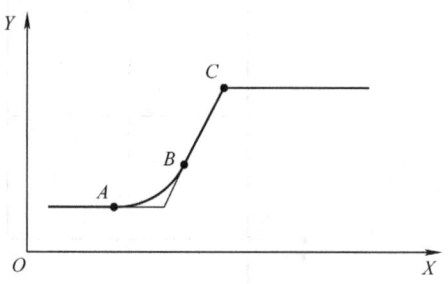

图 3-19　基点 A、B、C

2）基点的计算。基点坐标值一般根据零件图上所给的已知几何尺寸条件，经简单计算可得到。复杂基点的坐标值要运用三角函数或解析几何的有关知识来求解。

例 3：求图 3-20 中正六边形各基点的坐标值。

图 3-20 中 C 点、F 点的坐标由图中已知的几何尺寸条件可得出：C 点坐标 (X-45, Y0)，F 点坐标 (X45, Y0)。基点 A 的坐标计算过程见表 3-4。

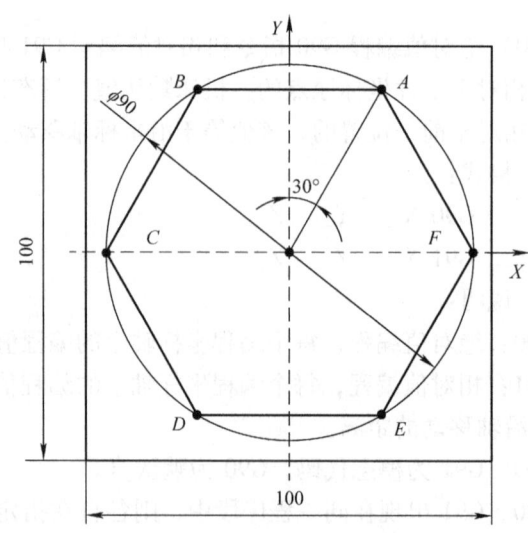

图 3-20　正六边形基点坐标

表3-4 基点 A 的坐标计算过程

$X_A = 45\text{mm} \times \sin 30° = 45\text{mm} \times 0.5 = 22.5\text{mm}$

$Y_A = 45\text{mm} \times \cos 30° = 45\text{mm} \times 0.866 = 38.97\text{mm}$

又因为 B 点和 A 点关于 Y 轴对称，则 B 点坐标为（X-22.5，Y38.97），D 点和 B 点关于 X 轴对称，则 D 点坐标为（X-22.5，Y-38.97），E 点和 A 点关于 X 轴对称，则 E 点坐标为（X22.5，Y-38.97）。

（12）辅助功能 M 指令

辅助功能由地址字 M 及后面的两位数字组成，主要用于控制零件程序的走向以及机床各种辅助功能的开关动作，常用 M 指令见表3-5。

表3-5 常用 M 指令

代码	功能	代码	功能	代码	功能
M03	主轴正转	M08	切削液开	M00	程序暂停
M04	主轴反转	M09	切削液关	M02	程序结束
M05	主轴停止	M01	程序选择性停止	M30	程序结束

3. 任务实施

（1）工艺分析

1）分析技术要求。加工六边形凸台，深度为 5mm，加工精度要求不高。选择直径为 25mm 的立铣刀进行切削加工。根据工件的形状特征，选择工件上表面的中心为编程原点。

2）选择加工路线。铣削平面零件的外轮廓时，一般采用立铣刀侧刃切削。刀具切入工件时，应避免沿外轮廓的法向切入，而应沿外轮廓曲线延长线的切线切入，以免产生接刀痕。沿切削起点延伸线或轮廓切线方向逐渐切入工件，保证零件曲线的平滑过渡。同样，在切离工件时，也应避免在切削终点处直接抬刀，要沿着切削终点延伸线或轮廓切线方向逐渐切离工件。进退刀路线安排如图 3-21 所示。

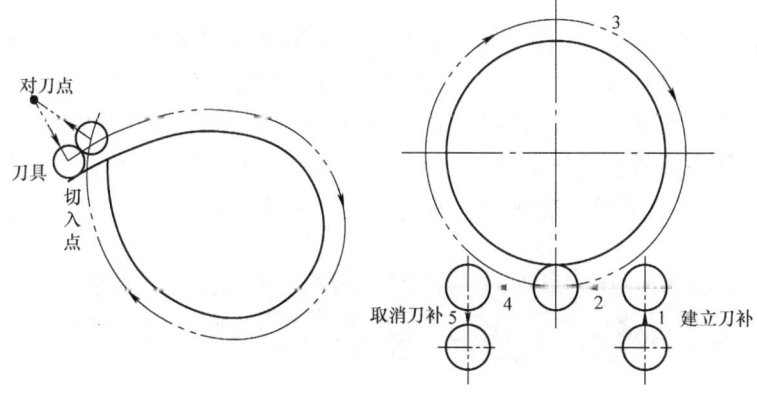

图 3-21 进退刀路线安排

以工件中心为工件坐标系，轮廓加工根据先粗后精的切削原则，轮廓粗加工完成后留0.2mm精加工余量。刀具的运动轨迹如图3-22所示：1→2→3→4→5→6→7→8→9→1，其中1点为下刀点，距离工件边5mm为宜，各定位点的坐标见表3-6。

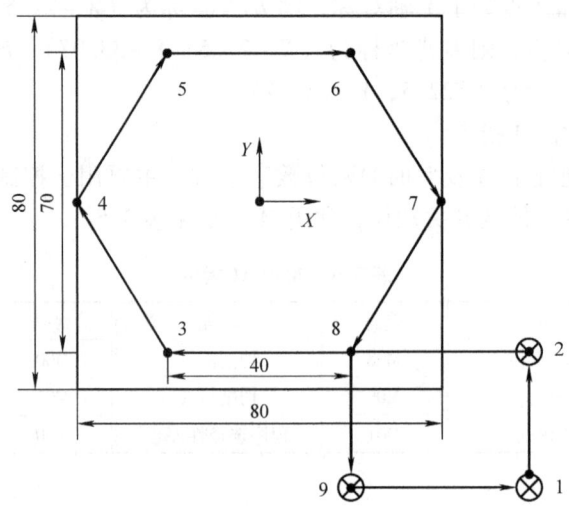

图3-22　编程原点及走刀路线

表3-6　各定位点的坐标

点	X坐标	Y坐标	点	X坐标	Y坐标
1	60	-60	6	20	35
2	60	-35	7	40	0
3	-20	-35	8	20	-35
4	-40	0	9	20	-60
5	-20	35			

3）确定装夹方法。工件毛坯为正方形，采用平口钳装夹，工件下面用等高块支承，用百分表进行找正，工件伸出钳口部分视零件而定并夹紧。

（2）工具、量具、刀具选择　由于加工深度为5mm，考虑周边加工余量为5mm，一次能去除所有的加工余量，因此选择直径为25mm的普通高速钢立铣刀，如图3-23所示。直线型外轮廓加工所用工具、量具、刀具见表3-7。

图3-23　直径25mm的高速钢立铣刀

表 3-7 直线型外轮廓加工所用工具、量具、刀具

种类	工具、量具、刀具清单			零件图号		图 3-5	
	序号	名称	规格尺寸/mm	分度值/mm	单位	数量
工具	1	平口钳	—	—	台	1
	2	扳手	—	—	把	1
	3	平行垫铁	—	—	副	1
	4	橡胶锤	—	—	个	1
量具	1	钢直尺	0~150	—	把	1
	2	游标卡尺	0~150	0.02	把	1
刀具	1	立铣刀	φ25	—	把	1

（3）加工工艺（见表3-8）

表 3-8 直线型外轮廓加工工艺

数控加工工艺卡片			产品名称	零件名称		材料	零件图号
				直线型外轮廓			图 3-5
工序号	程序编号	夹具名称	夹具编号	使用设备			车间
1	O0301	平口钳		KDVM800LH			
工步号	工步内容	刀具号	刀具规格尺寸/mm	主轴转速/（r/min）	进给速度/（mm/min）	背吃刀量/mm	备注
1	粗铣六方凸台	T01	φ25	1500	350		
2	精铣六方凸台	T01	φ25	2000	300		
编制		审核		批准		共 页	第 页

（4）加工程序（见表3-9）

表 3-9 直线型外轮廓加工程序

程序段号	程序格式	说明
	O0301	程序名
N10	G80 G40 G49 G90 G54；	程序初始化
N20	G91 G28 Z0；	Z 向抬刀
N30	T01 M06；	换 1 号刀
N40	G90 G00 X60 Y-60 M03 S1500；	定位，主轴正转
N50	G43 Z20 H01；	长度补偿 H01（25mm 立铣刀）
N60	Z5；	定位下刀点 1
N70	M08；	切削液开

(续)

程序段号	程序格式	说明
N80	G01 Z-5 F500;	
N90	G41 Y-35 D01;	
N100	X-20;	
N110	X-40 Y0;	
N120	X-20 Y35;	加工直线型外轮廓（-4.5mm，-0.5mm，分层切削）
N130	X20;	
N140	X40 Y0;	
N150	X20 Y-35;	
N160	Y-60;	
N170	G40 X60;	
N180	G00 Z100;	抬刀
N190	M09;	切削液关
N200	M05;	主轴停止
N210	M30;	程序结束

4. 任务评价

直线型外轮廓的加工评价见表3-10。

表3-10 直线型外轮廓的加工评价

组别		姓名			学号	
工件号		机床号			图号	
任务一			直线型外轮廓编程与加工			
项目	序号	检测内容		配分	自评	考核评分
程序与加工工艺	1	工艺安排合理		10		
	2	加工参数设定合理		10		
	3	程序格式规范		10		
机床操作	4	对刀及坐标系设定正确		10		
	5	机床面板操作正确		5		
	6	意外情况处置合理		5		
尺寸检测	7	70mm		15		
	8	5mm		15		
	9	无毛刺或损伤等外观瑕疵		5		
安全文明生产	10	安全操作，无违规操作		10		
	11	加工结束，完成7S整理		5		
综合得分				100		

3.2 圆弧型外轮廓编程与加工

1. 任务分析

如图 3-24 所示，在 80mm×80mm×30mm 的工件上用盘铣刀铣削上表面，用立铣刀铣圆弧外轮廓，新用到 G02、G03 等指令。其他知识点见第 3.1 节。

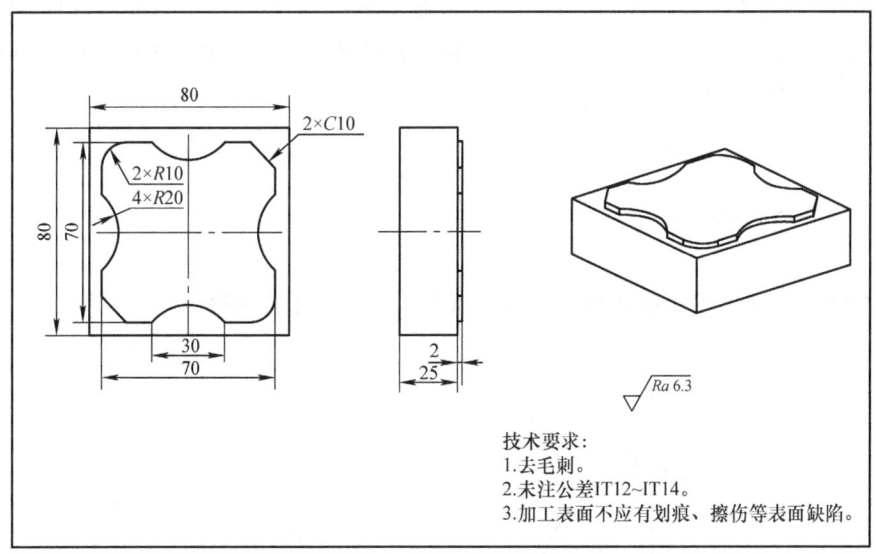

图 3-24 圆弧型外轮廓铣削零件图

2. 任务知识点

（1）圆弧插补指令　G02：顺时针圆弧插补，G03 逆时针圆弧插补。

格式 1（R 格式）：G02（G03）　　X_ Y_ R_ F_ ;
　　　　　　　　　　　　　　X、Y：圆弧终点的坐标
　　　　　　　　　　　　　　R：圆弧半径

【注意】　当圆弧≤180°时，R 取正值；当圆弧>180°时，R 取负值。

格式 2（圆心格式）：G02（G03）　　X_ Y_ I_ K_
　　　　　　　　　　X、Y：圆弧终点的坐标
　　　　　　　　　　I = 圆心 X 坐标 – 圆弧起点 X 坐标
　　　　　　　　　　K = 圆心 Y 坐标 – 圆弧起点 Y 坐标

【注意】　当圆弧为整圆时，必须用圆心格式。

例 4：分别用半径格式和圆心格式按图 3-25 中的圆弧编程。

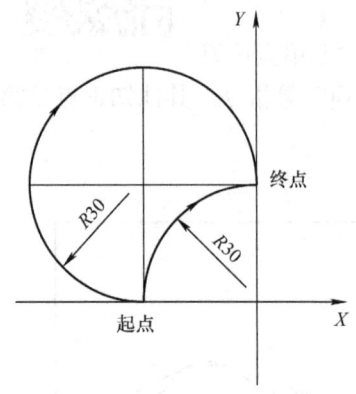

（短弧）格式 1：G2　X0　Y30　R30
（长弧）格式 1：G2　X0　Y30　R-30
（短弧）格式 2：G2　X0　Y30　I30　K0
（长弧）格式 2：G2　X0　Y30　I0　K30

图 3-25　圆弧（一）

例 5：分别用半径格式和圆心格式按图 3-26 中的圆弧编程。

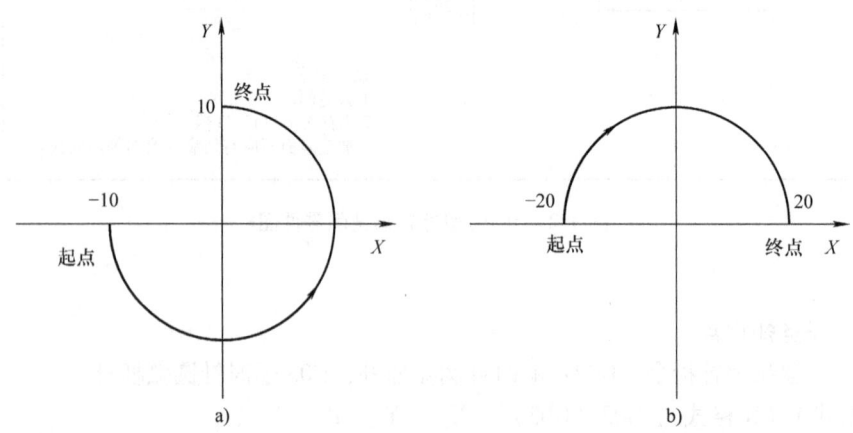

图 3-26　圆弧（二）

对于图 3-26a，
格式 1：G3　X0　Y10　R10
格式 2：G3　X0　Y10　I10　K0

对于图 3-26b，
格式 1：G2　X20　Y0　R20
格式 2：G2　X20　Y0　I20　K0

例 6：根据图 3-27 用圆心格式编程。

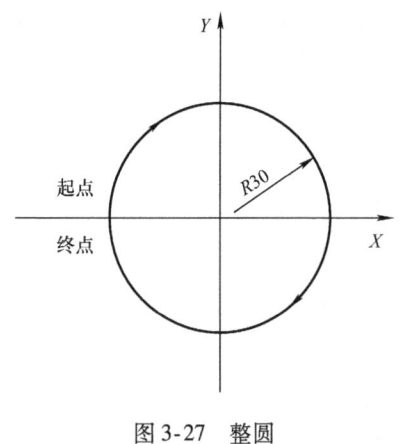

因是整圆，只能用圆心格式编程：
G2 X-30 Y0 I30 K0
因是整圆，起点和终点重合，可以简化为：
G2 I30 K0
还可以简化为：G2 I30

图 3-27 整圆

（2）圆弧顺逆方向判断　在笛卡儿右手直角坐标系中，从垂直于圆弧所在平面轴的正方向往负方向看，顺时针为 G02，逆时针为 G03，如图 3-28 所示。

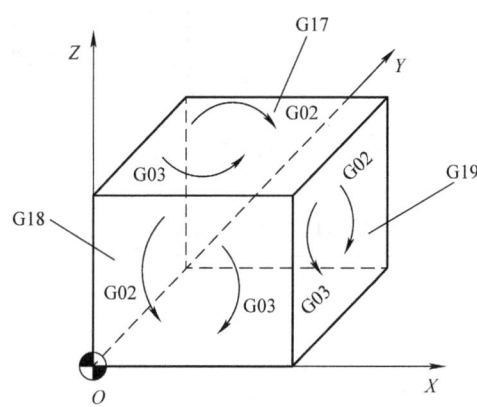

图 3-28 不同平面的圆弧顺逆方向判断

3. 任务实施

（1）工艺分析

1）分析技术要求。加工圆弧外轮廓凸台，深度为 2mm，加工精度要求不高。选择直径为 16mm 的立铣刀进行切削加工。根据工件形状特征，选择工件上表面的中心为编程原点。

2）选择加工路线。根据先粗后精的加工原则，先进行零件轮廓的粗加工，尺寸方向预留 0.5mm 的余量，轮廓粗加工的同时，高度方向预留 0.2mm 的余量。刀具的具体运动轨迹如图 3-29 所示：1→2→3→4→5→6→7→8→9→10→11→12→13→14→15→16→17→18→19→1。其中 1 点为下刀点，距离工件边 5mm 为宜，各轮廓基点坐标见表 3-11。

3）确定装夹方法。工件毛坯为正方形，采用平口钳装夹，工件下面用等高块支承，用百分表进行找正，工件伸出钳口部分视零件而定并夹紧。

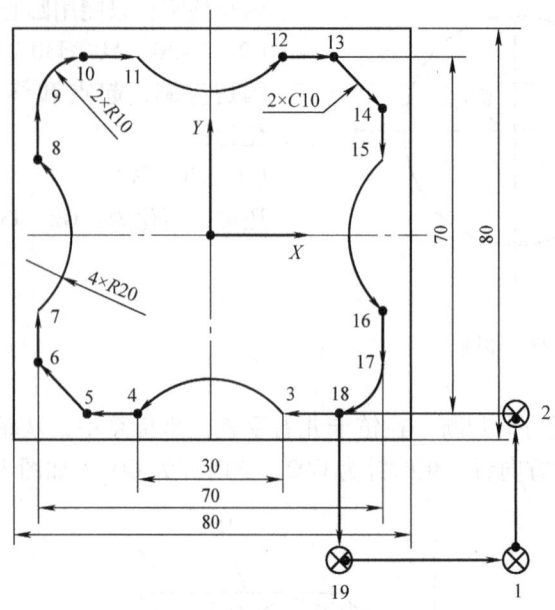

图 3-29　圆弧外轮廓编程基点

表 3-11　各轮廓基点坐标

点	X 坐标	Y 坐标	点	X 坐标	Y 坐标
1	55	-55	11	-15	35
2	55	-35	12	15	35
3	15	-35	13	25	35
4	-15	-35	14	35	25
5	-25	-35	15	35	15
6	-35	-25	16	35	-15
7	-35	-15	17	35	-25
8	-35	15	18	25	-35
9	-35	25	19	25	-55
10	-25	35			

（2）工具、量具、刀具选择　圆弧型外轮廓加工所用工具、量具、刀具见表 3-12。

第 3 章 外轮廓零件编程与加工

表 3-12 圆弧型外轮廓加工所用工具、量具、刀具

工具、量具、刀具				零件图号	图 3-24	
种类	序号	名称	规格尺寸/mm	分度值/mm	单位	数量
工具	1	平口钳	—	—	台	1
	2	扳手	—	—	把	1
	3	平行垫铁	—	—	副	1
	4	橡胶锤	—	—	个	1
量具	1	钢直尺	0~150	—	把	1
	2	游标卡尺	0~150	0.02	把	1
刀具	1	立铣刀	φ16	—	把	1

(3) 加工工艺(见表 3-13)

表 3-13 圆弧型外轮廓加工工艺

数控加工工艺卡片			产品名称	零件名称	材料	零件图号
				圆弧型外轮廓		图 3-24
工序号	程序编号	夹具名称	夹具编号	使用设备		车间
1	O0302	平口钳		KDVM800LH		
工步号	工步内容	刀具号	刀具规格尺寸/mm	主轴转速/(r/min)	进给速度/(mm/min)	背吃刀量/mm	备注
1	粗铣圆弧外轮廓凸台	T01	φ16	1500	350		
2	精铣圆弧外轮廓凸台	T01	φ16	2000	300		
编制		审核		批准		共 页	第 页

(4) 加工程序(见表 3-14)

表 3-14 圆弧型外轮廓加工程序

程序段号	程序格式	说明
	O0302	程序名
N10	G80 G40 G49 G90 G54;	程序初始化
N20	G91 G28 Z0;	Z 向抬刀
N30	T01 M06;	换 1 号刀
N40	G90 G00 X60 Y-60 M03 S1500;	定位,主轴正转
N50	G43 Z20 H01;	长度补偿 H01 (16mm 立铣刀)

(续)

程序段号	程序格式	说明
N60	Z5；	定位下刀点1
N70	M08；	切削液开
N80	G01 Z-2 F500；	
N90	G41 Y-35 D01；	
N100	X15；	
N110	G03 X-15 R20；	
N120	G01 X-25；	
N130	X-35 Y-25；	
N140	Y-15；	
N150	G03 Y15 R20；	
N160	G01 Y25；	
N170	G02 X-25 Y35 R10；	加工圆弧型外轮廓（-1.8mm，-0.2mm，分层切削）
N180	G01 X-15；	
N190	G03 X15 R20；	
N200	G01 X25；	
N210	X35 Y25；	
N220	Y15；	
N230	G03 Y-15 R20；	
N240	G01 Y-25；	
N250	G02 X25 Y-35 R10；	
N260	G01 Y-55；	
N270	G40 X55；	
N280	G00 Z100；	抬刀
N290	M09；	切削液关
N300	M05；	主轴停止
N310	M30；	程序结束

4. 任务评价

圆弧型外轮廓的加工评价见表3-15。

表3-15 圆弧型外轮廓的加工评价

组别		姓名		学号		
工件号		机床号		图号		
任务二			圆弧型外轮廓编程与加工			
项目	序号	检测内容		配分	自评	考核评分
程序与加工工艺	1	工艺安排合理		10		
	2	加工参数设定合理		10		
	3	程序格式规范		10		
机床操作	4	对刀及坐标系设定正确		10		
	5	机床面板操作正确		5		
	6	意外情况处置合理		5		
尺寸检测	7	70mm		10×2		
	8	2mm		10		
	9	25mm		5		
	10	无毛刺或损伤等外观瑕疵		5		
安全文明生产	11	安全操作,无违规操作		5		
	12	加工结束,完成7S整理		5		
综合得分				100		

3.3 台阶型外轮廓编程与加工

1. 任务分析

如图3-30所示,在80mm×80mm×30mm的工件上用盘铣刀铣削上表面,用盘铣刀铣台阶外轮廓,要用到G43、G44、G49等长度补偿指令控制深度。

2. 任务知识点

铣削平面的宽度大于面铣刀时,一次进给不能完全加工,要进行多次进给,这就涉及进给路线。平面铣削进给路线的安排比较简单,一般有单向进给和双向往返进给两种方式。

在平面加工中,安排合理的走刀路线是保证加工质量很重要的一个方面。粗铣时为提高加工效率经常采用往返双向加工的走刀方式,背吃刀量可以选择1.5~3mm,铣削宽度可以选择0.6~0.8倍的刀具直径,如图3-31a所示,切削间可以矩形移动也可采用圆弧移动;精铣时采用单向铣削的方式,铣削宽度尽量不超过0.5倍的刀具直径,根据实际需要选择精加工余量。精加工余量过大或小都影响表面粗糙度,采用顺铣的方式铣削,如图3-31b所示,选择切削液不当或使用不当，加工中的停顿或工件材料热处理不当，都可能影响加工后的表面粗糙度。

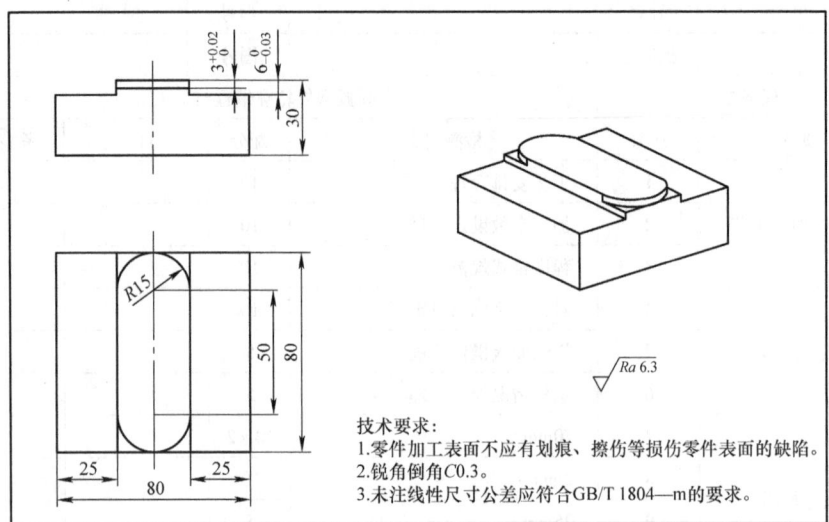

图 3-30 台阶型外轮廓铣削零件图

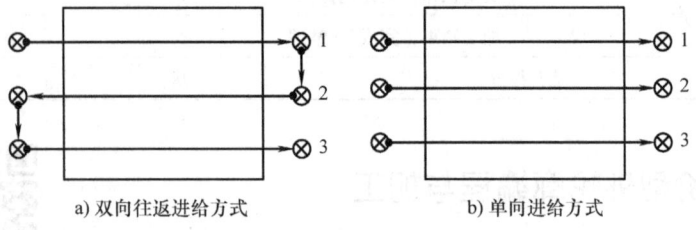

图 3-31 平面铣削的进给路线

3. 任务实施

（1）工艺分析

1）分析技术要求。加工台阶外轮廓凸台，深度为 $6_{-0.03}^{0}$ mm，$3_{0}^{+0.02}$ mm，轮廓的加工精度要求不高。选择直径为 30mm 的盘铣刀进行切削加工。根据工件形状特征，选择工件上表面的中心为编程原点。

2）选择加工路线。根据先粗后精的加工原则，先进行零件轮廓的粗加工，尺寸方向预留 0.5mm 的余量，轮廓粗加工的同时，高度方向预留 0.2mm 的余量。刀具的具体运动轨迹如图 3-32 所示：$P_1 \rightarrow P_2 \rightarrow P_4 \rightarrow P_5 \rightarrow P_6 \rightarrow P_3 \rightarrow P_7 \rightarrow P_1$。其中 1 点为下刀点，距离工件边

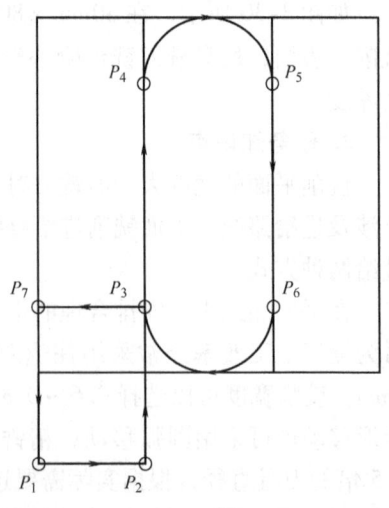

图 3-32 台阶外轮廓编程基点

20mm 为宜,各轮廓基点坐标见表 3-16。

因为工件是有台阶的,台阶面的加工需要考虑不同的深度,另外台阶面加工需要超出工件部分,考虑以上几点,加工台阶时,超出点是 P_2 的对称部分,即 (-15, 60)、(15, 60) 和 (15, -60) 三个点。

深度需要通过 Z 向补偿 0.2mm,以 $3^{+0.02}_{0}$ mm 为例,其中间尺寸是 3.01mm $\left(\dfrac{\text{尺寸的最大值}+\text{尺寸的最小值}}{2}\right)$,如图 3-33a 所示,根据实际测量尺寸是 2.829mm,需要补偿 3.01mm - 2.829mm = 0.181mm,放宽 Z 向深度余量,通过改变余量 0.2mm - 0.181mm = 0.019mm 来控制精度,如图 3-33b 所示。

3) 确定装夹方法。工件毛坯为正方形,采用平口钳装夹,工件下面用等高块支承,用百分表进行找正,工件伸出钳口部分视零件而定并夹紧。

表 3-16 各轮廓基点坐标

点	X 坐标	Y 坐标	点	X 坐标	Y 坐标
P_1	-40	-60	P_5	15	25
P_2	-15	-60	P_6	15	-25
P_3	-15	-25	P_7	-40	-25
P_4	-15	25			

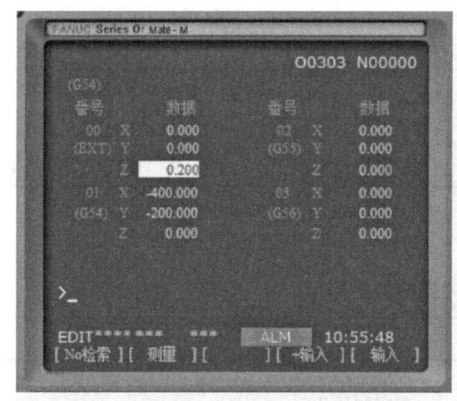
a) 深度 0.2mm 余量

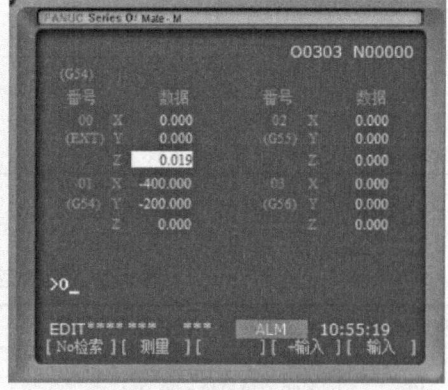
b) 补偿之后 0.019mm 余量

图 3-33 深度补偿设置

(2) 工具、量具、刀具选择 台阶型外轮廓加工所用工具、量具、刀具见表 3-17。

表3-17 台阶型外轮廓加工所用工具、量具、刀具

种类	序号	工具、量具、刀具		零件图号		图3-30	
		名称	规格尺寸/mm	分度值/mm	单位	数量
工具	1	平口钳	—	—	台	1
	2	扳手	—	—	把	1
	3	平行垫铁	—	—	副	1
	4	橡胶锤	—	—	个	1
量具	1	钢直尺	0~150	—	把	1
	2	游标卡尺	0~150	0.02	把	1
刀具	1	盘铣刀	φ30		把	1

（3）加工工艺（见表3-18）

表3-18 台阶型外轮廓加工工艺

数控加工工艺卡片		产品名称	零件名称		材料	零件图号
			台阶型外轮廓			图3-30
工序号	程序编号	夹具名称	夹具编号	使用设备		车间
1	O0303	平口钳		KDVM800LH		
工步号	工步内容	刀具号	刀具规格尺寸/mm	主轴转速/(r/min)	进给速度/(mm/min)	背吃刀量/mm	备注
1	粗铣台阶外轮廓凸台	T01	φ30	1500	350		
2	精铣台阶外轮廓凸台	T01	φ30	2000	300		
编制		审核		批准		共 页	第 页

（4）加工程序（见表3-19）

表3-19 台阶型外轮廓加工程序

程序段号	程序格式	说明
	O0303	程序名
N10	G80 G40 G49 G90 G54;	程序初始化
N20	G91 G28 Z0;	Z向抬刀
N30	T01 M06;	换1号刀
N40	G90 G00 X-40 Y-60 M03 S1500;	定位，主轴正转
N50	G43 Z20 H01;	长度补偿H01（30mm盘铣刀）
N60	Z5;	定位下刀点1
N70	M08;	切削液开
N80	G01 Z-3 F500;	加工台阶型外轮廓
N90	G41 X-15 D01 F350;	
N100	Y25;	

(续)

程序段号	程序格式	说明
N110	G02 X15 Y25 R15;	加工台阶型外轮廓
N120	G01 Y-25;	
N130	G02 X-15 Y-25 R15;	
N140	G01 X-60 Y25;	
N150	X-40 Y-60;	
N160	X-15;	
N170	Z-6;	
N180	Y60;	
N190	X15;	
N200	Y-60;	
N210	G40 X60;	
N220	G00 Z100;	抬刀
N230	M09;	切削液关
N240	M05;	主轴停止
N250	M30;	程序结束

4. 任务评价

台阶型外轮廓的加工评价见表3-20。

表3-20 台阶型外轮廓的加工评价

组别		姓名		学号		
工件号		机床号		图号		
任务三			台阶型外轮廓的编程与加工			
项目	序号	检测内容		配分	自评	考核评分
程序与加工工艺	1	工艺安排合理		10		
	2	加工参数设定合理		10		
	3	程序格式规范		10		
机床操作	4	对刀及坐标系设定正确		10		
	5	机床面板操作正确		5		
	6	意外情况处置合理		5		
尺寸检测	7	$6_{-0.03}^{0}$ mm		10		
	8	$3_{0}^{+0.02}$ mm		10		
	9	25mm		10		
	10	50mm		5		
	11	无毛刺或损伤等外观瑕疵		5		
安全文明生产	12	安全操作,无违规操作		5		
	13	加工结束,完成7S整理		5		
综合得分				100		

3.4 复杂型外轮廓编程与加工

1. 任务分析

如图 3-34 所示，在 80mm×80mm×30mm 的工件上用盘铣刀铣削上表面，用立铣刀铣圆弧外轮廓，综合运用前面所学的知识，完成复杂型外轮廓加工，达到图样的尺寸要求。

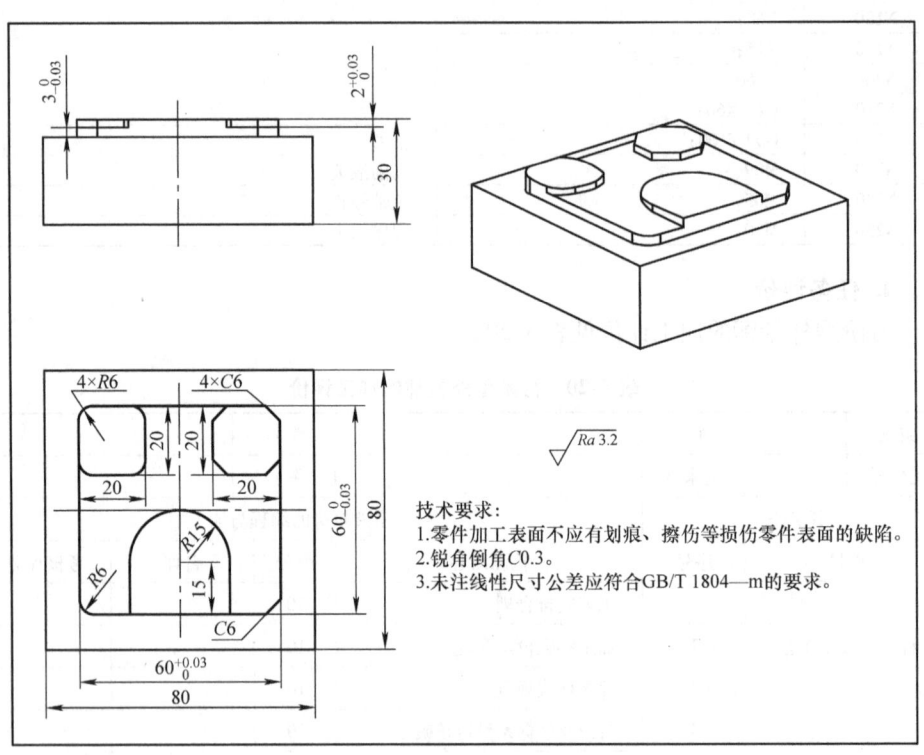

图 3-34 复杂型外轮廓铣削零件图

2. 任务知识点

在数控铣削加工中，刀具的实际切削路径与编程的理论路径之间存在偏差，原因是刀具本身具有一定半径（如立铣刀）。若不进行补偿，刀具中心沿理论轮廓移动，会导致加工出的零件尺寸与设计要求不符。例如，使用直径为 12mm 的刀具直接沿外轮廓编程，实际零件尺寸会单边偏大 6mm（刀具半径值）。通过刀具半径补偿（G41/G42）调整刀具路径，使切削刃沿理论轮廓移动，从而精确控制加工尺寸。该功能可以实现去除加工余量，因为一般在工件上加工出要求的轮廓后，还会有加工余量（加工残料）需要去除，为提高加工效率，刀具半径补偿值以 $0.8d$（铣刀直径）递增去除加工残料。刀具半径补偿（G41/G42）的核心是通过调整刀具路径的偏移量,使切削刃沿理论轮廓加工,从而控制实际切削尺寸。去除加工余量的关键在于通过调整补偿值,控制刀具的偏移量,逐层去除材料。例如,若粗加工后余量为 Δ,则通过增大补偿值(刀具半径 + Δ),使刀具切削刃向外偏移 Δ,实现余量的精确去除(机床默认刀具半径补偿 D00 等是以半径为单位)。

例 7:铝合金工件外轮廓,设计尺寸为 100mm × 80mm,粗加工后单边余量为 0.3mm,选用刀具半径为 ϕ10mm 的立铣刀($R=5.0$mm)。

外轮廓编程与加工半径补偿程序见表 3-21。程序命名为 O0012,针对外轮廓多余的余量,需要选用 ϕ10mm 的立铣刀加工轮廓后,第一次去除余量,刀具半径补偿值 $R_1 = 5$mm + 0.8×10mm = 13mm;第二次去除余量,刀具半径补偿值 $R_2 = 13$mm + 0.8×10mm = 21mm;以此类推,直至去除全部余量。在使用刀具半径补偿功能去除余量中,需要注意建立刀具半径补偿时移动的距离必须大于刀具半径补偿值,否则无法执行刀具半径补偿功能。

表 3-21 外轮廓编程与加工半径补偿程序

程序段号	程序格式	说明
N10	G80 G40 G49 G90 G54;	程序初始化
N20	G91 G28 Z0;	Z 向抬刀
N30	T01 M06;	换 1 号刀
N40	G90 G00 X-60 Y-50 M03 S3000;	定位,主轴正转
N50	G43 Z20 H01;	长度补偿 H01(10mm 立铣刀)
N60	Z5;	定位下刀点 1
N70	M08;	切削液开
N80	G01 Z-2 F200;	
N90	G41 X-50 Y-40 D01 F800;	G41 控制外轮廓($D01 = 5.3$mm)如图 3-35 所示
N100	Y40;	
N110	X50;	
N120	Y-40;	
N130	X-60;	
N140	G40 G00 Z50;	
N150	M09;	切削液关
N160	M05;	主轴停止
N170	M30;	程序结束

3. 任务实施

(1)工艺分析

1)分析技术要求。加工台阶外轮廓凸台,深度为 $3_{-0.03}^{\ 0}$mm 和 $2_{\ 0}^{+0.03}$mm,$60_{\ 0}^{+0.03}$mm 和 $60_{-0.03}^{\ 0}$mm 轮廓的加工精度要求不高。选择直径为 12mm 的立铣刀进

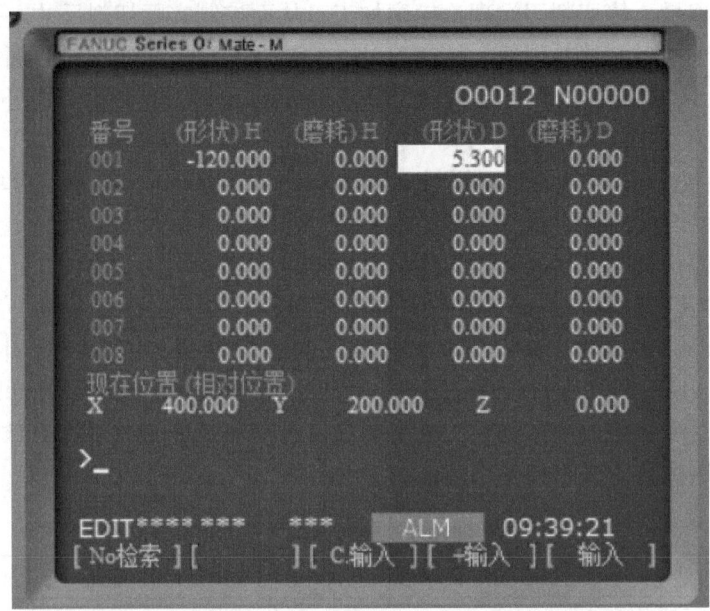

图 3-35 半径补偿单边余量为 5.3mm

行切削加工。根据工件形状特征，选择工件上表面的中心为编程原点。

2）选择加工路线。根据先粗后精的加工原则，先进行零件轮廓的粗加工，尺寸方向预留 0.3mm 的余量，轮廓粗加工的同时，高度方向预留 0.2mm 的余量。刀具的具体运动轨迹如图 3-36 所示：$P_1 \rightarrow P_2 \rightarrow P_5 \rightarrow P_6 \rightarrow P_7 \rightarrow P_8 \rightarrow P_9 \rightarrow P_{10} \rightarrow P_{11} \rightarrow$

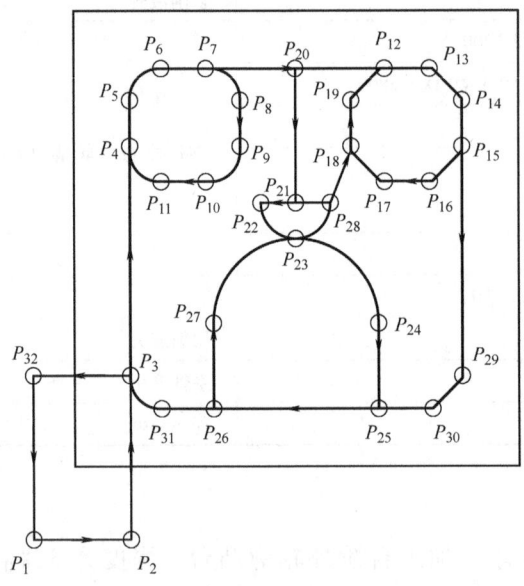

图 3-36 复杂型外轮廓编程基点

$P_4 \to P_5 \to P_6 \to P_{13} \to P_{14} \to P_{15} \to P_{16} \to P_{17} \to P_{18} \to P_{19} \to P_{12} \to P_{20} \to P_{21} \to P_{22} \to P_{23} \to P_{24} \to P_{25} \to P_{26} \to P_{27} \to P_{23} \to P_{28} \to P_{18} \to P_{19} \to P_{12} \to P_{13} \to P_{14} \to P_{29} \to P_{30} \to P_{31} \to P_3 \to P_{32} \to P_1$。其中1点为下刀点，距离工件边20mm为宜，各轮廓基点坐标见表3-22。

3）确定装夹方法。工件毛坯为正方形，采用平口钳装夹，工件下面用等高块支承，用百分表进行找正，工件伸出钳口部分视零件而定并夹紧。

表3-22 各轮廓基点坐标

点	X坐标	Y坐标	点	X坐标	Y坐标
P_1	-55	-65	P_{17}	16	10
P_2	-30	-65	P_{18}	10	16
P_3	-30	-24	P_{19}	10	24
P_4	-30	16	P_{20}	0	30
P_5	-30	24	P_{21}	0	6
P_6	-24	30	P_{22}	-6	6
P_7	-16	30	P_{23}	0	0
P_8	-10	24	P_{24}	15	-15
P_9	-10	16	P_{25}	15	-30
P_{10}	-16	10	P_{26}	-15	-30
P_{11}	-24	10	P_{27}	-15	-15
P_{12}	16	30	P_{28}	6	6
P_{13}	24	30	P_{29}	30	-24
P_{14}	30	24	P_{30}	24	-30
P_{15}	30	16	P_{31}	-24	-30
P_{16}	24	10	P_{32}	-55	-24

（2）工具、量具、刀具选择　复杂型外轮廓加工所用工具、量具、刀具见表3-23。

表3-23 复杂型外轮廓加工所用工具、量具、刀具

工具、量具、刀具				零件图号		图3-34	
种类	序号	名称	规格尺寸/mm	分度值/mm	单位	数量
工具	1	平口钳	—	—	台	1
	2	扳手	—	—	把	1
	3	平行垫铁	—	—	副	1
	4	橡胶锤	—	—	个	1
量具	1	钢直尺	0~150	—	把	1
	2	游标卡尺	0~150	0.02	把	1
刀具	1	立铣刀	$\phi 12$	—	把	1

(3) 加工工艺（见表3-24）

表3-24 复杂型外轮廓加工工艺

数控加工工艺卡片			产品名称	零件名称		材料	零件图号
				复杂型外轮廓			图3-34
工序号	程序编号	夹具名称	夹具编号	使用设备			车间
1	O0304	平口钳		KDVM800LH			
工步号	工步内容	刀具号	刀具规格尺寸/mm	主轴转速/(r/min)	进给速度/(mm/min)	背吃刀量/mm	备注
1	粗铣圆弧外轮廓凸台	T01	$\phi12$	1500	350		
2	精铣圆弧外轮廓凸台	T01	$\phi12$	2000	300		
编制			审核	批准		共 页	第 页

(4) 加工程序（见表3-25）

表3-25 复杂型外轮廓加工程序

程序段号	程序格式	说明
	O0304	程序名
N10	G80 G40 G49 G90 G54;	程序初始化
N20	G91 G28 Z0;	Z向抬刀
N30	T01 M06;	换1号刀
N40	G90 G00 X-55 Y-65 M03 S1500;	定位，主轴正转
N50	G43 Z20 H01;	长度补偿H01（12mm立铣刀）
N60	Z5;	定位下刀点1
N70	M08;	切削液开
N80	G01 Z-2 F500;	
N90	G41 X-30 D01 F350;	
N100	Y24;	
N110	G02 X-24 Y30 R6;	
N120	G01 X-16;	加工复杂型外轮廓（$P_1 \to P_2 \to P_5 \to P_6 \to P_7 \to P_8 \to$
N130	G02 X-10 Y24 R6;	$P_9 \to P_{10} \to P_{11} \to P_4 \to P_5 \to P_6 \to P_{13} \to P_{14} \to P_{15} \to P_{16} \to$
N140	G01 Y16;	$P_{17} \to P_{18} \to P_{19} \to P_{12} \to P_{20} \to P_{21} \to P_{22} \to P_{23} \to P_{24} \to$
N150	G02 X-16 Y10 R6;	$P_{25} \to P_{26} \to P_{27} \to P_{23} \to P_{28} \to P_{18} \to P_{19} \to P_{12} \to P_{13} \to$
N160	G01 X-24;	$P_{14} \to P_{29} \to P_{30} \to P_{31} \to P_3 \to P_{32} \to P_1$）
N170	G02 X-30 Y16 R6;	
N180	G01 Y24;	
N190	G02 X-24 Y30 R6;	

(续)

程序段号	程序格式	说明
N200	G01 X24；	
N210	X30 Y24；	
N220	Y16；	
N230	X24 Y10；	
N240	X16；	
N250	X10 Y16；	
N260	Y24；	
N270	X16 Y30；	
N280	Y60；	
N290	G40 X0；	
N300	Y6；	
N310	G41 X-6；	
N320	G03 X0 Y0 R6；	
N330	G02 X15 Y-15 R15；	
N340	G01 X15 Y-30；	
N350	X-15；	
N360	Y-15；	加工复杂型外轮廓（$P_1 \to P_2 \to P_5 \to P_6 \to P_7 \to P_8 \to$
N370	G02 X0 Y0 R15；	$P_9 \to P_{10} \to P_{11} \to P_4 \to P_5 \to P_6 \to P_{13} \to P_{14} \to P_{15} \to P_{16} \to$
N380	G03 X6 Y6 R6；	$P_{17} \to P_{18} \to P_{19} \to P_{12} \to P_{20} \to P_{21} \to P_{22} \to P_{23} \to P_{24} \to$
N390	G01 X10 Y16；	$P_{25} \to P_{26} \to P_{27} \to P_{23} \to P_{28} \to P_{18} \to P_{19} \to P_{12} \to P_{13} \to$
N400	Y24；	$P_{14} \to P_{29} \to P_{30} \to P_{31} \to P_3 \to P_{32} \to P_1$）
N410	X16 Y30；	
N420	Z-5；	
N430	X24；	
N440	X30 Y24；	
N450	Y-24；	
N460	X24 Y-30；	
N470	X-24；	
N480	G02 X-30 Y-24 R6；	
N490	G01 Y24；	
N500	G02 X-24 Y30 R6；	
N510	G01 X24；	
N520	X30 Y24；	
N530	Y-30；	
N540	X-30；	
N550	Y30；	
N560	X30；	
N570	Y-30；	

(续)

程序段号	程序格式	说明
N580	Z-2;	切除多余余量
N590	G40 X25;	
N600	Y0;	
N610	Y-65;	
N620	X-25;	
N630	Y0;	
N640	X-55;	
N650	Y-65;	
N660	G00 Z100;	抬刀
N670	M09;	切削液关
N680	M05;	主轴停止
N690	M30;	程序结束

针对外轮廓多余的余量，需要选用 $\phi12mm$ 的立铣刀加工轮廓后，第一次去除余量，刀具半径补偿值 $R_1 = 6mm + 0.8 \times 12mm = 15.6mm$；以此类推，直至去除全部余量。建立刀具半径补偿时移动的距离必须大于刀具半径补偿值，否则无法执行刀具半径补偿功能。

利用刀具半径补偿功能，可以实现用同一个程序，对零件进行粗加工和精加工。在粗加工时，将刀具半径补偿值设为 $R + \Delta$（其中 R 是刀具的半径；Δ 是精加工余量，根据刀具、工件材料等因素确定）。精加工时，根据粗加工后的实测尺寸进行修正，然后再确定精加工的刀具半径补偿值。以 $\phi12mm$ 的立铣刀加工凸台尺寸 $60^{+0.03}_{0}mm$ 为例，精加工的刀具半径补偿值计算如下。

1）在粗加工时，取刀具半径补偿值为6.3mm，输入到刀具补偿中，如图3-37a所示，尺寸 $60^{+0.03}_{0}mm$ 的中间值为 $60.015mm \left(\dfrac{尺寸的最大值 + 尺寸的最小值}{2} \right)$。

2）粗加工后，测得凸台尺寸的实际值为60.61mm，半径修正量 = $\dfrac{粗加工实测值 - 尺寸中间值}{2} = \dfrac{60.61 - 60.015}{2}mm = 0.2975mm$。

3）精加工的刀具半径补偿值 = 粗加工的刀具半径补偿值 - 半径修正量 = 6.3mm - 0.2975mm = 6.0025mm，将补偿后的数值输入刀具补偿中，如图3-37b所示，最终完成零件的尺寸控制，达到加工的精度要求。

4. 任务评价

复杂型外轮廓的加工评价见表3-26。

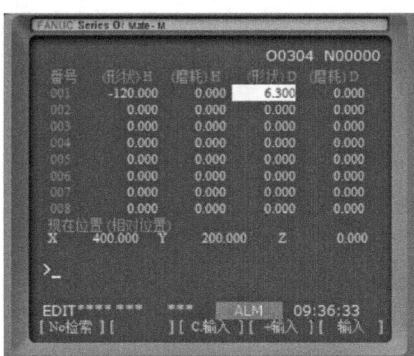
a) 半径补偿为6.3mm

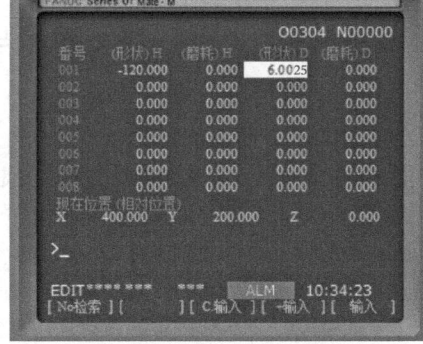
b) 测量之后半径补偿为6.0025mm

图3-37 半径补偿控制加工尺寸

表3-26 复杂型外轮廓的加工评价

组别		姓名		学号		
工件号		机床号		图号		
任务四		复杂型外轮廓的编程与加工				
项目	序号	检测内容	配分	自评	考核评分	
程序与加工工艺	1	工艺安排合理	5			
	2	加工参数设定合理	5			
	3	程序格式规范	5			
机床操作	4	对刀及坐标系设定正确	5			
	5	机床面板操作正确	5			
	6	意外情况处置合理	5			
尺寸检测	7	$3_{-0.03}^{0}$ mm	8			
	8	$2_{0}^{+0.03}$ mm	8			
	9	$60_{0}^{+0.03}$ mm	8			
	10	$60_{-0.03}^{0}$ mm	8			
	11	5处R6mm	5			
	12	5处C6mm	5			
	13	R15mm	5			
	14	15mm	5			
	15	20mm	5			
安全文明生产	16	无毛刺或损伤等外观瑕疵	3			
	17	安全操作,无违规操作	5			
	18	加工结束,完成7S整理	5			
		综合得分	100			

思考与练习

1) 精加工时单边余量通常留多少合理?
2) 地址符 H 和 D 的功能是什么?
3) $F=200$mm/min,倍率 80% 时实际速度是多少?
4) 粗铣外轮廓时,如何计算半径补偿值?
5) 刀具直径 100mm,切削速度 100m/min,转速应为多少?
6) 外轮廓加工为何采用切向切入切出?
7) 执行 G91 G01 Z15 后,实际移动量是多少?
8) 如图 3-38 所示,毛坯尺寸是 100mm×100mm×30mm,请写出图中轮廓的加工程序。

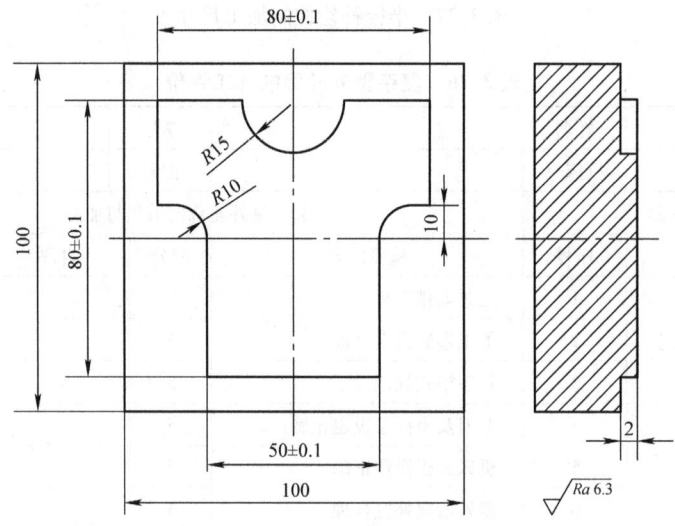

图 3-38 外轮廓加工练习

第4章　内轮廓零件编程与加工

学习目标

1）能分析内轮廓的几何特征、尺寸精度与表面粗糙度要求。
2）能分析典型内轮廓的加工难点与工艺规划要点。
3）熟练修正刀具轨迹，能避免内轮廓加工中的过切或欠切问题。
4）熟练掌握倒圆角指令。
5）掌握切向切入和切出建立刀补的原理。
6）熟练使用螺旋铣削（G02/G03 结合 Z 轴进给）等下刀指令。
7）掌握分层铣削的原理。
8）掌握内轮廓加工的编程规范。
9）熟练操作数控铣床完成内轮廓加工。
10）掌握内轮廓加工质量检测与误差分析方法，培养综合解决问题的能力。

导入案例

机械零件的内轮廓是指零件表面在二维平面上的内部封闭或半封闭形状，通常由一系列连续的边界线或几何特征构成，用于实现特定的功能需求（如装配、传动、密封等）。内轮廓的加工是数控铣削加工的核心任务之一，其设计精度和加工质量直接影响零件的功能性和使用寿命。零件的内轮廓可以是凹槽（Groove），如键槽、密封槽、退刀槽等简单内轮廓（见图4-1），可以是矩形、圆形、多边形或不规则形的型腔（Pocket）（见图4-2和图4-3），还可以是复杂的型腔和型腔重叠的内轮廓（见图4-4）。内轮廓的加工主要涉及加工坐标点的计算、工艺分析与刀具选择、刀具路径规划、加工精度控制、排屑与冷却等。

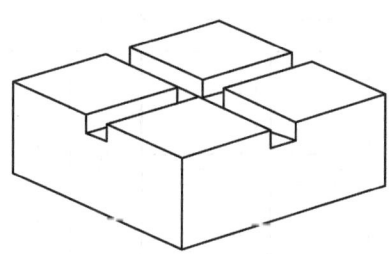

图4-1　十字槽内轮廓铣削零件图

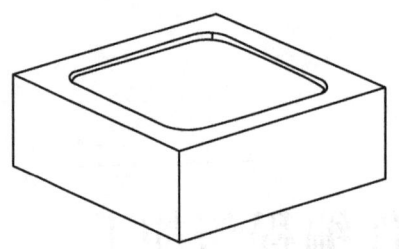
图 4-2 "回"字形内轮廓铣削零件图

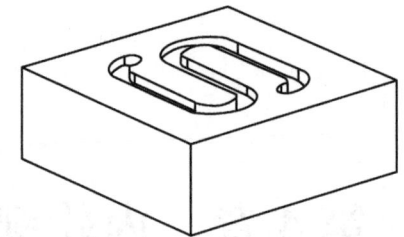
图 4-3 "S"形内轮廓铣削零件图

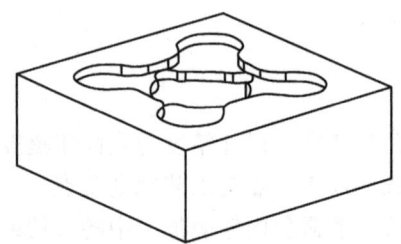
图 4-4 复杂型内轮廓铣削零件图

4.1 十字槽内轮廓编程与加工

1. 任务分析

如图 4-5 所示，六面体毛坯尺寸为 80mm×80mm×30mm，完成图示零件的加工，槽宽 10mm，深度 6mm。能合理设定加工工艺路线、正确选择加工刀具、正确编制加工程序，并根据图样尺寸进行精度调试。

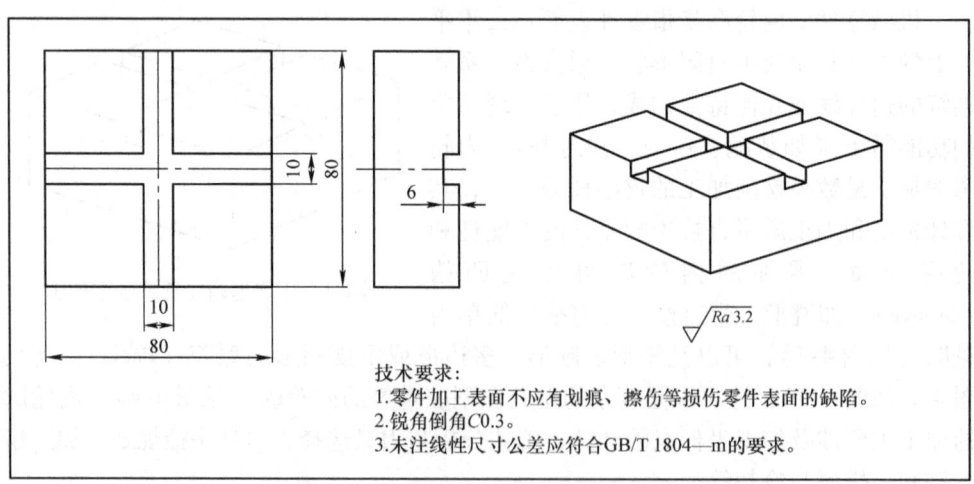

技术要求：
1. 零件加工表面不应有划痕、擦伤等损伤零件表面的缺陷。
2. 锐角倒角C0.3。
3. 未注线性尺寸公差应符合GB/T 1804—m的要求。

图 4-5 十字槽内轮廓铣削零件图

2. 任务知识点

（1）G92 指令的工件坐标系方法

1）功能：G92 指令是规定工件坐标系坐标原点（程序零点）的指令。以刀具的当前位置为参考点建立的坐标系，如图 4-6 所示。

2）格式：G92　X_ Y_Z_

说明：坐标值 X、Y、Z 为刀具中心点在工件坐标系中（相对于程序零点）的坐标。

若刀具的当前点在 A 点：G92 X40.0 Y20.0 Z30.0。

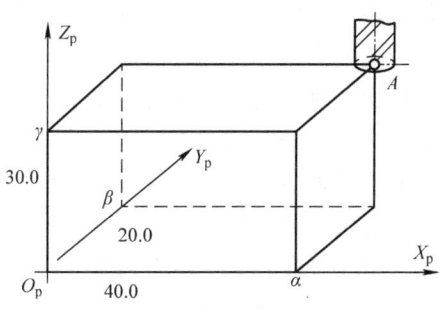

图 4-6　建立工件坐标系

若刀具的当前点在 O 点：G92 X0 Y0 Z0。

说明：G92 为非模态指令，一般放在一个零件程序的第一段，G92 指令一般用于简单的程序加工或演示，复杂的程序需要调用 G54～G59 等工件坐标系指令。

（2）内轮廓加工路线的确定原则　在数控铣削加工中，刀具刀位点相对于零件运动的轨迹称为加工路线。加工路线的确定与工件的加工精度和表面粗糙度直接相关，其确定原则如下。

1）加工路线应保证被加工零件的精度和表面质量，且效率较高。

2）使数值计算简便，以减少编程工作量。

3）应使加工路线最短，这样既可减少程序段，又可减少空刀时间。

4）加工路线还应根据工件的加工余量和机床、刀具的刚度等具体情况确定。

内轮廓切削方法有三种，即行切法（见图 4-7a）、环切法（见图 4-7b）和先行切最后环切法（见图 4-7c）。三种方案中，图 4-7a 所示方案最差（左、右侧面留有残料）；图 4-7c 所示方案最好。在轮廓加工过程中，工件、刀具、夹具、机床系统等处在弹性变形平衡的状态下，在进给停顿时，切削力减小，会改变系统的平衡状态，刀具会在进给停顿处的零件表面留下刀痕，因此在轮廓加工中应避免进给停顿。

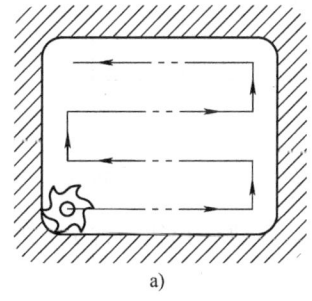　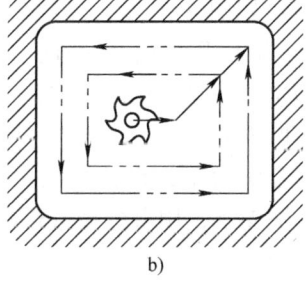　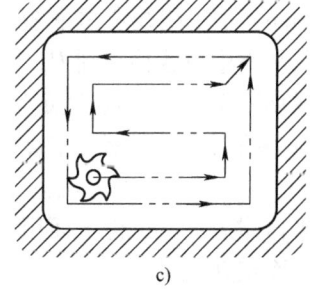

　　　　a)　　　　　　　　　　　　b)　　　　　　　　　　　　c)

图 4-7　内轮廓切削加工路线

(3) 内轮廓加工的分层切削（见图4-8） 分层切削通过"化整为零"的加工策略，有效解决了内轮廓加工中的刀具负荷、热变形和排屑难题，是实现高精度、高效率加工的核心技术。其成功应用依赖于合理的分层规划、路径优化及参数匹配，教学中需结合仿真软件与实际操作，培养学生对分层策略的动态调整能力。内轮廓粗加工时每层切削深度通常为刀具直径的50%~80%，以快速去除余量。内轮廓精加工时分层深度较小（如0.1~0.5mm），结合小进给量，确保表面质量。根据分层的多少，可以分为等深分层，即每层切削深度固定，适用于规则型腔；或者变深分层，即根据轮廓形状动态调整深度，适应复杂几何特征。分层加工的优势是延长刀具寿命，降低断刀风险；提高加工稳定性，减少工件变形；便于排屑与切削液渗透，改善加工环境。

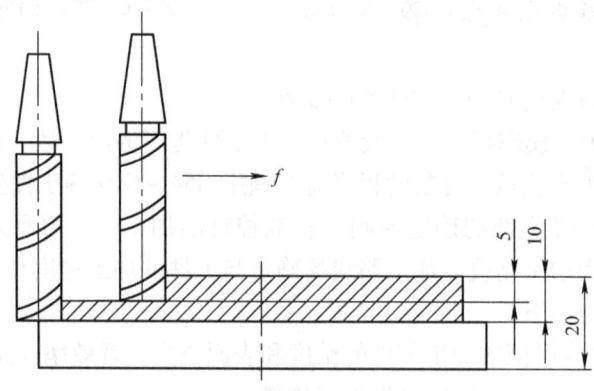

图4-8 内轮廓加工的分层切削

3. 任务实施

（1）工艺分析

1）分析技术要求。加工十字槽，保证槽宽为10mm、深度为6mm，一般铣削加工均能达到技术要求，其中工件中心为工件坐标系原点。

2）选择加工路线。不分粗加工、精加工，分两次下刀到要求的深度尺寸，每次下刀深度为3mm。加工路线考虑最短原则。如图4-9所示，刀具从空中快速移动到P_1上方，并下刀至P_1点→直线切削至P_2点→快速定位到P_3点→直线切削至P_4点→抬刀，十字槽各基点坐标见表4-1。

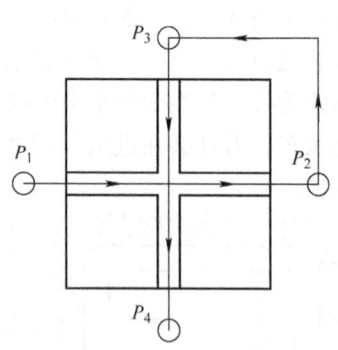

图4-9 十字槽加工路线

3）确定装夹方法。工件毛坯为正方形，采用平口钳装夹，工件下面用等高块支承，用百分表进行找正，工件伸出钳口部分视零件而定并夹紧。

表 4-1 十字槽各基点坐标

基点	坐标（X、Y）
P_1	（-55,0）
P_2	（55,0）
P_3	（0,55）
P_4	（0,-55）

（2）工具、量具、刀具选择　由于加工材料为2A12，加工深度为6mm，分两次去除所有的加工余量，根据铣削宽度是10mm，因此选择直径为 ϕ10mm 的硬质合金键槽铣刀。

十字槽内轮廓加工所用的工具、量具、刀具见表4-2。

表 4-2 十字槽内轮廓加工所用的工具、量具、刀具

工具、量具、刀具					零件图号	图4-5	
种类	序号	名称	规格尺寸/mm	分度值/mm	单位	数量	
工具	1	平口钳	—	—	个	1	
	2	扳手	—	—	把	1	
	3	平行垫铁	—	—	副	1	
	4	橡胶锤	—	—	个	1	
量具	1	钢直尺	0~150	—	把	1	
	2	游标卡尺	0~150	0.02	把	1	
刀具	1	键槽铣刀	ϕ10	—	把	1	

（3）加工工艺（见表4-3）

表 4-3 十字槽加工工艺

数控加工工艺卡片		产品名称	零件名称		材料	零件图号
			十字槽		2A12	图4-5
工序号	程序编号	夹具名称	夹具编号	使用设备		车间
1	O0401	平口钳		KDVM800LH		
工步号	工步内容	刀具号	刀具规格尺寸/mm	主轴转速/（r/min）	进给速度/（mm/min）	背吃刀量/mm	备注
1	铣十字槽	T01	ϕ10	1000	100	3	
编制		审核		批准		共　页	第　页

（4）加工程序（见表4-4）

表4-4 十字槽加工程序

程序段号	程序格式	说明
	O0401	程序名
N10	G80 G40 G49 G90 G54;	程序初始化
N20	G91 G28 Z0;	Z向抬刀
N30	T01 M06;	换10mm键槽铣刀
N40	G90 G00 X-55 Y0 M03 S1000;	快速定位到(-55, 0)P_1位置,主轴转速为1000r/min
N50	G43 Z20 H01;	调用1号刀的长度补偿
N60	Z5;	快速定位到Z5mm位置
N70	M08;	切削液开
N80	G01 Z-3 F300;(下Z向第一层)	切第一层3mm
N90	G01 X55 Y0 F100;	切削进给到P_2点
N100	G01 X55 Y55;	快速走刀
N110	G01 X0 Y55;	快速定位到P_3点
N120	G01 X0 Y-55;	切削进给到P_4点
N130	G00 Z100;	抬到安全高度100mm
N140	X-55 Y0;	快速定位到(-55, 0)P_1位置
N150	Z5;	快速定位到Z5mm位置
N160	G01 Z-6 F300;(下Z向第一层)	切第二层到深度6mm
N170	G01 X55 Y0 F100;	切削进给到P_2点
N180	G01 X55 Y55 F500;	快速走刀
N190	G01 X0 Y55;	快速定位到P_3点
N200	G01 X0 Y-55 F100;	切削进给到P_4点
N210	G00 Z100;	抬刀
N220	M09;	切削液关
N230	M05;	主轴关
N240	M30;	程序结束

4. 任务评价

十字槽内轮廓编程与加工的评价见表4-5。

表 4-5　十字槽内轮廓编程与加工的评价

组别		姓名			学号		
工件号		机床号			图号		
任务一				十字槽内轮廓编程与加工			
基本检查		序号	检测内容	配分	自评	考核评分	
	编程	1	切削工艺制订正确	10			
		2	切削用量选择合理	6			
		3	程序正确、简单、规范	10			
	操作	4	设备操作、维护正确	8			
		5	安全、文明生产	10			
		6	刀具选择、安装正确、规范	8			
		7	工件找正、安装正确、规范	8			
工作态度		8	行为规范、纪律表现	10			
尺寸检测		9	槽宽为 10mm	15			
		10	深度为 6mm	15			
综合得分				100			

4.2 "回"字形内轮廓编程与加工

1. 任务分析

如图 4-10 所示，在 80mm×80mm×30mm 的工件上完成图示零件的加工，铣削"回"字形图形，深度为 2mm，有尺寸 60±0.05mm 的尺寸需要保证，完成铣刀选用、铣削方法选择、程序编制等基本操作，要求铣削的内轮廓上表面光亮。

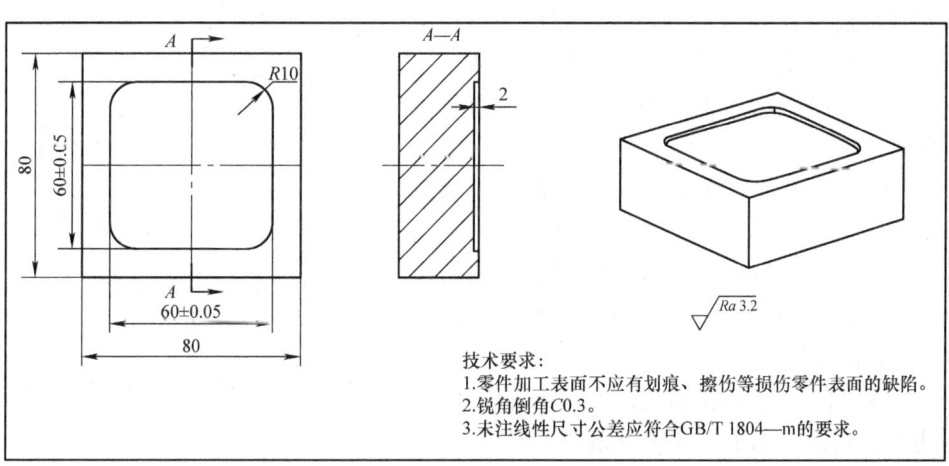

图 4-10　"回"字形内轮廓铣削零件图

2. 任务知识点

（1）内轮廓铣刀半径和内圆弧加工相关性概述　轮廓内圆弧半径 R 常常限制刀具的直径，一般刀具的半径要小于等于零件切削半径。如图 4-11、图 4-12 所示，如工件的被加工轮廓高度低，转接圆弧半径也大，可以采用较大直径的铣刀来加工，加工其底板面时，走刀次数也相应减少，表面加工质量也会好一些，因此工艺性较好；反之，数控铣削工艺性较差。

一般来说，当 $R<0.2H$（被加工轮廓面的最大高度）时，可以判定为零件该部位的工艺性不好。

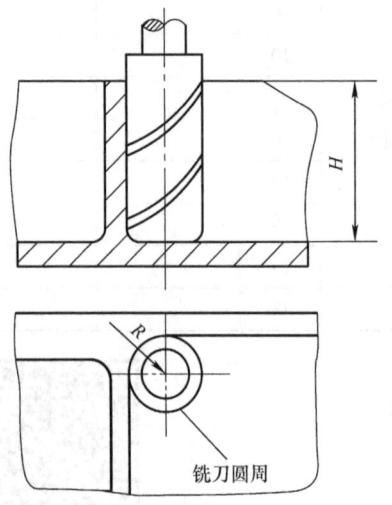

图 4-11　肋板的高度与内转接圆

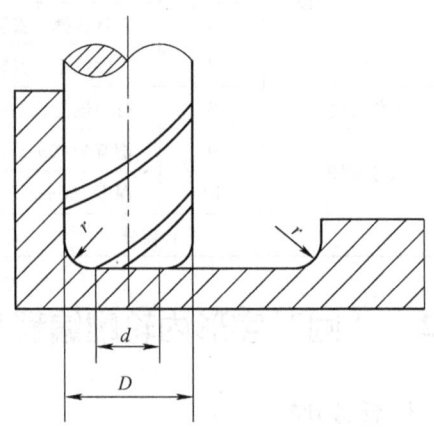

图 4-12　底板与肋板的转接圆

一个零件上的这种凹圆弧半径在数值上的一致性对于数控铣削工艺性相当重要。一般来说，即使不能寻求完全统一，也要力求将数值相近的圆弧半径分组靠拢，达到局部统一，以尽量减少铣刀规格与换刀次数，并避免因频繁换刀增加工件加工面上的接刀阶差而降低表面质量。

（2）切入、切出方法选择　铣削内轮廓侧面时，一般较难从轮廓曲线的切线方向切入、切出，这样应在区域相对较大的地方，用切弧切向切入和切向切出（见图 4-13 中 A-B-C-B-D）的方法进行。

【注意】和外轮廓相比，内轮廓的切削加工更难，切入、切出路线更复杂。

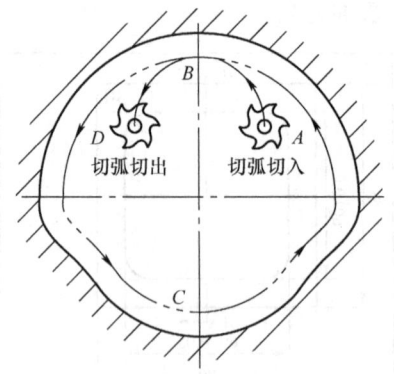

图 4-13　内轮廓切入、切出方法选择

(3) 利用刀具半径补偿功能控制尺寸　利用刀具半径补偿功能可以实现同一程序、同一刀具工件的粗加工、精加工及尺寸精度控制，一般在加工有精度要求的工件部位时，要安排有粗加工工序和精加工工序，其精加工余量（单边余量）就是机床输入的铣刀半径值与实际使用的铣刀半径值之差。

例如使用 φ16mm 立铣刀加工平面轮廓，预留精加工余量（单边余量，如果是双边余量要除以2）是 0.2mm，则输入刀具半径值 $R = 8.2$mm，该操作过程和第3章的外轮廓加工类似。

(4) 倒圆角的快捷编程　倒圆角是在两个相邻的轮廓要素之间插入圆弧过渡。

倒圆角格式

G01 X_ Y_ ,R;

X、Y 是相邻两直线的交点坐标；R 是圆角半径。

例1：按图 4-14 所示的轮廓，用倒圆角快捷方式编程。

按图示轮廓编程，走刀路线为 $P_1 \to P_2 \to P_3 \to P_4 \to P_1$。

G1 X-20 Y0, R8;（$P_1 \to P_2$）

G1 X0 Y40, R8;（$P_2 \to P_3$）

G1 X20 Y0, R8;（$P_3 \to P_4$）

G1 X0 Y0;（$P_4 \to P_1$）

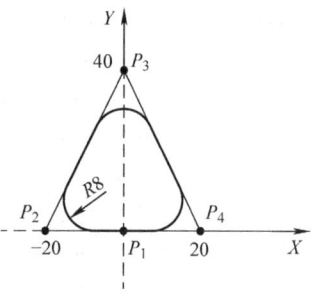

图 4-14　倒圆角

(5) 数控铣内腔的螺旋下刀要点　在数控铣削中，螺旋下刀（helical ramping）是一种高效且安全的加工内腔的进刀方式。它通过螺旋式路径逐步切入材料，避免直接垂直下刀（Z 轴进刀）对刀具和工件的冲击，尤其适用于封闭型腔、深槽或硬质材料的加工。

例2：工件材料是铝合金，内腔尺寸为 50mm×50mm×15mm，用 φ10mm 硬质合金3刃立铣刀刀具在中心螺旋下刀 15mm 深度，具体编程见表 4-6。

表 4-6　数控铣内腔螺旋下刀编程

程序段号	程序格式	说明
N10	G80 G40 G49 G90 G54;	程序初始化
N20	G91 G28 Z0;	Z 向抬刀
N30	T01 M06;	换 10mm 刀
N40	G90 G00 X4 Y0 M03 S5000;	定位，主轴正转
N50	G43 Z20 H01;	长度补偿 H01（10mm 立铣刀）
N60	Z0.5;	定位下刀点 1

(续)

程序段号	程序格式	说明
N70	M08;	切削液开
N80	G03 X4 Y0 Z-0.5 I-4 J0 F1000;	
N90	G03 X4 Y0 Z-1.0 I-4 J0 F2000;	
N100	G03 X4 Y0 Z-1.5 I-4 J0;	
N110	G03 X4 Y0 Z-2.0 I-4 J0;	
N120	G03 X4 Y0 Z-2.5 I-4 J0;	
N130	G03 X4 Y0 Z-3.0 I-4 J0;	
N140	G03 X4 Y0 Z-3.5 I-4 J0;	
N150	G03 X4 Y0 Z-4.0 I-4 J0;	
N160	G03 X4 Y0 Z-4.5 I-4 J0;	
N170	G03 X4 Y0 Z-5.0 I-4 J0;	
N180	G03 X4 Y0 Z-5.5 I-4 J0;	
N190	G03 X4 Y0 Z-6.0 I-4 J0;	
N200	G03 X4 Y0 Z-6.5 I-4 J0;	
N210	G03 X4 Y0 Z-7.0 I-4 J0;	
N220	G03 X4 Y0 Z-7.5 I-4 J0;	螺旋下刀,每次下刀0.5mm,直至15mm深度
N230	G03 X4 Y0 Z-8.0 I-4 J0;	
N240	G03 X4 Y0 Z-8.5 I-4 J0;	
N250	G03 X4 Y0 Z-9.0 I-4 J0;	
N260	G03 X4 Y0 Z-9.5 I-4 J0;	
N270	G03 X4 Y0 Z-10.0 I-4 J0;	
N280	G03 X4 Y0 Z-10.5 I-4 J0;	
N290	G03 X4 Y0 Z-11.0 I-4 J0;	
N300	G03 X4 Y0 Z-11.5 I-4 J0;	
N310	G03 X4 Y0 Z-12.0 I-4 J0;	
N320	G03 X4 Y0 Z-12.5 I-4 J0;	
N330	G03 X4 Y0 Z-13.0 I-4 J0;	
N340	G03 X4 Y0 Z-13.5 I-4 J0;	
N350	G03 X4 Y0 Z-14.0 I-4 J0;	
N360	G03 X4 Y0 Z-15.5 I-4 J0;	
N370	G03 X4 Y0 Z-15 I-4 J0;	
N380	G01 X0 Y0 F1500;	抬刀
N390	M09;	切削液关
N400	M05;	主轴停止
N410	M30;	程序结束

螺旋下刀的核心优势是避免垂直下刀时的轴向冲击,延长刀具寿命;螺旋运动

有助于将切屑带出型腔,避免积屑;适用于深腔、窄槽或高硬度材料;连续切削减少振动,降低表面粗糙度。

螺旋下刀是数控铣削内腔的高效策略,需结合材料特性、刀具参数和加工要求优化螺旋角度、直径及下切深度。实际应用中建议通过 CAM 软件(如 Mastercam、UG)自动生成螺旋路径,并通过试切验证参数的合理性。

3. 任务实施

(1) 工艺分析

1) 分析技术要求。加工如图 4-9 所示零件,深度为 2mm,宽度为 60±0.05 的 "回" 字形,轮廓尺寸精度要求较高,深度尺寸要求不高,在材料内部下刀,下刀速度要慢,其中工件中心为工件坐标系原点。毛坯尺寸为 80mm×80mm×30mm 板料,材料为铝。

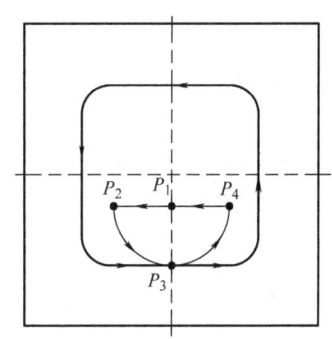

图 4-15 加工路线

2) 选择加工路线。分粗加工、精加工,采用逆时针方向铣削。刀具从空中快速移动到 P_1 上方并下刀,注意建立刀补、取消刀补和切入切出路线。加工路线如图 4-15 所示,主要点坐标见表 4-7。

表 4-7 主要点坐标

主要点	坐标(X、Y)
P_1	(0,-10)
P_2	(-20,-10)
P_3	(0,-30)
P_4	(20,-10)

3) 确定装夹方法。工件毛坯为正方形,采用平口钳装夹,工件下面用等高块支承,用百分表进行找正,工件伸出钳口部分视零件而定并夹紧。

(2) 工具、量具、刀具选择 由于加工材料为 2A12,加工深度为 2mm,一次夫除所有的加工余量,选择直径为 ϕ16mm 的硬质合金键槽铣刀。

"回"字形内轮廓加工所用的工具、量具、刀具见表 4-8。

表 4-8 "回"字形内轮廓加工所用的工具、量具、刀具

工具、量具、刀具					零件图号	图 4-10
种类	序号	名称	规格尺寸/mm	分度值/mm	单位	数量
工具	1	平口钳	—	—	个	1
	2	扳手	—	—	把	1
	3	平行垫铁	—	—	副	1
	4	橡胶锤	—	—	个	1

(续)

工具、量具、刀具				零件图号		图4-10	
种类	序号	名称	规格尺寸/mm	分度值/mm	单位	数量	
量具	1	钢直尺	0~150	—	把	1	
	2	游标卡尺	0~150	0.02	把	1	
刀具	1	立铣刀	φ16	—	把	1	

（3）加工工艺（见表4-9）

表4-9 "回"字形内轮廓加工工艺

数控加工工艺卡片			产品名称	零件名称		材料	零件图号
				"回"字形内轮廓零件		2A12	图4-10
工序号	程序编号	夹具名称	夹具编号	使用设备			车间
1	O0402	平口钳		KDVM800LH			
工步号	工步内容	刀具号	刀具规格/mm	主轴转速/(r/min)	进给速度/(mm/min)	背吃刀量/mm	备注
1	铣60mm×60mm型腔	T01	φ16	800	100	2	
编制		审核		批准		共 页	第 页

（4）加工程序（见表4-10）

表4-10 "回"字形内轮廓加工程序

程序段号	程序格式	说明
	O0402	程序名
N10	G80 G40 G49 G90 G54;	程序初始化
N20	G91 G28 Z0;	Z向抬刀
N30	T01 M06;	换16mm立铣刀
N40	G90 G00 X0 Y-10 M03 S800;	快速定位到（-65, 0）P_1位置，主轴转速为1000r/min
N50	G43 Z20 H01;	调用1号刀的长度补偿
N60	Z5;	快速定位到Z5mm位置
N70	M08;	切削液开
N80	G01 Z-2 F60;	下刀到指定深度
N90	G01 G41 X-20 D1 F100;	建立刀补
N100	G03 X0 Y-30 R20;	圆弧切入
N110	G01 X30, R10;	
N120	Y30, R10;	
N130	X-30, R10;	带R10mm圆角完整的"回"字形内轮廓编程
N140	Y-30, R10;	
N150	X0;	

(续)

程序段号	程序格式	说明
N160	G03 X20 Y-10 R20；	圆弧切出
N170	G01 X0；	切除多余余量
N180	Y14.5；	切除多余余量
N190	X9；	切除多余余量
N200	Y-14；	切除多余余量
N210	X-9；	切除多余余量
N220	Y14.5；	切除多余余量
N230	X0；	切除多余余量
N240	Y-14.5；	切除多余余量
N250	G00 Z100；	抬刀
N260	M09；	切削液关
N270	M05；	主轴停止
N280	M30；	程序结束

4. 任务评价

"回"字形内轮廓的加工评价见表4-11。

表4-11 "回"字形内轮廓的加工评价

组别		姓名			学号		
工件号		机床号			图号		
任务二			"回"字形内轮廓编程与加工				
		序号	检测内容	配分	自评	考核评分	
基本检查	编程	1	切削工艺制定正确	10			
		2	切削用量选择合理	6			
		3	程序正确、简单、规范	10			
	操作	4	设备操作、维护正确	8			
		5	安全、文明生产	10			
		6	刀具选择、安装正确、规范	8			
		7	工件找正、安装正确、规范	8			
工作态度		8	行为规范、纪律表现	10			
尺寸检测		9	60mm±0.05mm（2处）	18			
		10	R10mm（4处）	8			
		11	3mm	4			
综合得分				100			

4.3 "S"形内轮廓编程与加工

1. 任务分析

如图 4-16 所示，在 80mm×80mm×30mm 的工件上完成图示零件的加工，铣削"S"形图形，深度为 $3_{\ 0}^{+0.03}$ mm 需要保证，完成铣刀选用、铣削方法选择、程序编制等基本操作，要求铣削的内轮廓上表面光亮。

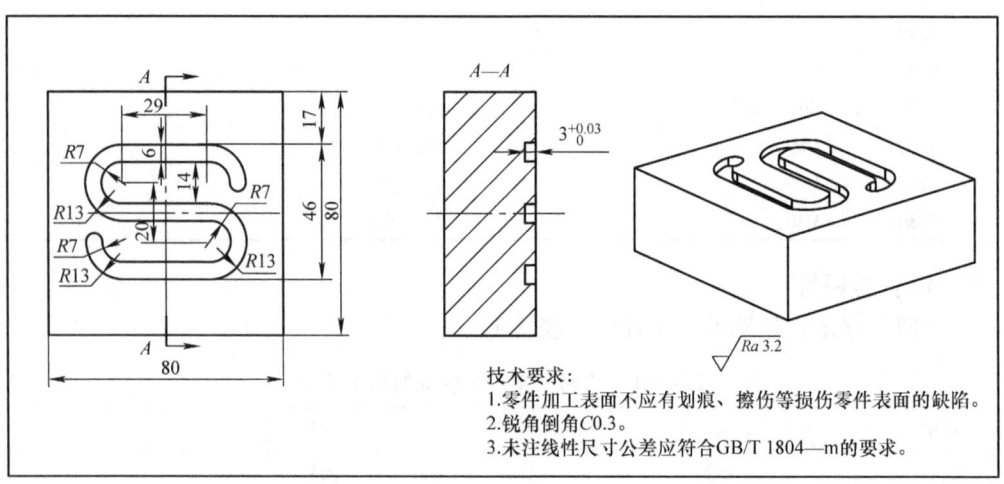

图 4-16 "S"形内轮廓铣削零件图

2. 任务知识点

数控铣削加工编程需要计算加工路线基点坐标，针对复杂的图形，常规的数学计算无法满足基点坐标的计算，这时需要使用 CAD 软件查询复杂图形基点坐标。在数控铣削加工中，复杂图形（如自由曲线、不规则曲面、多孔位零件等）的基点坐标计算往往涉及大量数学推导，手工计算费时且易出错。此时，借助 CAD（计算机辅助设计）软件可以快速、精准地获取坐标数据。以 AutoCAD 为例，详细介绍通过 CAD 软件查询基点坐标的完整流程。

（1）准备工作　导入或绘制图形，打开 AutoCAD，通过菜单栏"插入"→"DWG 参照"或直接拖拽文件至绘图区，加载需加工的零件图样。检查图形的完整性：确保图样无缺失线段、断点或重叠实体，必要时使用 OVERKILL 命令清理冗余图形。

（2）设置坐标系　用户坐标系（UCS）对，若加工面与默认坐标系（WCS）不平行，需调整 UCS。输入 UCS 命令→指定新原点→选择 X/Y 轴方向→按 Enter 键确认。单位与精度设置：通过 UNITS 命令确认绘图单位为 mm，小数位数设为 4 位

(0.0001mm)，与数控编程精度匹配。

（3）精确捕捉基点坐标　启用对象捕捉（OSNAP），右击底部状态栏"对象捕捉"→勾选"端点""中点""圆心""交点""象限点"等关键捕捉类型。临时捕捉需要按住"Shift+右键"可临时激活特定捕捉模式（如"最近点"或"垂足"）。

（4）使用查询工具 ID 命令，输入 ID→单击目标点，命令行直接显示该点的绝对坐标（X, Y, Z）。

（5）批量获取坐标数据　生成坐标列表，数据提取（DATAEXTRACTION），输入 DATAEXTRACTION→创建新提取→选择图形对象（如所有孔中心点）。勾选"几何图形"→"位置 $X/Y/Z$"→输出为 Excel 或 CSV 文件，自动生成坐标表。查询三维坐标，可以切换至"三维建模"空间，使用 UCS 动态调整视角，获取空间曲线点的 Z 轴深度值。

（6）验证与优化　坐标校验，重叠比对，将导出的坐标表与原始图样叠加，使用 DIMORDINATE 标注关键点，检查一致性。

（7）注意事项　文件备份，操作前另存副本，避免误删原始图形。单位统一，CAD 与数控编程单位需一致（米制/寸制）。捕捉干扰，复杂图形中关闭非必要捕捉（如"最近点"），防止误选。

通过 CAD 软件的高效查询与数据处理功能，可大幅降低复杂图形基点坐标的计算难度，提升数控编程效率与加工精度。掌握上述方法后，操作者仅需数分钟即可完成传统手工需数小时的任务，真正实现"设计-加工"一体化。

3. 任务实施

（1）工艺分析

1）分析技术要求。加工如图 4-16 所示零件，深度为 $3_{\ 0}^{+0.03}$ mm 的"S"形，轮廓尺寸精度要求不高，深度尺寸要求较高，在材料内部下刀，下刀速度要慢，其中工件中心为工件坐标系原点。毛坯尺寸为 80mm×80mm×30mm 板料，材料为铝。

2）选择加工路线。分粗加工、精加工，采用顺时针方向铣削。刀具从空中快速移动到 P_1 上方并下刀，注意建立刀补、取消刀补和切入切出路线。根据先粗后精的加工原则，先进行零件轮廓的粗加工，尺寸方向预留 0.3mm 的余量，轮廓粗加工的同时，高度方向预留 0.2mm 的余量。刀具的具体运动轨迹如图 4-17 所示：P_1→P_2→P_3→P_4→P_5→P_6→P_7→P_8→P_9→P_{10}→P_{11}→P_{12}→P_{13}→P_{14}→P_{15}→P_{16}→P_{17}→P_{18}→P_2→P_{19}。加工路线如图 4-17 所示，利用 AutoCAD 软件查询各主要点坐标（见表 4-12）。

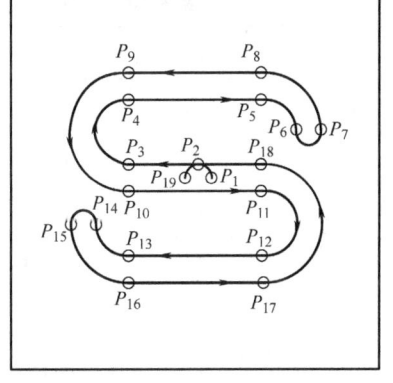

图 4-17　加工路线

表 4-12 主要点坐标

点	X 坐标	Y 坐标	点	X 坐标	Y 坐标
P_1	3	0	P_{11}	15	-3
P_2	0	3	P_{12}	15	-17
P_3	-15	3	P_{13}	-14	-17
P_4	-15	17	P_{14}	-21	-10
P_5	14	17	P_{15}	-27	-10
P_6	21	10	P_{16}	-14	-23
P_7	27	10	P_{17}	15	-23
P_8	14	23	P_{18}	15	3
P_9	-15	23	P_{19}	-3	0
P_{10}	-15	-3			

3）确定装夹方法。工件毛坯为正方形，采用平口钳装夹，工件下面用等高块支承，用百分表进行找正，工件伸出钳口部分视零件而定并夹紧。

（2）工具、量具、刀具选择　由于加工材料为 2A12，加工深度为 $3_{\ 0}^{+0.03}$ mm，分三次去除所有的加工余量，选择直径为 $\phi 4$mm 的硬质合金键槽铣刀。

"S"形内轮廓加工所用的工具、量具、刀具见表 4-13。

表 4-13 "S"形内轮廓加工所用的工具、量具、刀具

工具、量具、刀具					零件图号	图 4-16	
种类	序号	名称	规格尺寸/mm	分度值/mm	单位	数量	
工具	1	平口钳	—	—	个	1	
	2	扳手	—	—	把	1	
	3	平行垫铁	—	—	副	1	
	4	橡胶锤	—	—	个	1	
量具	1	钢直尺	0~150	—	把	1	
	2	游标卡尺	0~150	0.02	把	1	
刀具	1	键槽铣刀	$\phi 4$	—	把	1	

（3）加工工艺（见表4-14）

表4-14 "S"形内轮廓加工工艺

数控加工工艺卡片		产品名称	零件名称		材料	零件图号
			"S"形内轮廓零件		2A12	图4-16
工序号	程序编号	夹具名称	夹具编号	使用设备		车间
1	O0403	平口钳		KDVM800LH		
工步号	工步内容	刀具号	刀具规格尺寸/mm	主轴转速/(r/min)	进给速度/(mm/min)	背吃刀量/mm	备注
1	铣"S"型腔	T01	φ4	1500	100	2	
编制		审核		批准		共 页	第 页

（4）加工程序（见表4-15）

表4-15 "S"形内轮廓加工程序

程序段号	程序格式	说明
	O0403	程序名
N10	G80 G40 G49 G90 G54;	程序初始化
N20	G91 G28 Z0;	Z向抬刀
N30	T01 M06;	换4mm键槽铣刀
N40	G90 G00 X0 Y0 M03 S1500;	快速定位到坐标系原点位置，主轴转速为1500r/min
N50	G43 Z20 H01;	调用1号刀的长度补偿
N60	Z5;	快速定位到Z5mm位置
N70	M08;	切削液开
N80	G01 Z-1.5 F100;	下刀到指定深度
N90	G01 G41 X3 D01 F80;	建立刀补
N100	G03 X0 Y3 R3;	圆弧切入
N110	G01 X-15;	
N120	G02 Y17 R7;	
N130	G01 X14;	
N140	G02 X21 Y10 R7;	
N150	G03 X27 Y10 R3;	
N160	G03 X14 Y23 R13;	完整的"S"形内轮廓编程
N170	G01 X-15;	
N180	G03 Y-3 R13;	
N190	G01 X15;	
N200	G02 Y-17 R7;	

(续)

程序段号	程序格式	说明
N210	G01 X-14;	
N220	G02 X-21 Y-10 R7;	
N230	G03 X-27 R3;	
N240	G03 X-14 Y-23 R13;	完整的"S"形内轮廓编程
N250	G01 X15;	
N260	G03 Y3 R13;	
N270	G01 X-3;	
N280	G40 G01 X-3 Y0;	切向取消刀补
N290	G00 Z100;	抬刀
N300	M09;	切削液关
N310	M05;	主轴停止
N320	M30;	程序结束

4. 任务评价

"S"形内轮廓的加工评价见表 4-16。

表 4-16 "S"形内轮廓的加工评价

组别		姓名			学号	
工件号		机床号			图号	
任务三			"S"形内轮廓编程与加工			
		序号	检测内容	配分	自评	考核评分
基本检查	编程	1	切削工艺制定正确	10		
		2	切削用量选择合理	6		
		3	程序正确、简单、规范	10		
	操作	4	设备操作、维护正确	8		
		5	安全、文明生产	10		
		6	刀具选择、安装正确、规范	8		
		7	工件找正、安装正确、规范	8		
工作态度		8	行为规范、纪律表现	10		
尺寸检测		9	$3_{0}^{+0.03}$ mm	10		
		10	$R7$ mm(4处)	10		
		11	$R13$ mm(4处)	10		
			综合得分	100		

4.4 复杂型内轮廓编程与加工

1. 任务分析

如图 4-18 所示,在 80mm×80mm×30mm 的工件上完成图示零件的加工,铣削上下镶嵌的内轮廓图形,保证尺寸为 (40±0.03) mm,深度为 $3^{+0.03}_{0}$ mm, $6^{0}_{-0.05}$ mm,需要保证完成铣刀选用、铣削方法选择、程序编制等基本操作,要求铣削的内轮廓上表面光亮。

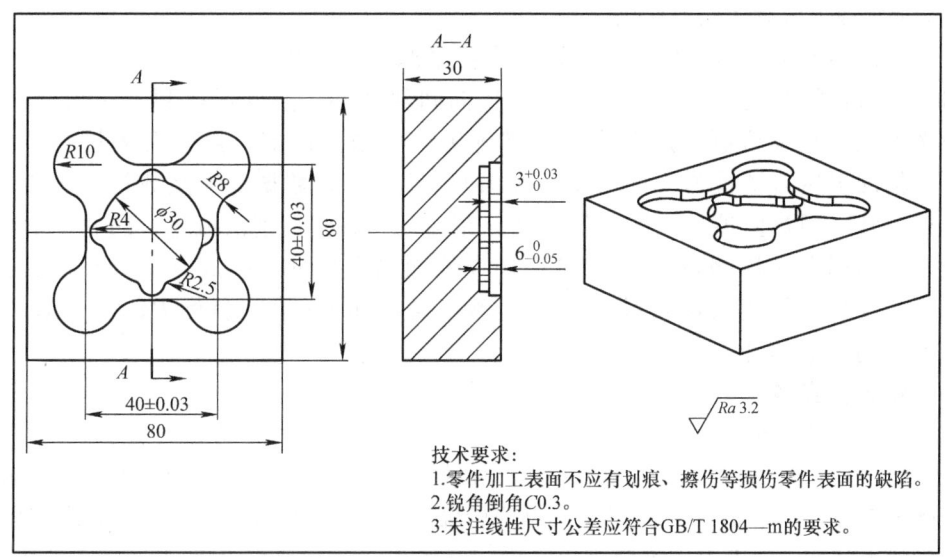

图 4-18 复杂型内轮廓铣削零件图

2. 任务知识点

在铣削加工中,内轮廓的宽度与深度尺寸控制是精密制造的核心环节,直接影响零件的装配精度与功能可靠性。以下从刀具选择、工艺参数、加工策略及误差补偿四个方面,总结系统性控制方法。

(1) 刀具选择与参数优化 刀具直径与刃长匹配,刀具直径需严格匹配设计宽度,例如加工 5mm 宽槽时,优先选用 φ4.8mm 立铣刀(留 0.2mm 精加工余量)。使用径向跳动≤0.005mm 的高精度刀具,避免因刀具偏心导致过切或欠切。刀具刃长应大于加工深度 1.5 倍(如加工 10mm 深槽,刃长≥15mm),防止刀具悬伸过长引发颤振。采用锥度刀柄(如 BT40)增强刚性,减少加工中的轴向偏移。硬质合金刀具(如 YG8)适合钢件加工,金刚石涂层刀具用于铝合金等高导热材料。针对深槽加工,选用带内冷孔的刀具,确保切削液直达刃口,降低热变形风险。

(2) 工艺参数的科学设定 主轴转速和进给速度需要查表或计算得到,粗加工单层切深≤刀具直径的1/2（如φ10mm，刀具切深≤5mm），精加工余量留0.1~0.2mm。侧向切宽≤刀具直径的60%（如φ10mm，刀具切宽≤6mm），避免径向力过大导致让刀。

（3）加工路径规划与编程技巧　刀具路径优化，粗加工时采用螺旋下刀或斜插式进给，减少轴向冲击，保护刀具与工件。精加工时使用等高线环绕策略，保持恒定切深，避免接刀痕；拐角处添加圆弧过渡（R≥刀具半径），降低应力集中。半径补偿（G41/G42）根据实测刀具直径调整路径偏移，补偿磨损量（如刀具磨损0.02mm，补偿值+0.02mm）。长度补偿（G43）需要实时修正Z轴零点，适应刀具磨损或更换后的长度变化。

（4）误差来源与补偿措施　误差主要来源于机床几何误差、工件装夹变形和刀具磨损检测三个方面，可以通过反向间隙补偿、热变形控制、夹具设计、分序加工、在线检测、定期换刀等措施进行补偿。例如，可以安装接触式测头，精加工后自动检测关键尺寸（如槽宽、深度），数据反馈至数控系统自动修正刀补。通过监控加工区域的温度分布，动态调整切削液流量，防止热膨胀误差。运用三坐标测量机（CMM）抽样检测轮廓尺寸，生成误差分布图，指导工艺优化。使用表面粗糙度仪检测侧壁与底面 Ra 值（目标 $Ra \leq 0.8 \mu m$），验证切削参数的合理性。

3. 任务实施

（1）工艺分析

1）分析技术要求。加工如图4-18所示零件，宽度尺寸为（40±0.03）mm，深度为 $3_{\ 0}^{+0.03}$ mm，$6_{-0.05}^{\ 0}$ mm 的复杂型内轮廓，轮廓尺寸精度和深度尺寸要求较高，在材料内部下刀，下刀速度要慢，其中工件中心为工件坐标系原点。毛坯尺寸为80mm×80mm×30mm的板料，材料为铝。

2）选择加工路线。分粗加工、精加工，采用逆时针方向铣削。刀具从空中快速移动到工件中心上方并下刀，注意建立刀补、取消刀补和切入切出路线。根据先粗后精的加工原则，先进行零件轮廓的粗加工，尺寸方向预留0.3mm的余量，轮廓粗加工的同时，高度方向预留0.2mm的余量。刀具的具体运动轨迹如图4-19所示，粗加工考虑深度切入和去除大部分余量，使用φ16mm键槽刀加工，加工路线：$P_2 \rightarrow P_3 \rightarrow P_6 \rightarrow P_7 \rightarrow P_{10} \rightarrow P_{11} \rightarrow P_{14} \rightarrow P_{15} \rightarrow$ 抬刀 $\rightarrow P_{17} \rightarrow P_{18} \rightarrow P_{19} \rightarrow P_{20} \rightarrow P_{21} \rightarrow P_{22} \rightarrow P_{23} \rightarrow P_{24} \rightarrow P_{25} \rightarrow P_{26} \rightarrow P_{27} \rightarrow P_{28} \rightarrow P_{29} \rightarrow P_{30} \rightarrow P_{31} \rightarrow P_{32} \rightarrow P_{17} \rightarrow$ 中点。精加工考虑加工精度，使用φ6mm立铣刀加工，加工路线：$P_1 \rightarrow P_2 \rightarrow P_3 \rightarrow P_4 \rightarrow P_5 \rightarrow P_6 \rightarrow P_7 \rightarrow P_8 \rightarrow P_9 \rightarrow P_{10} \rightarrow P_{11} \rightarrow P_{12} \rightarrow P_{13} \rightarrow P_{14} \rightarrow P_{15} \rightarrow P_{16} \rightarrow P_1 \rightarrow$ 抬刀 $\rightarrow P_{17} \rightarrow P_{18} \rightarrow P_{19} \rightarrow P_{20} \rightarrow P_{21} \rightarrow P_{22} \rightarrow P_{23} \rightarrow P_{24} \rightarrow P_{25} \rightarrow P_{26} \rightarrow P_{27} \rightarrow P_{28} \rightarrow P_{29} \rightarrow P_{30} \rightarrow P_{31} \rightarrow P_{32} \rightarrow P_{17} \rightarrow$ 中点。加工路线如图4-19所示，利用AutoCAD软件查询各主要点坐标（见表4-17）。

第 4 章 内轮廓零件编程与加工

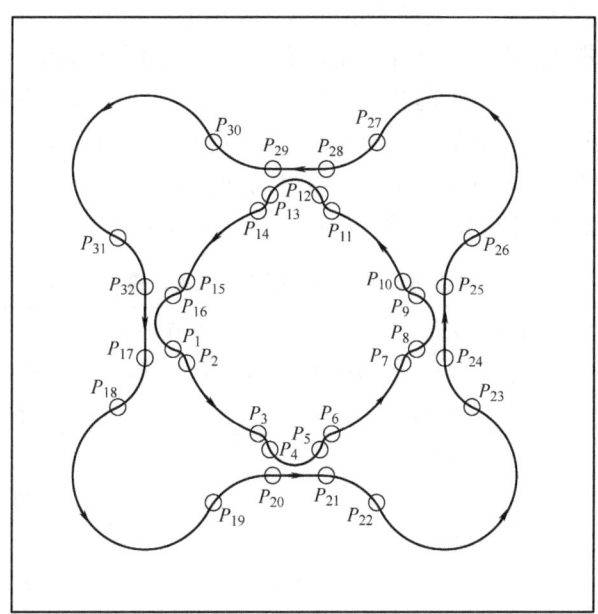

图 4-19 加工路线

表 4-17 主要点坐标

点	X 坐标	Y 坐标	点	X 坐标	Y 坐标
P_1	-15.8000	-3.9192	P_{17}	-20.0000	-3.8755
P_2	-13.9714	-5.4589	P_{18}	-24.4444	-11.0419
P_3	-5.4589	-13.9714	P_{19}	-11.0419	-24.4444
P_4	-3.9192	-15.8000	P_{20}	-3.8755	-20.0000
P_5	3.9192	-15.8000	P_{21}	3.8755	-20.0000
P_6	5.4589	-13.9714	P_{22}	11.0419	-24.4444
P_7	13.9714	-5.4589	P_{23}	24.4444	-11.0419
P_8	15.8000	-3.9192	P_{24}	20.0000	-3.8755
P_9	15.8000	3.9192	P_{25}	20.0000	3.8755
P_{10}	13.9714	5.4589	P_{26}	24.4444	11.0419
P_{11}	5.4589	13.9714	P_{27}	11.0419	24.4444
P_{12}	3.9192	15.8000	P_{28}	3.8755	20.0000
P_{13}	-3.9192	15.8000	P_{29}	-3.8755	20.0000
P_{14}	-5.4589	13.9714	P_{30}	-11.0419	24.4444
P_{15}	-13.9714	5.4589	P_{31}	-24.4444	11.0419
P_{16}	-15.8000	3.9192	P_{32}	-20.0000	3.8755

99

3）确定装夹方法。工件毛坯为正方形，采用平口钳装夹，工件下面用等高块支承，用百分表进行找正，工件伸出钳口部分视零件而定并夹紧。

(2) 工具、量具、刀具选择　由于加工材料为2A12，深度为 $3^{+0.03}_{0}$ mm，$6^{0}_{-0.05}$ mm，分两次去除所有的加工余量，选择直径为 $\phi 16$ mm 的硬质合金键槽铣刀粗加工，选择直径为 $\phi 6$ mm 的硬质合金立铣刀精加工。

复杂型内轮廓加工所用的工具、量具、刀具见表4-18。

表4-18　复杂型内轮廓加工所用的工具、量具、刀具

工具、量具、刀具				零件图号	图4-18	
种类	序号	名称	规格尺寸/mm	分度值/mm	单位	数量
工具	1	平口钳	—	—	个	1
	2	扳手	—	—	把	1
	3	平行垫铁	—	—	副	1
	4	橡胶锤	—	—	个	1
量具	1	钢直尺	0~150	—	把	1
	2	游标卡尺	0~150	0.02	把	1
刀具	1	键槽铣刀	$\phi 16$	—	把	1
	2	立铣刀	$\phi 6$	—	把	1

(3) 加工工艺（见表4-19）

表4-19　复杂型内轮廓加工工艺

数控加工工艺卡片		产品名称	零件名称		材料	零件图号
			复杂型内轮廓零件		2A12	图4-18
工序号	程序编号	夹具名称	夹具编号	使用设备		车间
1	O0404	平口钳		KDVM800LH		
工步号	工步内容	刀具号	刀具规格尺寸/mm	主轴转速/(r/min)	进给速度/(mm/min)	背吃刀量/mm	备注
1	粗铣型腔	T01	$\phi 16$	2000	100	—	
2	精铣型腔	T02	$\phi 6$	3000	80	—	
编制		审核		批准		共　页	第　页

(4) 加工程序（见表4-20）

表4-20　复杂型内轮廓加工程序

程序段号	程序格式	说明
	O0404	程序名
N10	G80G40G49G90G54;	程序初始化

(续)

程序段号	程序格式	说明
N20	G91 G28 Z0;	Z 向抬刀
N30	T01 M06;	换 16mm 键槽铣刀
N40	G90 G00 X6 Y0 M03 S2000;	快速定位到坐标系原点位置,主轴转速为 2000r/min
N50	G43 Z20 H01;	调用 1 号刀的长度补偿
N60	Z5;	快速定位到 Z5mm 位置
N70	M08;	切削液开
N80	G01 Z0.5 F1000; G03 X6 Y0 Z-0.5 I-6 J0 F1500; G03 X6 Y0 Z-1 I-6 J0; G03 X6 Y0 Z-1.5 I-6 J0; G03 X6 Y0 Z-2 I-6 J0; G03 X6 Y0 Z-2.5 I-6 J0; G03 X6 Y0 Z-3 I-6 J0; G03 X6 Y0 Z-3.5 I-6 J0; G03 X6 Y0 Z-4 I-6 J0; G03 X6 Y0 Z-4.5 I-6 J0; G03 X6 Y0 Z-5 I-6 J0; G03 X6 Y0 Z-5.5 I-6 J0; G03 X6 Y0 Z-5.9 I-6 J0; G03 X6 Y0 Z-6 I-6 J0;	螺旋下刀到指定深度
N90	G01 G41 X5.4589 Y13.9714 D01 F100;	建立刀补
N100	G03 X5.4589 Y13.9714 I-5.4589 J-13.9714;	粗铣 30mm 整圆
N110	G01 Z-3; X-20.0000 Y-3.8755; G02 X-24.4444 Y-11.0419 R8; G03 X-11.0419 Y-24.4444 R-10; G02 X-3.8755 Y-20.0000 R8; G01 X3.8755 Y-20.0000; G02 X11.0419 Y-24.4444 R8; G03 X24.4444 Y-11.0419 R-10; G02 X20.0000 Y-3.8755 R8; G01 X20.0000 Y3.8755; G02 X24.4444 Y11.0419 R8; G03 X11.0419 Y24.4444 R-10; G02 X3.8755 Y20.0000 R8; G01 X-3.8755 Y20.0000; G02 X-11.0419 Y24.4444 R8; G03 X-24.4444 Y11.0419 R-10; G02 X-20.0000 Y3.8755 R8; G01 X-20.0000 Y-8; G40 X0 Y0;	粗铣轮廓整圆

(续)

程序段号	程序格式	说明
N120	G00 Z100;	抬刀
N130	M05;	主轴停转
N140	T02 M06;	换6mm立铣刀
N150	G90 G00 X0 Y0 M03 S3000;	定位
N160	G43 Z20 H02;	调用2号刀的长度补偿
N170	Z5;	快速定位高度
N180	G01 Z-6 F80;	下刀-6mm
N190	G01 G41 X-5.4589 Y-13.9714 D02 F100; G02 X-3.9192 Y-15.8000 R2.5; G03 X3.9192 Y-15.8000 R4; G02 X5.4589 Y-13.9714 R2.5; G03 X13.9714 Y-5.4589 R15; G02 X15.8000 Y-3.9192 R2.5; G03 X15.8000 Y3.9192 R4; G02 X13.9714 Y5.4589 R2.5; G03 X5.4589 Y13.9714 R15; G02 X3.9192 Y15.8000 R2.5; G03 X-3.9192 Y15.8000 R4; G02 X-5.4589 Y13.9714 R2.5; G03 X-13.9714 Y5.4589 R15; G02 X-15.8000 Y3.9192 R2.5; G03 X-15.8000 Y-3.9192 R4; G02 X-13.9714 Y-5.4589 R2.5; G03 X5.4589 Y-13.9714 R15; G01 Z-3; X-20.0000 Y-3.8755; G02 X-24.4444 Y-11.0419 R8; G03 X-11.0419 Y-24.4444 R-10; G02 X-3.8755 Y-20.0000 R8; G01 X3.8755 Y-20.0000; G02 X11.0419 Y-24.4444 R8; G03 X24.4444 Y-11.0419 R-10; G02 X20.0000 Y-3.8755 R8; G01 X20.0000 Y3.8755; G02 X24.4444 Y11.0419 R8; G03 X11.0419 Y24.4444 R-10; G02 X3.8755 Y20.0000 R8; G01 X-3.8755 Y20.0000; G02 X-11.0419 Y24.4444 R8; G03 X-24.4444 Y11.0419 R-10; G02 X-20.0000 Y3.8755 R8; G01 X-20.0000 Y-8;	精加工轮廓

(续)

程序段号	程序格式	说明
N200	G40 X0 Y0;	取消刀补
N210	G00 Z100;	抬刀
N220	M09;	切削液关
N230	M05;	主轴停止
N240	M30;	程序结束

4. 任务评价

复杂型内轮廓的加工评价见表 4-21。

表 4-21 复杂型内轮廓的加工评价

组别		姓名		学号		
工件号		机床号		图号		
任务四			复杂型内轮廓编程与加工			
		序号	检测内容	配分	自评	考核评分
基本检查	编程	1	切削工艺制定正确	10		
		2	切削用量选择合理	5		
		3	程序正确、简单、规范	10		
	操作	4	设备操作、维护正确	5		
		5	安全、文明生产	10		
		6	刀具选择、安装正确、规范	8		
		7	工件找正、安装正确、规范	8		
工作态度		8	行为规范、纪律表现	10		
尺寸检测		9	$3_{0}^{+0.03}$ mm	5		
		10	R8mm（8处）	5		
		11	R10mm（4处）	5		
		12	（40±0.03）mm（2处）	5		
		13	$6_{-0.05}^{0}$ mm	5		
		14	R2.5mm（8处）	5		
		15	ϕ30mm	4		
综合得分				100		

思考与练习

1）分层切削参数如何设定？

2）如何减少加工中的振动？

3）如何控制内轮廓表面粗糙度？

4）如何避免工件装夹变形？

5）螺旋下刀编程要点是什么？

6）内轮廓拐角如何处理？

7）如何修正内轮廓加工中的尺寸误差？

8）图 4-20 所示"N"形槽零件的材料为 2A12，毛坯尺寸为 80mm×80mm×30mm。请完成该零件的编程和加工。

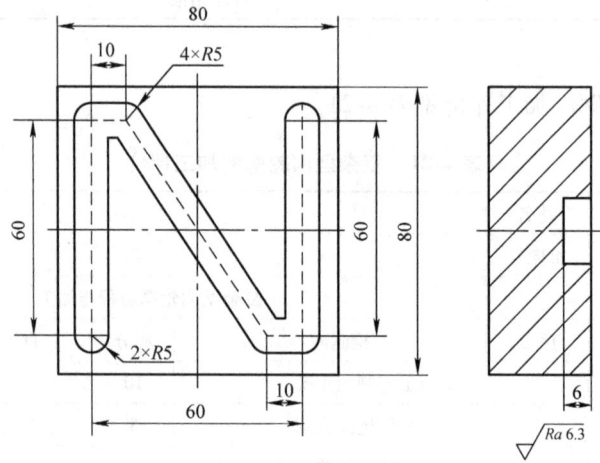

图 4-20　"N"形槽零件

第5章 孔类零件编程与加工

学习目标

1) 掌握孔类零件加工的基本概念。
2) 熟悉钻孔、扩孔、铰孔等工艺的特点及适用场景。
3) 掌握固定循环指令在孔加工中的应用。
4) 能独立完成孔加工装夹与对刀。
5) 掌握孔类零件加工工艺路线的设计与优化方法。
6) 熟悉常用孔加工刀具的结构及选型原则。
7) 掌握刀具补偿在孔加工中的实际应用。
8) 掌握孔加工参数的设定与优化方法。
9) 掌握孔加工中常见问题的诊断与解决方法。
10) 能灵活使用孔类加工指令用于实际加工。

导入案例

在制造业中,数控铣削的孔加工技术广泛应用于汽车、航空航天等领域,尤其在精密零件生产中占据不可替代的地位,是现代智能制造实现高质高效的核心技术之一。在数控铣削中,孔加工的类型有在实体材料上直接加工孔,例如钻孔(见图5-1),也有在有孔的基础上进行加工,例如铰孔、镗孔(见图5-2),还有在孔

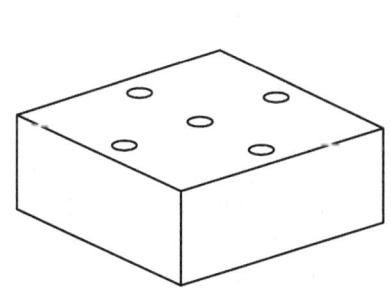

图5-1 常规孔类零件

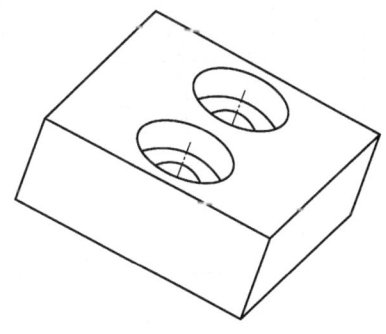

图5-2 高精度孔类零件

的表面加工螺纹，例如攻螺纹、铣螺纹等（见图5-3）。以企业高精度液压阀阀体的孔加工为例（见图5-4），以企业生产流程为准线，将孔类零件的加工涉及加工坐标点的计算、加工路径的优化、刀具的选择、程序编制、工艺编制与加工等过程系统学习一遍，可掌握从图样到成品的完整技术链。

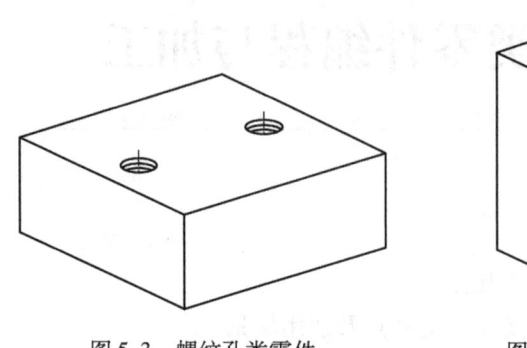

图5-3　螺纹孔类零件　　　　　图5-4　高精度液压阀阀体

5.1　常规孔类零件编程与加工

1. 任务分析

如图5-5所示，在80mm×80mm×30mm的工件上用盘铣刀铣削上表面，用中心钻、钻头等工具完成图示零件的加工，孔直径为8mm，深度为8mm，完成孔类加工刀具的选用、孔类加工方法选择、程序编制等基本操作。

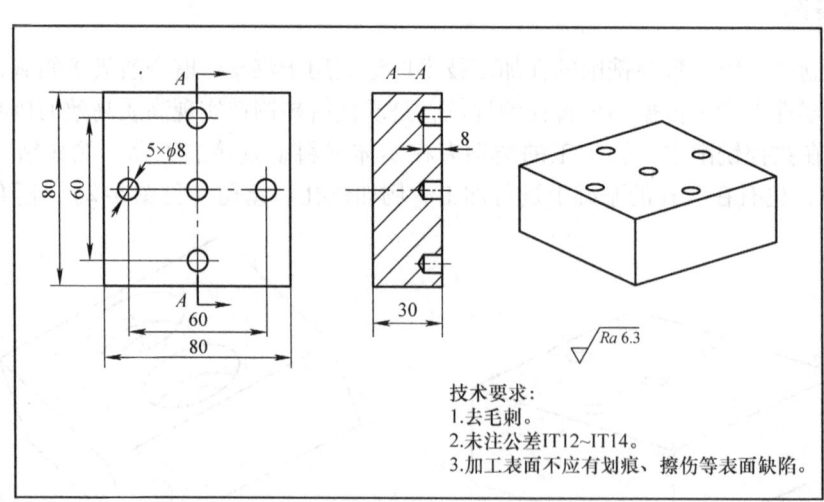

图5-5　常规孔类零件编程与加工零件图

第 5 章 孔类零件编程与加工

2. 任务知识点

（1）常规孔加工方法介绍　在数控铣床上，常用于加工孔的方法有点孔、钻孔、扩孔等。通常情况下，在数控铣床上能较方便地加工出 IT10～IT13 常规精度的孔。

1）点孔。点孔用于钻孔加工之前，由中心钻（见图 5-6、图 5-7）来完成。由于中心钻的直径较小，加工时主轴转速应不得低于 1000r/min。

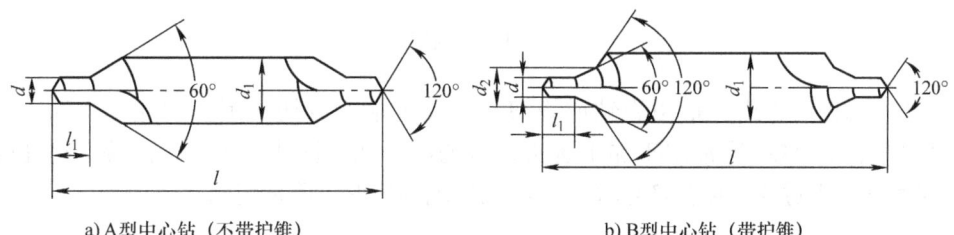

a) A 型中心钻（不带护锥）　　　　b) B 型中心钻（带护锥）

图 5-6　A 型、B 型中心钻

2）钻孔。钻孔是用钻头在工件实体材料上加工孔的方法。麻花钻（见图 5-8、图 5-9）是钻孔最常用的刀具，一般用高速钢制造。钻孔精度一般可达到 IT11～IT13，表面粗糙度 Ra 为 12.5～50μm，钻孔直径范围为 0.1～100mm，广泛应用于孔的粗加工，也可作为不重要孔的最终加工。钻头的加工转速和钻头直径有一定的相关性，钻头直径越小，需要的转速越快，最快能达到 2000r/min。

图 5-7　A 型、B 型中心钻实物图

a) 锥柄麻花钻（大直径孔加工）　　　　b) 直柄麻花钻（小直径孔加工）

图 5-8　麻花钻

3）扩孔。扩孔是用扩孔钻（见图 5-10），对工件上已有的孔进行扩大的加工，扩孔钻有 3～4 个主切削刃，没有横刃，它的导向性好。扩孔加工精度一般可达到 IT10～IT11，表面粗糙度 Ra 为 6.3～12.5μm。一般工件的扩孔使用麻花钻，对于精度要求较高或生产批量较大的工件应用扩孔钻，扩孔加工余量

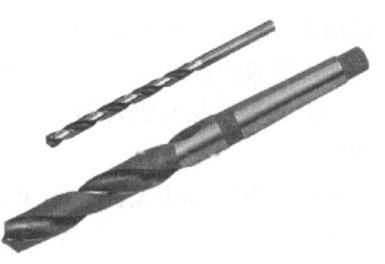

图 5-9　麻花钻实物图

为 0.4~0.5mm，扩孔需要保证孔的精度和表面质量，扩孔的转速一般为 500r/min。

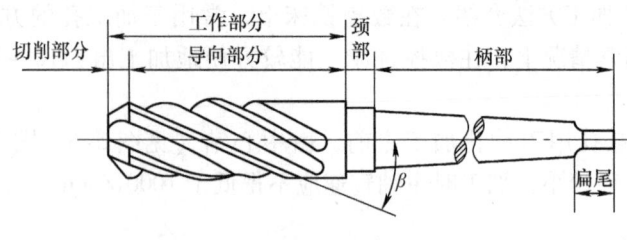

图 5-10　扩孔钻

4）锪孔。锪孔是指用锪钻或锪刀刮平孔的端面或切出沉孔的加工方法，如图 5-11 所示。锪孔通常用于加工沉头螺钉的沉头孔、锥孔、小凸台面等。锪孔时切削速度不宜过高，以免产生径向振纹或出现多棱形等质量问题。

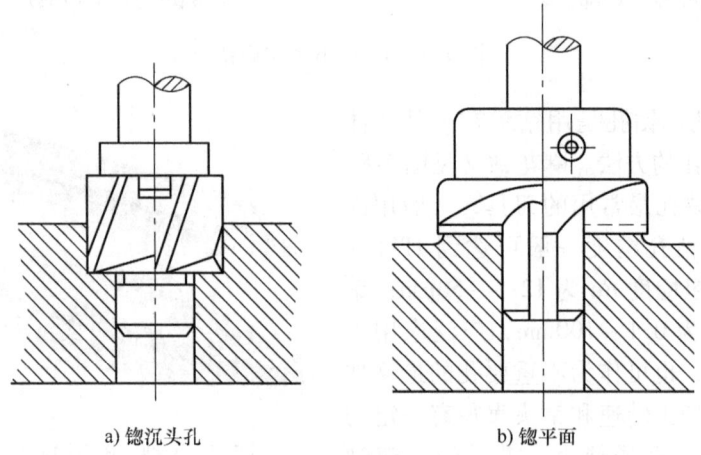

a) 锪沉头孔　　　　　　b) 锪平面

图 5-11　锪孔

（2）孔加工的动作　如图 5-12 所示，刀具快速从 A 点定位到孔加工循环起始点 B 点，然后定位到 R 点。R 点为安全高度，R 一般取 2~5mm。以切削进给方式执行孔加工的动作。当加工到孔底时，动作包括进给暂停、主轴定向停止、刀具移位等。最后孔加工结束快速返回到 R 点或初始点 B 点。

（3）点孔、钻孔循环指令 G81 指令格式（简单孔的加工）

G98（G99）G81 X_ Y_ Z_ R_ F_ K_；

…

G80

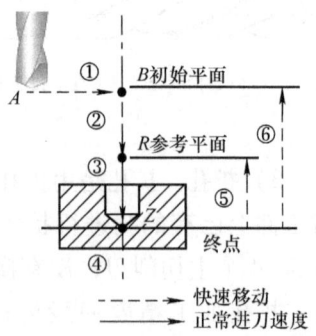

图 5-12　常规孔加工固定
循环动作顺序

其中，G98 是刀具快速返回到初始位置；
G99 是刀具快速返回到 R 点（见图 5-13）；
X、Y 是孔加工坐标；
Z 是孔底的位置坐标；
R 是工件坐标原点到 R 点位置的距离；
F 是切削进给速度；
K 是固定循环次数；
G80 是固定循环取消。

（4）钻孔、锪孔循环 G82 指令格式（台阶孔加工）
G98(G99) G82 X_ Y_ Z_ R_ P_ F_;
…
G80

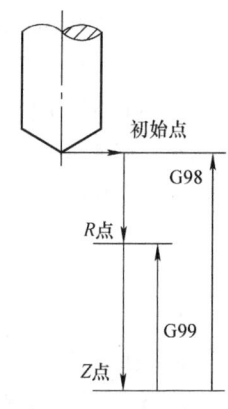

图 5-13　G81 循环指令

其中，G98 是刀具快速返回到初始位置；
G99 是刀具快速返回到 R 点（见图 5-14）；
X、Y 是孔加工坐标；
Z 是孔底的位置坐标；
R 是工件坐标原点到 R 点位置的距离；
P 是孔底暂停时间；
F 是切削进给速度。
功能：该循环一般用于锪孔和台阶孔加工。

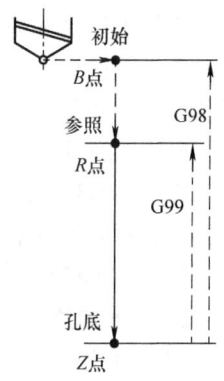

孔加工动作如图 5-13 和图 5-14 所示，G82 与 G81 比较，图 5-14　G82 循环指令
G82 在孔底有暂停动作，即当钻头加工到孔底位置时，刀具不做进给运动，并保持旋转状态，以提高孔底的精度，降低孔的表面粗糙度值。

（5）啄式钻孔循环指令 G83 指令格式（深孔往复加工）
G98(G99) G83 X_ Y_ Z_ R_ Q_ F_ K_ P_ ;
…
G80
其中，G98 是刀具快速返回到初始位置；
G99 是刀具快速返回到 R 点（见图 5-15）；
X、Y 是孔加工坐标；
Z 是孔底的位置坐标；
R 是工件坐标原点到 R 点位置的距离；
Q 是每次进给深度；
F 是切削进给速度；
K 是固定循环次数；

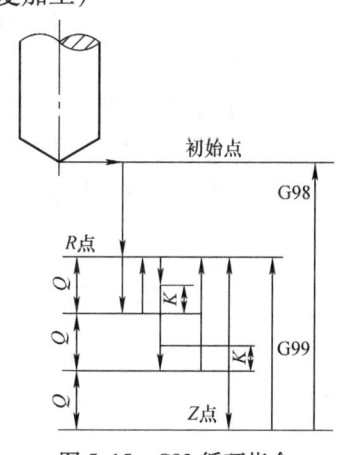

图 5-15　G83 循环指令

P 是孔底暂停时间。

图 5-15 中 K 为钻头间断进给时，每次下降由快速转为切削进给时的那一点与前一次切削进给下降的点之间的距离。

(6) 高速深孔往复排屑循环 G73（深孔加工）

G98(G99) G73 X_ Y_ Z_ R_ Q_ F_;

…

G80

其中，G98 是刀具快速返回到初始位置；

G99 是刀具快速返回到 R 点（见图 5-16）；

X、Y 是孔加工坐标；

Z 是孔底的位置坐标；

R 是工件坐标原点到 R 点位置的距离；

Q 是每次进给深度，必须为正值，增量表示，再快速退回到系统设置的 d 参数距离，以此方式切削 N 个 Q 的距离；

F 是切削进给速度。

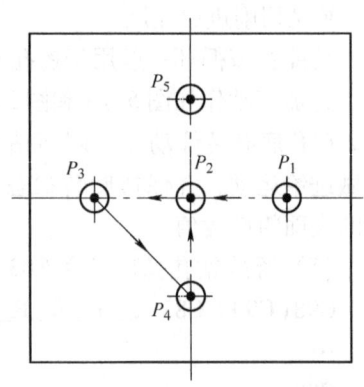

图 5-16　G73 循环指令

G73 与 G83 相比，G83 是每次刀具间歇进给后回退至 R 点平面，利于断屑和充分冷却，这样对深孔钻削时排屑有利；G73 不回 R 点平面，直接回 d 的距离下钻，加工效率比 G83 要高。

3. 任务实施

(1) 工艺分析

1) 分析技术要求。图 5-5 中 5 个简单孔，各尺寸精度要求不高，选用 φ8mm 麻花钻钻孔，但由于麻花钻的横刃具有一定的长度，引钻时不易定心，因此利用中心钻在平面上先预钻一个凹坑，便于钻头钻入时定心。因考虑钻头刀位点在刀尖，实际钻孔深度 = 图样有效深度 + 0.6R，R 为钻头半径。

2) 选择加工路线。刀具从空中快速移动到 P_1 上方并下刀，按图 5-17 路线先后钻孔，并考虑路线最短原则。各孔中心的坐标见表 5-1。

图 5-17　钻孔加工路线

表 5-1　各孔中心的坐标

孔中心点	坐标（X、Y）
P_1	(30, 0)
P_2	(0, 0)
P_3	(−30, 0)
P_4	(0, −30)
P_5	(0, 30)

3）确定装夹方法。工件毛坯为正方形，采用平口钳装夹，工件下面用等高块支承，用百分表进行找正，工件伸出钳口部分视零件而定并夹紧。

(2) 工具、量具、刀具选择　常规孔类零件加工所用的工具、量具、刀具见表5-2。

表5-2　常规孔类零件加工所用的工具、量具、刀具

工具、量具、刀具				零件图号		图5-5	
种类	序号	名称	规格尺寸/mm	分度值/mm	单位	数量
工具	1	平口钳	—	—	个	1
	2	扳手	—	—	把	1
	3	平行垫铁	—	—	副	1
	4	橡胶锤	—	—	个	1
量具	1	钢直尺	0~150	—	把	1
	2	游标卡尺	0~150	0.02	把	1
刀具	1	中心钻	A型	—	把	1
	2	钻头	$\phi 8$	—	把	1

(3) 加工工艺（见表5-3）

表5-3　常规孔类零件加工工艺

数控加工工艺卡片			产品名称	零件名称	材料	零件图号
				常规孔类零件加工	2A12	图5-5
工序号	程序编号	夹具名称	夹具编号	使用设备		车间
1	O0501	平口钳		KDVM800LH		
工步号	工步内容	刀具号	刀具规格/mm	主轴转速/(r/min)	进给速度/(mm/min)	背吃刀量/mm	备注
1	点孔	T01	A3	1500	100		
2	钻孔	T02	$\phi 8$	1200	100		
编制		审核		批准		共　页	第　页

(4) 加工程序（见表5-4）

表5-4　常规孔类零件加工程序

程序段号	程序格式	说明
	O0501	程序名
N10	G80 G40 G49 G90 G54;	程序初始化
N20	G91 G28 Z0;	Z向抬刀

(续)

程序段号	程序格式	说明
N30	T01 M06;	换1号刀
N40	G90 G00 X30 Y0 M03 S1500;	定位，主轴正转
N50	G43 Z20 H01;	长度补偿H01（中心钻）
N60	Z5;	定位下刀点 P_1
N70	M08;	切削液开
N80	G99 G81 Z-2 R3 F100;	点孔深度2mm，每次返回到 R 平面
N90	X0 Y0;	第二个孔
N100	X-30 Y0;	第三个孔
N110	X0 Y-30;	第四个孔
N120	X0 Y30;	第五个孔
N130	G80;	取消循环
N140	G00 Z100;	抬刀
N150	M06 T02;	换2号刀
N160	G90 G00 X30 Y0 M03 S1500;	定位，主轴正转
N170	G43 Z20 H01;	长度补偿H01（中心钻）
N180	Z5;	定位下刀点 P_1
N190	G99 G81 Z-12.8 R3 F100;	钻孔深度为8mm+8×0.6mm=12.8mm，每次返回到 R 平面
N200	X0 Y0;	第二个孔
N210	X-30 Y0;	第三个孔
N220	X0 Y-30;	第四个孔
N230	X0 Y30;	第五个孔
N240	G80;	取消循环
N250	G00 Z100;	抬刀
N260	M09;	切削液关
N270	M05;	主轴停止
N280	M30;	程序结束

4. 任务评价

常规孔类零件加工评价见表5-5。

表 5-5　常规孔类零件加工评价

组别		姓名		学号		
工件号		机床号		图号		
任务一				常规孔类零件编程与加工		
基本检查		序号	检测内容	配分	自评	考核评分
基本检查	编程	1	切削工艺制定正确	10		
基本检查	编程	2	切削用量选择合理	6		
基本检查	编程	3	程序正确、简单、规范	10		
基本检查	操作	4	设备操作、维护正确	8		
基本检查	操作	5	安全、文明生产	10		
基本检查	操作	6	刀具选择、安装正确、规范	8		
基本检查	操作	7	工件找正、安装正确、规范	8		
工作态度		8	行为规范、纪律表现	10		
尺寸检测		9	$\phi 8mm$	10		
尺寸检测		10	孔距 30mm	10		
尺寸检测		11	深度 8mm	10		
综合得分				100		

5.2　高精度孔类零件编程与加工

1. 任务分析

如图 5-18 所示，在 80mm × 80mm × 30mm 的工件上用盘铣刀铣削上表面，用镗刀加工孔，完成图示零件的加工，加工 $\phi 16^{+0.018}_{\ \ 0}$ mm 和 $\phi 30^{+0.021}_{\ \ 0}$ mm 两个孔，$\phi 30^{+0.021}_{\ \ 0}$ mm 深度为 10mm，$\phi 16^{+0.018}_{\ \ 0}$ mm 是通孔，完成孔类加工刀具的选用、孔类加工方法选择、程序编制等基本操作，要求孔的内轮廓表面光亮，表面粗糙度 Ra 达到 $1.6\mu m$。其他知识点在第 5.1 节已经介绍过，此处不再赘述。

2. 任务知识点

（1）高精度孔加工方法介绍　在数控铣床上，常用于加工高精度孔的方法有铰孔、粗/精镗孔等。通常情况下，在数控铣床上能较方便地加工出 IT7～IT8 高精度的孔。

1）铰孔。铰孔是利用铰刀从工件孔壁上切除微量金属层，以提高其尺寸精度和降低表面粗糙度值的方法。铰孔精度等级可达到 IT7～IT8，表面粗糙度 Ra 为 $0.8～1.6\mu m$，适用于孔的半精加工和精加工。铰刀是定尺寸刀具，有 6～12 个切削刃，刚性和导向性比扩孔钻更好，适合加工中小直径孔。铰孔之前，工件应经过

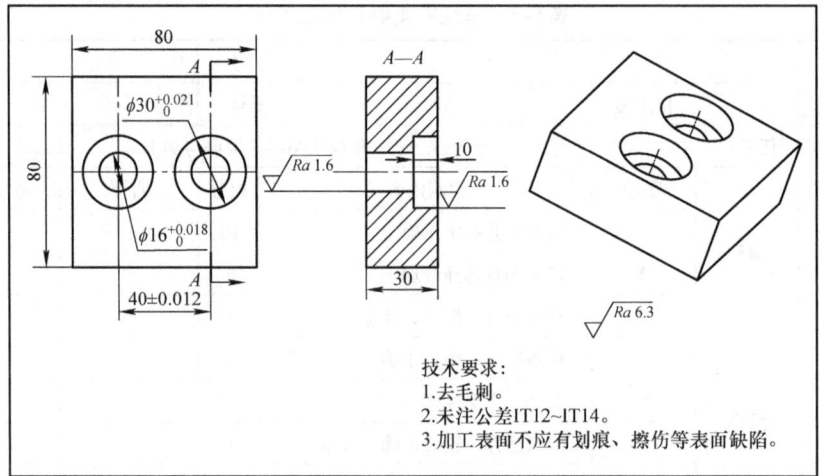

图 5-18 高精度孔类零件编程与加工零件图

钻孔、扩孔等加工。铰孔的加工余量见表 5-6。铰刀分手工铰刀和机用铰刀,如图 5-19 所示。

表 5-6 铰孔的加工余量

孔的直径/mm	<8	8~20	21~32	33~50	7~51
铰孔余量/mm	0.1~0.2	0.15~0.25	0.2~0.3	0.25~0.35	0.25~0.35

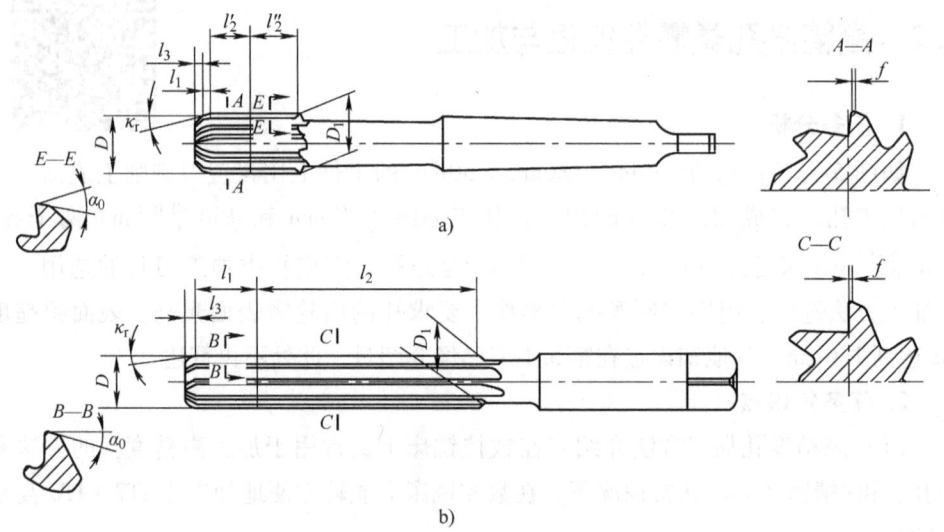

图 5-19 铰刀

2) 镗孔。镗削是一种用刀具扩大孔或其他圆形轮廓的内径铣削工艺,其应用范围一般从半精加工到精加工,所用刀具通常为镗刀。镗孔是一种加工精度较高的孔加工方法,一般被安排在最后一道工序。镗孔的尺寸公差等级可以达到 IT6~IT10,

孔径公差等级可以达到 IT8，孔的加工表面粗糙度 Ra 一般为 0.05~6.4μm。孔的镗削加工往往要经过粗镗、半精镗、精镗工序的过程。粗镗、半精镗、精镗工序的选择，决定于所镗孔的精度要求、工件的材质及工件的具体结构等因素。

粗镗是圆柱孔镗削加工的重要工艺过程，它主要是对工件的毛坯孔（铸、锻孔）或对钻、扩后的孔进行预加工，为下一步半精镗、精镗加工达到要求奠定基础，并能及时发现毛坯的缺陷（裂纹、夹砂、砂眼等）。粗镗后一般留单边 2~3mm 作为半精镗和精镗的余量。对于精密的箱体类工件，一般粗镗后还应安排回火或时效处理，以消除粗镗时所产生的内应力，最后再进行精镗。

由于在粗镗中采用较大的切削用量，故在粗镗中产生的切削力大、切削温度高，刀具磨损严重。为了保证粗镗的生产率及一定的镗削精度，因此要求粗镗刀应有足够的强度，能承受较大的切削力，并有良好的抗冲击性能；粗镗要求镗刀有合适的几何角度，以减小切削力，并有利于镗刀的散热。

半精镗是精镗的预备工序，主要是解决粗镗时残留下来的余量不均部分。对精度要求高的孔，半精镗一般分两次进行：第一次主要是去掉粗镗时留下的余量不均匀的部分；第二次是镗削余下的余量，以提高孔的尺寸精度、形状精度，并降低表面粗糙度值。半精镗后一般留精镗余量为 0.3~0.4mm（单边），对精度要求不高的孔，粗镗后可直接进行精镗，不必设半精镗工序。

精镗是在粗镗和半精镗的基础上，用较高的切削速度、较小的进给量，切去粗镗或半精镗留下的较少余量，准确地达到图样规定的内孔表面。粗镗后应将夹紧压板松一下，再重新进行夹紧，以减少夹紧变形对加工精度的影响。通常精镗背吃刀量 ≥ 0.01mm，进给量 ≥ 0.05mm/r。

镗削工具主要有单刃镗刀（见图 5-20a）、双刃镗刀（见图 5-20b）、微调镗刀等。

a) 单刃镗刀　　　　　　　b) 双刃镗刀

图 5-20　镗刀

(2) 铰孔、粗镗加工循环 G85 指令格式
G98(G99) G85 X_ Y_ Z_ R_ F_;
…

G80

其中，G98 是刀具快速返回到初始位置；
G99 是刀具快速返回到 R 点（见图 5-21）；
X、Y 是孔加工坐标；
Z 是孔底的位置坐标；
R 是工件坐标原点到 R 点位置的距离；
F 是切削进给速度。

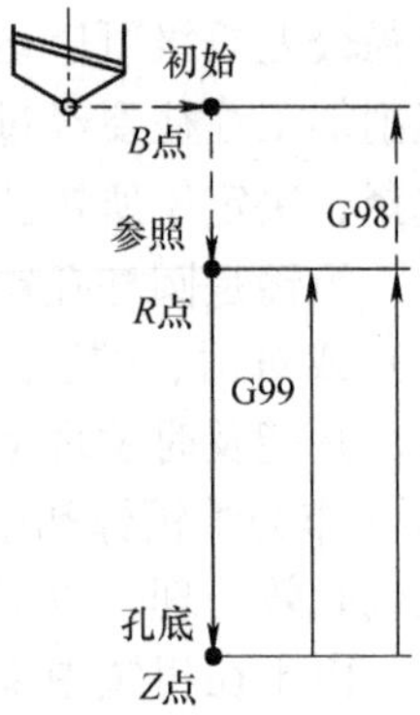

(3) 粗镗孔循环指令 G86 指令格式
G98(G99) G86 X_ Y_ Z_ R_ P _ F_；
…
G80

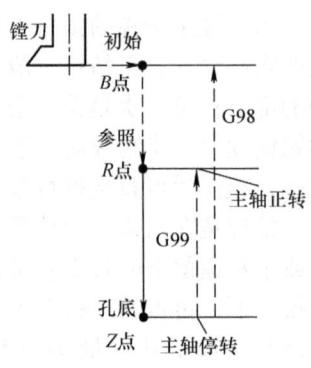

图 5-21　G85 循环指令

其中，G98 是刀具快速返回到初始位置；
G99 是刀具快速返回到 R 点（见图 5-22）；
X、Y 是孔加工坐标；
Z 是孔底的位置坐标；
R 是工件坐标原点到 R 点位置的距离；
P 是孔底暂停时间；
F 是切削进给速度。

执行 G86 循环，刀具以切削进给方式加工到孔底，然后主轴停转，刀具快速退到 R 点平面或初始平面后，主轴正转。由于刀具在退回过程中容易在工件表面划出条痕，所以该指令常用于精度或表面质量要求不高的镗孔加工。

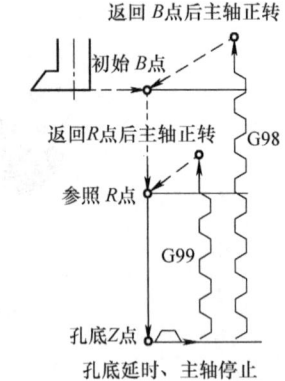

图 5-22　G86 循环指令

(4) 粗镗孔循环指令 G88 指令格式
G98(G99) G88 X_ Y_ Z_ R_ P _ F_；
…
G80

其中，G98 是刀具快速返回到初始位置；
G99 是刀具快速返回到 R 点（见图 5-23）；
X、Y 是孔加工坐标；
Z 是孔底的位置坐标；
R 是工件坐标原点到 R 点位置的距离；
P 是孔底暂停时间；
F 是切削进给速度。

图 5-23　G88 循环指令

执行 G88 循环，刀具以切削进给方式加工到孔底，刀具在孔底暂停后主轴停转。这时可通过手动方式从孔中安全退出刀具，主轴恢复正转。此种方式虽能相应提高孔的加工精度，但加工效率较低。

(5) 粗镗孔循环指令 G89 指令格式
G98(G99) G89 X_ Y_ Z_ R_ P_ F_;
…
G80

其中，G98 是刀具快速返回到初始位置；
G99 是刀具快速返回到 R 点（见图 5-24）；
X、Y 是孔加工坐标；
Z 是孔底的位置坐标；
R 是工件坐标原点到 R 点位置的距离；
P 是孔底暂停时间。
F 是切削进给速度。

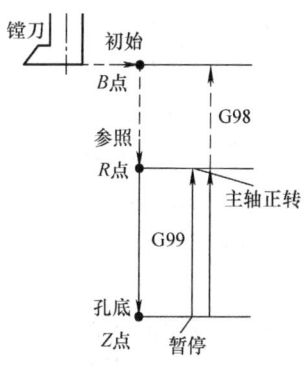

图 5-24　G89 循环指令

G89 动作与 G85 动作基本类似，不同的是 G89 动作在孔底增加了暂停，因此该指令常用于阶梯孔的加工。

(6) 精镗孔循环指令 G76 指令格式
G98(G99) G76 X_ Y_ Z_ R_ Q_ P_ F_;
…
G80

其中，G98 是刀具快速返回到初始位置；
G99 是刀具快速返回到 R 点（见图 5-25）；
X、Y 是孔加工坐标；
Z 是孔底的位置坐标；
R 是工件坐标原点到 R 点位置的距离；
Q 是刀尖的偏移量，一般为正数；
P 是孔底暂停时间。
F 是切削进给速度。

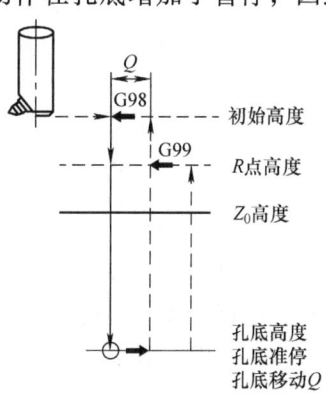

图 5-25　G76 循环指令

(7) 反镗孔循环指令 G87 指令格式
G98 G87 X_ Y_ Z_ R_ Q_ F_;
…
G80

其中，G98 是刀具快速返回到初始位置，不可以使用 G99 指令（见图 5-26）；
X、Y 是孔加工坐标；
Z 是孔底的位置坐标；
R 是工件坐标原点到 R 点位置的距离；
Q 是刀具向刀尖相反方向偏移；
F 是切削进给速度。

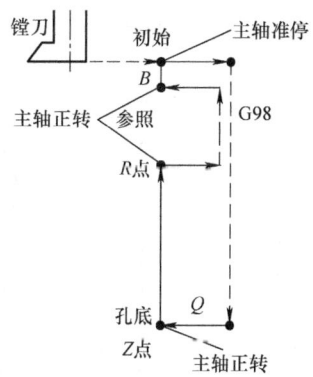

图 5-26　G87 循环指令

3. 任务实施

（1）工艺分析

1）分析技术要求。加工如图5-18所示零件，镗削 $\phi 16^{+0.018}_{\ \ 0}$ mm 和 $\phi 30^{+0.021}_{\ \ 0}$ mm 两个孔，$\phi 30^{+0.021}_{\ \ 0}$ mm 深度为10mm，$\phi 16^{+0.018}_{\ \ 0}$ mm 是通孔，两孔距离为 (40 ± 0.012) mm，材料为铝，表面粗糙度 Ra 达到 $1.6\mu m$。

2）选择加工路线。为了保证孔的质量，加工 $\phi 16$mm 孔时，采用钻定位孔→钻孔→扩孔→铰孔的加工工艺；加工 $\phi 30$mm 孔时，由于孔径较大，采用铣孔→镗孔的加工工艺。加工路线从 $P_1 \to P_2$ 顺序加工，如图5-27所示。其中 P_1 点为下刀点，距离工件边5mm为宜，各孔中心的坐标见表5-7。

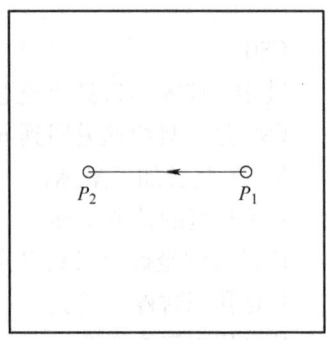

图5-27 镗孔加工路线

表5-7 各孔中心的坐标

孔中心点	坐标（X、Y）
P_1	(20, 0)
P_2	(-20, 0)

3）确定装夹方法。工件毛坯为正方形，采用平口钳装夹，工件下面用等高块支承，用百分表进行找正，工件伸出钳口部分视零件而定并夹紧。

（2）工具、量具、刀具选择 高精度孔类零件加工所用的工具、量具、刀具见表5-8。

表5-8 高精度孔类零件加工所用的工具、量具、刀具

种类	工具、量具、刀具				零件图号	图5-18	
	序号	名称	规格尺寸/mm	分度值/mm	单位	数量	
工具	1	平口钳	—	—	个	1	
	2	扳手	—	—	把	1	
	3	平行垫铁	—	—	副	1	
	4	橡胶锤	—	—	个	1	
量具	1	千分尺	0~25	0.01	把	1	
	2	千分尺	25~50	0.01	把	1	
刀具	1	中心钻	$\phi 3$	—	把	1	
	2	钻头	$\phi 10$	—	把	1	
	3	扩孔钻	$\phi 15.8$	—	把	1	
	4	铰刀	$\phi 16$	—	把	1	
	5	铣刀	$\phi 16$	—	把	1	
	6	镗刀	$\phi 30$	—	把	1	

（3）加工工艺（见表5-9）

表5-9 高精度孔类零件加工工艺

数控加工工艺卡片		产品名称	零件名称	材料	零件图号
			高精度孔类零件加工	2A12	图5-18
工序号	程序编号	夹具名称	夹具编号	使用设备	车间
1	O0502	平口钳		KDVM800LH	
工步号	工步内容	刀具号	刀具规格尺寸/mm	主轴转速/(r/min)	进给速度/(mm/min)	备注
1	点孔	T01	φ3	1100	55	
2	钻孔	T02	φ10	320	32	
3	扩孔	T03	φ15.8	200	20	
4	铰孔	T04	φ16	200	40	
5	铣孔	T05	φ16	400	40	
6	镗孔	T06	φ30	800	45	
编制		审核		批准	共 页	第 页

（4）加工程序（见表5-10）

表5-10 高精度孔类零件加工程序

程序段号	程序格式	说明
	O0502	程序名
N10	G80 G40 G49 G90 G54;	程序初始化
N20	G91 G28 Z0;	Z向抬刀
N30	T01 M06;	换1号刀
N40	G90 G00 X20 Y0 M03 S1100;	快速定位，主轴正传
N50	G43 Z20 H01;	长度补偿H01
N60	Z5;	定位下刀点
N70	M08;	切削液开
N80	G99 G81 Z-2 R3 F55;	点孔深度为2mm，每次返回到R平面
N90	X-20 Y0;	第二个孔
N100	G80;	取消循环
N110	G00 Z100;	抬刀
N120	M06 T02;	换2号刀（φ10mm钻头）
N130	G00 X20 Y0 M03 S320;	定位
N140	G43 Z20 H02;	长度补偿H02

（续）

程序段号	程序格式	说明
N150	Z5;	定位下刀点
N160	G99 G81 Z-35 R3 F32;	切削深度超过工件深度30mm+0.5R
N170	X-20 Y0;	第二个孔
N180	G80;	取消循环
N190	G00 Z100;	抬刀
N200	M06 T03;	换3号刀（ϕ15.8mm钻头）
N210	G00 X20 Y0 M03 S200;	定位
N220	G43 Z20 H03;	长度补偿H03
N230	Z5;	定位下刀点
N240	G99 G85 Z-37.9 R3 F20;	切削深度超过工件深度30mm+0.5R
N250	X-20 Y0;	第二个孔
N260	G80;	取消循环
N270	G00 Z100;	抬刀
N280	M06 T04;	换4号刀（ϕ16mm铰刀）
N290	G00 X20 Y0 M03 S200;	定位
N300	G43 Z20 H04;	长度补偿H04
N310	Z5;	定位下刀点
N320	G99 G85 Z-38 R3 F40;	切削深度超过工件深度30mm+0.5R
N330	X-20 Y0;	第二个孔
N340	G80;	取消循环
N350	G00 Z100;	抬刀
N360	M06 T05;	换5号刀（ϕ16mm铣刀）
N370	G00 X20 Y0 M03 S400;	定位
N380	G43 Z20 H05;	长度补偿H05
N390	Z5;	定位下刀点
N400	G01 Z-10 F40;	下刀10mm
N410	G41 X10 Y0 D05;	建立刀补
N420	X20 Y-15;	圆弧起始点
N430	G03 J15;	铣ϕ30mm整圆弧
N440	G40 G00 Z100;	抬刀
N450	X-20 Y0;	定位另外一个ϕ30mm圆
N460	Z5;	定位下刀点
N470	G01 Z-10 F40;	下刀10mm

(续)

程序段号	程序格式	说明
N480	G41 X-30 Y0 D05；	建立刀补，放 0.1mm 精镗余量
N490	X-20 Y-15；	圆弧起始点
N500	G03 J15；	铣 φ30mm 整圆弧
N510	G40 G00 Z100；	抬刀
N520	M06 T06；	换 6 号刀（φ30mm 镗刀）
N530	G00 X20 Y0 M03 S800；	定位
N540	G43 Z20 H06；	长度补偿 H06
N550	Z5；	定位下刀点
N560	G99 G76 Z-10 R3 Q1 P1000 F45；	精镗 φ30mm 孔
N570	X-20 Y0；	第二个孔
N580	G80；	取消循环
N590	G91 G28 Z0；	抬刀
N600	M09；	切削液关
N610	M05；	主轴停转
N620	M30；	程序结束返回开始

4. 任务评价

高精度孔类零件加工评价见表 5-11。

表 5-11 高精度孔类零件加工评价

组别		姓名			学号	
工件号		机床号			图号	
任务二			高精度孔类零件编程与加工			
		序号	检测内容	配分	自评	考核评分
基本检查	编程	1	切削工艺制定正确	10		
		2	切削用量选择合理	6		
		3	程序正确、简单、规范	10		
	操作	4	设备操作、维护正确	8		
		5	安全、文明生产	10		
		6	刀具选择、安装正确、规范	8		
		7	工件找正、安装正确、规范	8		
工作态度		8	行为规范、纪律表现	10		
尺寸检测		9	$\phi 16^{+0.018}_{0}$ mm	10		
		10	$\phi 30^{+0.021}_{0}$ mm	10		
		11	孔距（40±0.012）mm	10		
			综合得分	100		

5.3 螺纹孔编程与加工

1. 任务分析

如图 5-28 所示,用盘铣刀铣削上表面后的工件为 80mm×80mm×30mm,完成图示盖板零件的加工,加工左旋螺纹 M12 和右旋螺纹 M12,深度为 15mm,完成螺纹加工刀具的选用、螺纹加工方法选择、程序编制等基本操作,要求螺纹加工左右旋正常,达到使用要求。其他知识点在第 5.1 节、第 5.2 节已经介绍过,此处不再赘述。

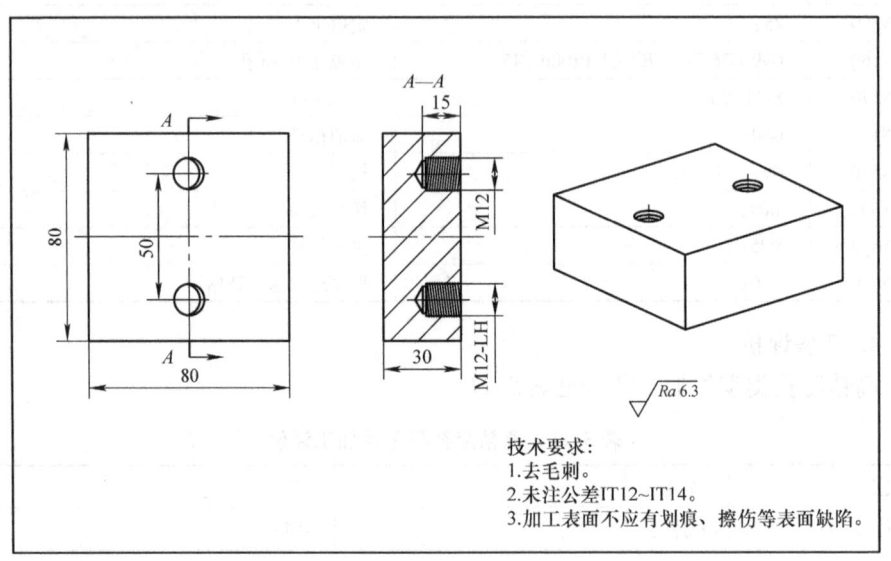

图 5-28 螺纹孔类零件编程与加工零件图

2. 任务知识点

(1) 螺纹孔加工方法介绍 在数控铣或加工中心上加工螺纹孔方法一般有以下四种:

1) 使用丝锥和弹性攻螺纹刀柄,即柔性攻螺纹方式。丝锥或弹性攻螺纹刀柄等是加工螺纹最基础和最简单的方法,一般这种螺纹加工方法,数控机床主轴的回转和 Z 轴的进给不能够实现严格地同步,而弹性攻螺纹刀柄恰好能够弥补这一点,以弹性变形保证两者的一致,如果扭矩过大,就会脱开,以保护丝锥不断裂。编程时,使用固定循环指令 G84(或 G74 左旋攻螺纹)代码,同时主轴转速 S 代码与进给速度 F 代码的数值关系是匹配的。丝锥分为通孔丝锥和不通孔丝锥两种,区别是通孔从前端排屑,不通孔从后端排屑。当使用不通孔丝锥时,丝锥排屑槽的长度必须大于螺纹孔的深度。

2) 使用丝锥和弹簧夹头刀柄,即刚性攻螺纹方式。使用这种加工方式时,要求数控机床的主轴必须配置有编码器,以保证主轴的回转和 Z 轴的进给严格地同步,即主轴每转一圈,Z 轴进给一个螺距。由于机床的硬件保证了主轴和进给轴的同步关系,因此刀柄使用弹簧夹头刀柄即可,但弹性夹套建议使用丝锥专用夹套,以保证扭矩的传递。编程时,也使用 G84(或 G74 左旋攻螺纹)代码和 M29(刚性攻螺纹方式)。同时 S 代码与 F 代码的数值关系是匹配的。R 点位置应距离加工表面一定高度,待主轴到达指令转速后再开始加工。

3)使用 G33 螺纹切削指令。使用这种加工方式时,要求数控机床的主轴必须配置有编码器,同时刀具使用定尺寸的螺纹刀,这种方法使用较少。

4)使用螺纹铣刀加工。上面三种方法仅用于定尺寸的螺纹刀,一种规格的刀具只能加工同等规格的螺纹。而使用螺纹刀铣削螺纹的特点是可以使用同一把刀具加工直径不同的左旋螺纹和右旋螺纹。如果使用单齿螺纹铣刀,还可以加工不同螺距的螺纹孔。编程时,使用螺旋插补指令。

在数控铣床上,常用于加工螺纹孔的方法有镗铣螺纹(涉及宏程序的运用)、机用丝锥夹头加工螺纹。

(2)螺纹孔的相关知识 常用米制螺纹底孔直径的经验计算公式:

钢材及韧性金属: $D = d - P$

铸铁及脆性金属: $D = d - 1.1P$

式中 D——底孔直径(钻孔直径)(mm);

d——螺纹外径(公称直径)(mm);

P——螺距(mm)。

考虑锥孔深度:

不通孔的钻孔深度 = 需要的螺纹深度 + 0.7d

由此可见,M12 的螺纹底孔 $D = d - t$,$D = (12 - 1.75)$ mm,即 $D = 10.25$mm,选用 10.2mm 的钻头即可。

(3)螺纹加工刀具简介

1)手动攻螺纹。经验丰富的师傅可手动对底孔进行攻螺纹,如图 5-29 所示。手动攻螺纹的刀具分头攻、二攻、三攻,倒角依次减小。

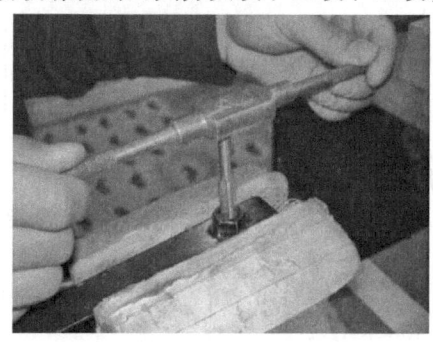
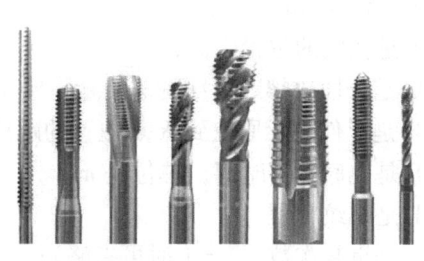

图 5-29 手动攻螺纹的过程和刀具

2）机用攻螺纹。利用机床来攻螺纹，攻螺纹的刀具材质比手动攻螺纹要好，分导向部分、切削部分、传递扭矩等，如图 5-30 所示。

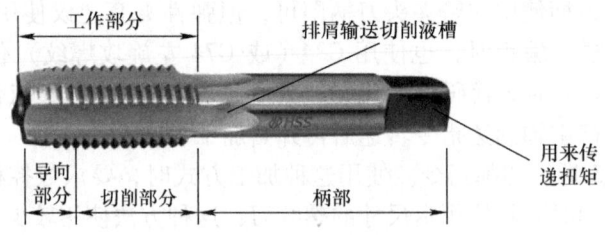

图 5-30　机用攻螺纹刀具

3）螺纹铣刀。螺纹铣削运动轨迹为一螺旋线，可通过数控机床的三轴联动来实现。图 5-31 所示为铣螺纹的刀具。

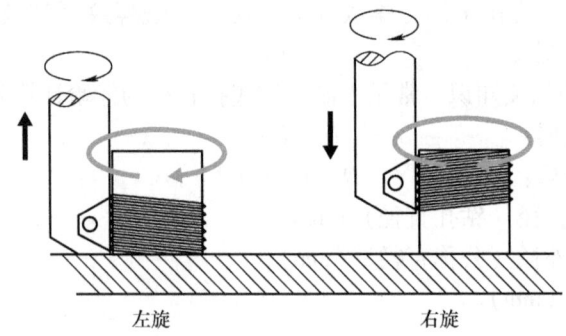

图 5-31　铣螺纹的刀具

（4）左旋螺纹指令 G74 指令格式
（G98/G99）G74 X_ Y_ Z_ Q_ R_ P_ F_ L_ H_ J_；
…
G80
其中，G98 是刀具快速返回到初始位置；
G99 是刀具快速返回到 R 点（见图 5-32）；
X、Y 是孔加工坐标；
Z 是孔底的位置坐标；
Q 是分段攻螺纹每次的进给量，H_2 时不必指定；
R 是工件坐标原点到 R 点位置的距离；
P 是孔底暂停时间，单位是 ms；
F 是螺纹导程；
L 是重复次数（L＝1 时可省略）；
H 分 H_1 和 H_2，H_1 为分段攻螺纹，每次回退到 R 平面；H_2 为直接攻螺纹到底

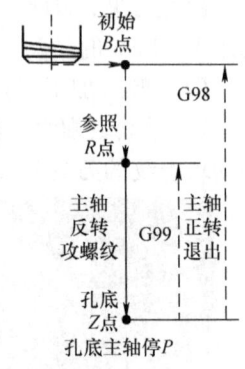

图 5-32　G74 循环指令

部，H_2 一般默认，不指定；

J 是轴，J_1 是指 A 轴攻螺纹，J_2 是指 B 轴攻螺纹，J_3 是指 C 轴攻螺纹，一般默认 C 轴攻螺纹。

向下切削时主轴反转，孔底动作是变反转为正转，再退出。F 表示导程，在 G74 切削螺纹期间速率修正无效，移动将不会中途停顿，直到循环结束。

（5）右旋螺纹指令 G84 指令格式

（G98/G99）G84 X_ Y_ Z_ Q_ R_ P_ F_ L_ H_ J_；

……

G80

其中，G98 是刀具快速返回到初始位置；

G99 是刀具快速返回到 R 点（见图 5-33）；

X、Y 是孔加工坐标；

Z 是孔底的位置坐标；

Q 是分段攻螺纹每次的进给量，H_2 时不必指定；

R 是工件坐标原点到 R 点的距离；

P 是孔底暂停时间，单位是 ms；

F 是螺纹导程；

L 是重复次数（L = 1 时可省略）；

H 分 H_1 和 H_2，H_1 为分段攻螺纹，每次回退到 R 平面，H_2 为直接攻螺纹到底部，H_2 一般默认，不指定；

J 是轴，J_1 是指 A 轴攻螺纹，J_2 是指 B 轴攻螺纹，J_3 是指 C 轴攻螺纹，一般默认 C 轴攻螺纹。

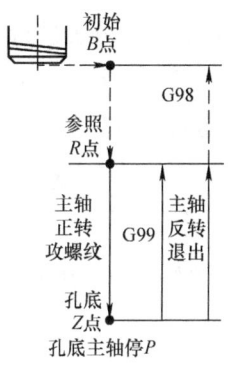

图 5-33 G84 循环指令

G84 是主轴正转攻螺纹到孔底后反转回退。主轴每旋转一转沿攻螺纹轴进给一个螺纹导程的距离，刚性攻螺纹时程序中指定的 F（进给速度）无效，沿攻螺纹轴的进给速度为

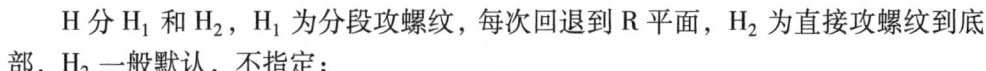

进给速度 = 主轴转速 × 螺纹导程

3. 任务实施

（1）工艺分析

1）分析技术要求。如图 5-28 所示，完成图示盖板零件的加工，加工左旋螺纹 M12 和右旋螺纹 M12，深度为 15mm，材料为铝。

2）选择加工路线。为了保证孔的质量，加工 M12 螺纹孔底孔时，采用钻定位孔→钻孔的加工工艺。加工路线从 $P_1 \to P_2$ 顺序加工，如图 5-34 所示。其中 P_1 点为下刀点，距离工件边 5mm 为宜，各孔中心的坐标见表 5-12。

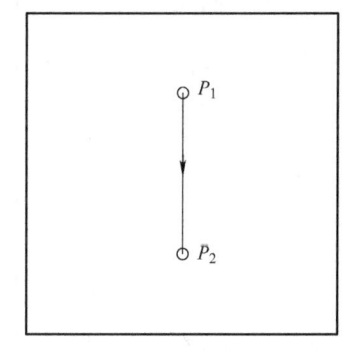

图 5-34 盖板加工路线

表 5-12　各孔中心的坐标

孔中心点	坐标（X、Y）
P_1	(0, 25)
P_2	(0, -25)

3）确定装夹方法。工件毛坯为正方形，采用平口钳装夹，工件下面用等高块支承，用百分表进行找正，工件伸出钳口部分视零件而定并夹紧。

（2）工具、量具、刀具选择　螺纹孔类零件上表面加工所用的工具、量具、刀具见表5-13。

表 5-13　螺纹孔类零件上表面加工所用的工具、量具、刀具

种类	序号	工具、量具、刀具		零件图号		图 5-28	
		名称	规格尺寸/mm	分度值/mm	单位	数量	
工具	1	平口钳	—	—	个	1	
	2	扳手	—	—	把	1	
	3	平行垫铁	—	—	副	1	
	4	橡胶锤	—	—	个	1	
量具	1	游标卡尺	0~150	0.02	把	1	
	2	止通规	M12	—	副	1	
刀具	1	中心钻	$\phi 3$	—	把	1	
	2	钻头	$\phi 10.2$	—	把	1	
	3	机用丝锥	M12	—	把	1	

（3）加工工艺（见表5-14）

表 5-14　螺纹孔类零件加工工艺

数控加工工艺卡片			产品名称		零件名称	材料	零件图号
					螺纹孔零件加工	2A12	图 5-28
工序号	程序编号	夹具名称	夹具编号		使用设备		车间
1	O0503	平口钳			KDVM800LH		
工步号	工步内容	刀具号	刀具规格尺寸/mm	主轴转速/(r/min)	进给速度/(mm/min)	备注	
1	点孔	T01	$\phi 3$	1100	55		
2	钻孔	T02	$\phi 10.2$	320	32		
3	攻螺纹	T03	M12	100	175		
编制		审核			批准	共　页	第　页

(4) 加工程序（见表5-15）

表5-15 螺纹孔类零件加工程序

程序段号	程序格式	说明
	O0503	程序名
N10	G80 G40 G49 G90 G54;	程序初始化
N20	G91 G28 Z0;	抬刀
N30	T01 M06;	换1号刀（ϕ3mm 中心钻）
N40	G90 G00 X0 Y025 M03 S1100;	定位，主轴正传
N50	G43 Z20 H01;	长度补偿H01
N60	Z5;	定位下刀点
N70	M08;	切削液开
N80	G99 G81 Z-2 R3 F55;	点孔深度2mm，每次返回到 R 平面
N90	X0 Y-25;	第二个孔
N100	G80;	取消循环
N110	G00 Z100;	抬刀
N120	M06 T02;	换2号刀（ϕ10.2mm 钻头）
N130	G00 X0 Y25 M03 S320;	定位
N140	G43 Z20 H02;	长度补偿H02
N150	Z5;	定位下刀点
N160	G99 G81 Z-23.4 R3 F32;	切削深度超过工件深度15mm+0.7d
N170	X0 Y-25;	第二个孔
N180	G80;	取消循环
N190	G00 Z100;	抬刀
N200	M06 T03;	换3号刀（M12丝锥）
N210	G00 X0 Y25 M03 S100;	定位
N220	G43 Z20 H03;	长度补偿H03
N230	Z5;	定位下刀点
N240	G99 G84 Z-15 R3 F1.75;	攻螺纹M12右旋螺纹孔
N250	G80;	取消循环
N260	G00 Z100,	抬刀
N270	M05;	主轴停止
N280	G00 X0 Y-25 M04 S100;	定位，主轴反转
N290	Z5;	定位下刀点
N300	G98 G74 Z-15 R3 F1.75;	攻螺纹左旋螺纹
N310	G80;	取消循环
N320	G00 Z100;	抬刀
N330	M09;	切削液关
N340	M05;	主轴停转
N350	M30;	程序结束返回开始

4. 任务评价

螺纹孔类零件加工评价见表 5-16。

表 5-16 螺纹孔类零件加工评价

组别		姓名		学号		
工件号		机床号		图号		
	任务三			螺纹孔编程与加工		
		序号	检测内容	配分	自评	考核评分
基本检查	编程	1	切削工艺制定正确	10		
		2	切削用量选择合理	6		
		3	程序正确、简单、规范	10		
	操作	4	设备操作、维护正确	8		
		5	安全、文明生产	10		
		6	刀具选择、安装正确、规范	8		
		7	工件找正、安装正确、规范	8		
工作态度		8	行为规范、纪律表现	10		
尺寸检测		9	M12mm	10		
		10	M12-LH	10		
		11	螺纹深度 15mm	10		
综合得分				100		

5.4 液压阀阀孔编程与加工

1. 任务要求

如图 5-35 所示,液压阀阀体毛坯尺寸为 40mm×40mm×40mm,完成图示零件的加工,液压阀阀体材料为 7075 航空铝,需要在阀体上加工一个直径为 ϕ20H7mm,表面粗糙度 Ra 为 0.4μm 的高精度孔。该孔的位置精度要求较高,须保证与其他孔及平面的相对位置精度。加工过程中须确保孔的内壁光滑、无划痕及毛刺。

2. 任务实施

(1) 工艺分析

1) 分析技术要求。加工图 5-35 所示液压阀阀体,在 7075 铝合金阀体上加工高精度孔,应考虑材料的切削性能、刀具的选择、切削参数的设定以及数控程序的编制。7075 铝合金为高强度航空铝,切削时应避免高温软化与粘刀,优先选用硬质合金刀具。

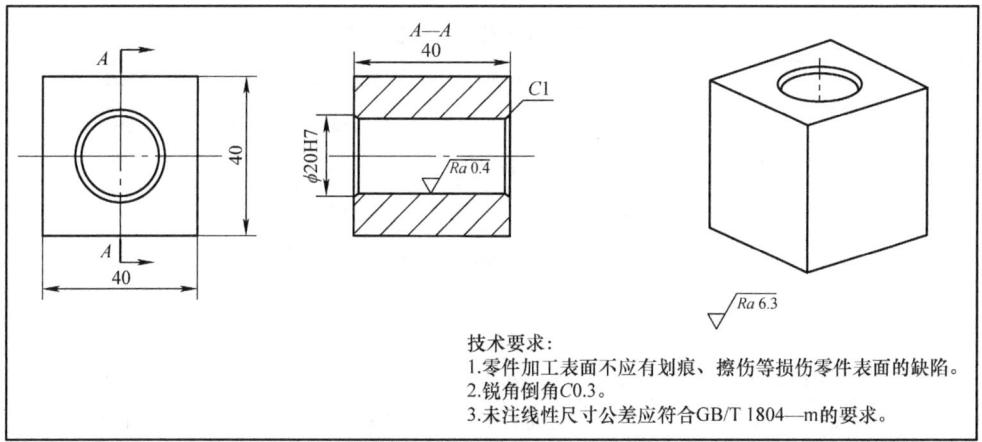

图 5-35 液压阀阀体零件

2）选择加工路线。为了保证孔的质量，加工 ϕ20H7mm 孔，需要预钻孔→铰孔→G81 钻孔循环→G83 钻孔循环→G85 铰孔循环。对于精度要求较高的特征，一般采用 B 型带护锥的中心钻，之后选用 ϕ9.8mm 钻头钻底孔，完成后选用 ϕ19.7mm 钻头扩孔，预留铰削余量（单边 0.1mm）。

3）确定装夹方法。采用精密平口钳夹持，底部垫平行垫铁，确保工件水平。夹紧力不应太大，避免铝合金变形。

（2）工具、量具、刀具选择　液压阀阀孔加工所用工具、量具、刀具见表 5-17。

表 5-17　液压阀阀孔加工所用工具、量具、刀具

工具、量具、刀具				零件图号	图 5-35		
种类	序号	名称	规格尺寸/mm	分度值/mm	单位	数量
工具	1	精密平口钳	—	—	个	1
	2	扳手	—	—	把	1
	3	平行垫铁	—	—	副	1
	4	橡胶锤	—	—	个	1
量具	1	内径千分尺	0~25		把	1
	2	H7 级塞规	ϕ20H7		支	1
刀具	1	B 型中心钻	A2 型		支	1
	2	硬质合金钻头	ϕ9.8×50		支	1
	3	硬质合金钻头	ϕ19.8×50		支	1
	4	硬质合金铰刀	ϕ20H7×80		支	1

(3) 加工工艺（见表5-18）

表5-18 液压阀阀孔加工工艺

数控加工工艺卡片			产品名称	零件名称	材料	零件图号
				液压阀阀体	2A12	图5-35
工序号	程序编号	夹具名称	夹具编号	使用设备		车间
1	O0504	平口钳		KDVM800LH		
工步号	工步内容	刀具号	刀具规格尺寸/mm	主轴转速/(r/min)	进给速度/(mm/min)	备注
1	钻中心孔	T01	A2	2000	90	定位
2	钻φ9.8mm预孔	T02	φ9.8	1500	120	切削液开启
3	扩φ19.8mm孔	T03	φ19.8	1200	80	孔位修正
4	粗铰	T04	φ20H7	300	50	余量修正
5	粗铰	T04	φ20H7	300	50	最终尺寸
编制		审核		批准	共　　页	第　　页

(4) 加工程序（见表5-19）

表5-19 液压阀阀孔加工程序

程序段号	程序格式	说明
	O0504	程序名
N10	G80 G40 G49 G90 G54； G91 G28 Z0；	程序初始化，取消刀补
N20	M06 T01；	换中心钻
N30	G00 G90 X0 Y0 M03 S2000 M08； G43 Z50 H01； G99 G81 X0 Y0 Z-2 R5 F90； G80 G49；	钻孔循环（中心孔）
N40	M06 T02；	换φ9.8mm钻头
N50	G00 G90 X0 Y0 M03 S1500； G43 Z50 H02； G99 G83 X0 Y0 Z-45 R5 Q5 F120； G80 G49；	钻孔循环（钻φ9.8mm孔）
N60	M06 T03；	换φ19.8mm钻头
N70	G00 G90 X0 Y0 M03 S1200； G43 Z50 H03； G99 G83 X0 Y0 Z-45 R5 Q5 F80； G80 G49；	钻孔循环（扩φ19.8mm孔）

(续)

程序段号	程序格式	说明
N80	M06 T04;	换 φ20H7 铰刀
N90	G00 G90 X0 Y0 M03 S300; G43 Z50 H04; G99 G85 X0 Y0 Z-45 R5 F50; G80 G49;	铰孔循环
N100	M09;	切削液关
N110	M05;	主轴停转
N120	M30;	程序结束返回开始

3. 任务评价

液压阀阀孔的加工评价见表 5-20。

表 5-20 液压阀阀孔的加工评价

组别		姓名		学号	
工件号		机床号		图号	
	任务四		液压阀阀孔编程与加工		
		序号	检测内容	配分	自评	考核评分
基本检查	编程	1	切削工艺制定正确	10		
		2	切削用量选择合理	6		
		3	程序正确、简单、规范	10		
	操作	4	设备操作、维护正确	8		
		5	安全、文明生产	10		
		6	刀具选择、安装正确、规范	8		
		7	工件找正、安装正确、规范	8		
工作态度		8	行为规范、纪律表现	10		
尺寸检测		9	φ20H7	20		
		10	Ra0.4μm	10		
			综合得分	100		

思考与练习

1) 写出 G81、G83 循环指令的格式,解释各参数的含义并画出动作示意图?
2) 钻头常用材质是什么?
3) G82 指令中的 P 参数有何作用?
4) 铰孔应选用哪种固定循环指令?

5）G76 精镗循环中 Q 参数代表什么？
6）G98 与 G99 指令的区别是什么？
7）G84 攻螺纹循环需要主轴如何旋转？
8）图 5-36 所示环形阵列孔零件的材料为 2A12，毛坯尺寸为 100mm×100mm×30mm。请完成该零件的编程和加工。

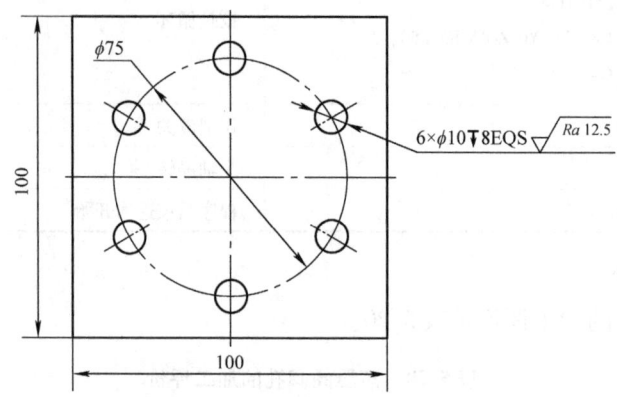

图 5-36　环形阵列孔零件

第6章 数控铣削编程与加工的提高

学习目标

1) 熟悉子程序、旋转坐标及镜像指令的应用场合与工艺特点。
2) 掌握 M98/M99 子程序调用指令的结构、嵌套规则及参数定义。
3) 能独立编写含子程序的数控铣削程序,并完成多重复结构的零件加工。
4) 熟悉 G68/G69 旋转坐标指令的数学原理与加工场景匹配方法。
5) 掌握旋转坐标系下的编程技巧,包括旋转中心、角度及方向设置。
6) 能独立应用 G68/G69 指令完成旋转对称零件的编程与加工验证。
7) 熟悉 G50.1/G51.1 镜像指令的对称轴选择与加工限制条件。
8) 掌握镜像编程的坐标变换规则及刀具路径修正方法。
9) 能独立利用镜像指令高效完成对称轮廓的编程与加工调试。
10) 掌握宏指令的变量定义、逻辑运算及条件跳转语法规则。

导入案例

数控铣削技术作为精密加工的核心手段,广泛应用于模具制造、机械装备、电子器件等领域,尤其在复杂多重复结构、旋转对称、镜像轮廓及带椭圆轮廓零件的加工中具有显著优势,是现代智能制造实现高精度、高效率的关键技术之一。在数控铣削编程中,子程序、旋转坐标、镜像指令及宏指令的灵活应用,能够大幅简化复杂结构的编程流程,提升加工一致性与效率。例如,通过 M98/M99 子程序调用指令可高效完成阵列凸台零件(见图 6-1),利用 G68/G69 旋转坐标指令可精准实现旋转角度零件加工(见图 6-2),而 G50.1/G51.1 镜像指令则适用于对称轮廓的快速编程与加工(见图 6-3),针对椭圆轮廓的零件需采用宏指令编程(见图 6-4)。此类工艺的实现需深入掌握程序结构设计、坐标变换规则、参数逻辑运算及加工路径优化等核心技术,涵盖子程序嵌套调用、旋转中心计算、镜像轴选择、宏变量控制等关键环节,是工艺编制、程序调试与加工验证能力的重要体现。

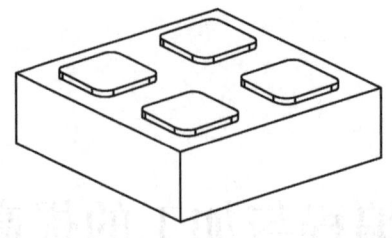

图 6-1 子程序的调用

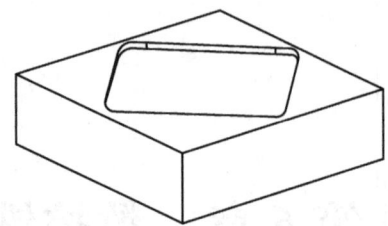

图 6-2 旋转指令的应用

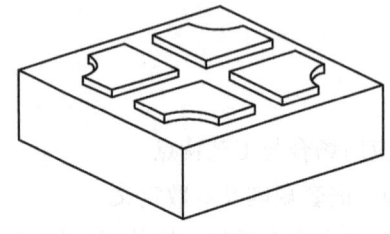

图 6-3 镜像指令的应用

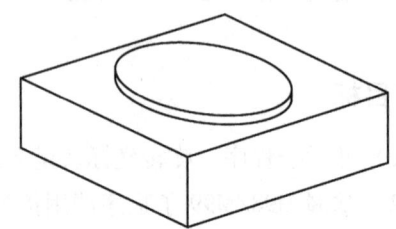

图 6-4 宏指令的应用

6.1 子程序的调用

1. 任务分析

如图 6-5 所示，在 100mm×100mm×30mm 的工件上用盘铣刀铣削上表面，利用子程序完成图示零件的加工，完成刀具的选择、加工方法选择、程序编制等基本操作。

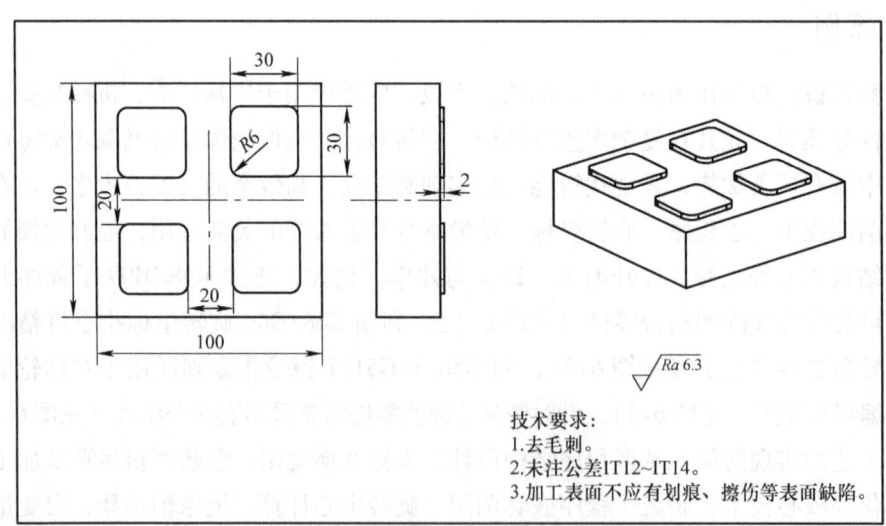

图 6-5 阵列凸台类零件编程与加工零件图

2. 任务知识点

（1）子程序的概念　机床的加工程序可以分为主程序和子程序。主程序是一个完整的零件加工程序，或是零件加工程序的主体部分。

在编制加工程序中，有时会遇到一组程序段在一个程序中多次出现，或者在几个程序中都要使用它。为了简化程序，这个典型的加工程序可以做成固定程序，并单独加以命名，这组程序段就称为子程序。

子程序一般都不可以作为独立的加工程序使用，它只能通过调用，实现加工中的局部动作。子程序执行结束后，能自动返回到调用的程序中。

（2）子程序的格式　在FANUC系统中，子程序和主程序并无本质区别。子程序和主程序在程序号及程序内容方面基本相同，但结束标记不同。用M02或M30表示主程序结束，则用M99表示子程序结束，并实现自动返回主程序功能。如下子程序格式：

O0100；

G91 G01 Z-2.0；

…

G91 G28 Z0；

M99；

对于子程序结束指令M99，不一定要单独书写一行，如上面程序中最后两行写成"G91 G28 Z0 M99；"也是允许的。

（3）子程序的调用　在FANUC系统中，子程序的调用可通过辅助功能代码M98指令进行，且在调用格式中将子程序的程序号地址改为P，其常用的子程序调用格式有两种。

格式一：M98　P××××　L××××；

说明：地址P后面的4位数字为子程序号，地址L为重复调用次数，若调用次数为1时，可以省略不写。如调用的子程序为O1010，调用次数1次，则主程序中要写"M98 P1010"。

格式二：M98　P×××××××；

说明：地址P后面的前3位数字表示子程序调用次数，后四位数字表示为子程序名，若调用次数为1时，可以省略不写。

如调用的子程序为O0010，调用次数为5次，则主程序中要写"M98 P0050010"。

3. 任务实施

（1）工艺分析

1）分析技术要求。图6-5中4个凸台各尺寸精度要求不高，选用ϕ10mm立铣刀加工即可，凸台尺寸一致，深度为 2mm，为此需要调用 4 次凸台加工程序。

2）选择加工路线。通过调用子程序的方法，对每个凸台选择不同的下刀点，采用相同的走刀路线，加工出 4 个形状相同，但位置不同的凸台。不用分粗加工、精加工，一次下刀至要求的深度尺寸，子程序调用走刀路线如图 6-6 所示，工件上表面中心为工件坐标系原点。4 个下刀点坐标见表 6-1。

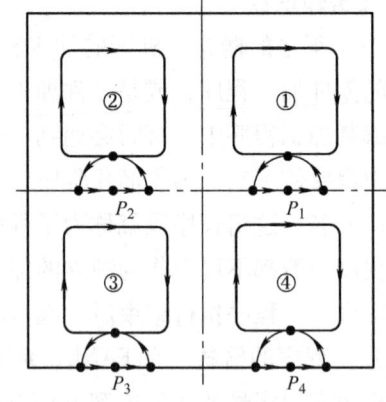

图 6-6　子程序调用走刀路线

表 6-1　4 个下刀点坐标

下刀点	坐标（X、Y）
P_1	(25, 0)
P_2	(-25, 0)
P_3	(-25, -50)
P_4	(25, -50)

3）确定装夹方法。工件毛坯为正方形，采用平口钳装夹，工件下面用等高块支承，用百分表进行找正，工件伸出钳口部分视零件而定并夹紧。

（2）工具、量具、刀具选择　阵列凸台类零件上表面加工工具、量具、刀具清单见表 6-2。

表 6-2　阵列凸台类零件上表面加工工具、量具、刀具清单

种类	工具、量具、刀具			零件图号		图 6-5	
	序号	名称	规格尺寸/mm	分度值/mm	单位	数量	
工具	1	平口钳	—	—	个	1	
	2	扳手	—	—	把	1	
	3	平行垫铁	—	—	副	1	
	4	橡胶锤	—	—	个	1	
量具	1	钢直尺	0～150	—	把	1	
	2	游标卡尺	0～150	0.02	把	1	
刀具	1	面铣刀	$\phi 80$mm		把	1	
	2	立铣刀	$\phi 12$mm		把	1	

(3) 加工工艺（见表6-3）

表6-3 阵列凸台类零件常规孔类零件加工工艺

数控加工工艺卡片		产品名称		零件名称	材料	零件图号
				凸台零件	2A12	图6-5
工序号	程序编号	夹具名称	夹具编号	使用设备		车间
1	O0601	平口钳		KDVM800LH		
工步号	工步内容	刀具号	刀具规格尺寸/mm	主轴转速/(r/min)	进给速度/(mm/min)	背吃刀量/mm	备注
1	铣上表面	T01	φ80	1500	200	0.5	
2	加工凸台	T02	φ12	1000	100	2	
编制		审核		批准		共 页	第 页

(4) 加工程序（见表6-4）

表6-4 阵列凸台类零件加工程序

程序段号	程序格式	说明
	O0601	程序名
N10	G80 G40 G49 G90 G54；	程序初始化
N20	G91 G28 Z0；	主轴正转
N30	T02 M06；	换2号刀（φ12mm）
N40	G90 G00 X25 Y0 M03 S1000；	定位下刀点 P_1
N50	G43 Z20 H02；	调用2号刀具的长度补偿
N60	Z5；	Z向到达安全高度5mm
N70	M08；	切削液开
N80	M98 P0001；	调用子程序
N90	G00 X-25 Y0；	定位下刀点 P_2
N100	M98 P0001；	调用子程序
N110	G00 X-25 Y-50；	定位下刀点 P_3
N120	M98 P0001；	调用子程序
N130	G00 X25 Y-50；	定位下刀点 P_4
N140	M98 P0001；	调用子程序
N150	G00 Z100；	切除多余余量
N160	G90 X-65 Y0；	
N170	Z5；	
N180	G01 Z-2 F300；	
N190	G01 X65 Y0 F150；	

(续)

程序段号	程序格式	说明
N200	G01 X46 Y46;	切除多余余量
N210	G01 X0 Y46;	
N220	G01 X0 Y-46;	
N230	X-46;	
N240	Y46;	
N250	X46;	
N260	Y-46;	
N270	G01 X0;	
N280	G00 Z100;	抬刀
N290	M09;	切削液关
N300	M05;	主轴停止
N310	M30;	主程序结束
	子程序名 快速下刀 下到指定深度 建立刀补（增量值编程）	
	O0001	
N10	G00 Z5;	安全高度
N20	G01 Z-2 F60;	Z 向下刀2mm
N30	G91 G01 G41 X10 D2 F100;	增量编程
N40	G03 X-10 Y10 R10;	
N50	G01 X-15, R6;	
N60	G01 Y30, R6;	
N70	G01 X30, R6;	
N80	G01 Y-30, R6;	
N90	G01 X-15;	
N100	G03 X-10 Y-10 R10;	
N110	G01 G40 X10;	
N120	G90 G00 Z5;	抬刀（切换到绝对值编程）
N130	M99;	子程序结束

4. 任务评价

阵列凸台类零件加工评价见表6-5。

表 6-5 阵列凸台类零件加工评价

组别		姓名		学号	
工件号		机床号		图号	
任务一			子程序的调用		
基本检查	编程	序号	检测内容	配分	自评	考核评分
		1	切削工艺制定正确	5		
		2	切削用量选择合理	5		
		3	程序正确、简单、规范	5		
	操作	4	设备操作、维护正确	3		
		5	安全、文明生产	5		
		6	刀具选择、安装正确、规范	3		
		7	工件找正、安装正确、规范	4		
工作态度		8	行为规范、纪律表现	10		
尺寸检测		9	表面粗糙度	10		
		10	20mm	10		
		11	30mm	20		
		12	R6mm	10		
		13	2mm	10		
综合得分				100		

6.2 旋转坐标指令的应用

1. 任务分析

如图 6-7 所示,在 100mm×100mm 的工件上用盘铣刀铣削上表面,完成图示零件的加工、加工刀具的选用、加工方法选择、程序编制等基本操作,要求内轮廓表面光亮,保证 45°和(70±0.02)mm 的尺寸要求。

2. 任务知识点

(1) 坐标旋转指令格式

G68 X_ Y_ R_;

…

G69

其中,X、Y 是旋转中心的绝对坐标值;

R 是旋转角度;

G69 是取消旋转。

在有刀具补偿的情况下,程序先执行旋转,后进行刀补。

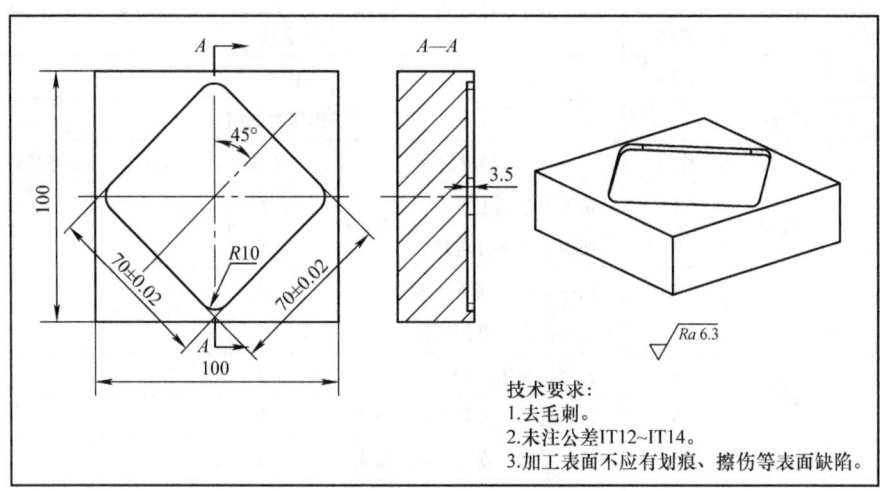

图 6-7 旋转类零件编程与加工零件图

（2）旋转指令应用　如图 6-8 所示，利用坐标系旋转指令，可将工件坐标系旋转某一指定角度，这样可以简化编程。另外，如果工件的形状由许多相同的图形组成，则可将图形单元编成子程序，然后用主程序附加旋转指令调用子程序，这样可简化编程，省时、省存贮空间。

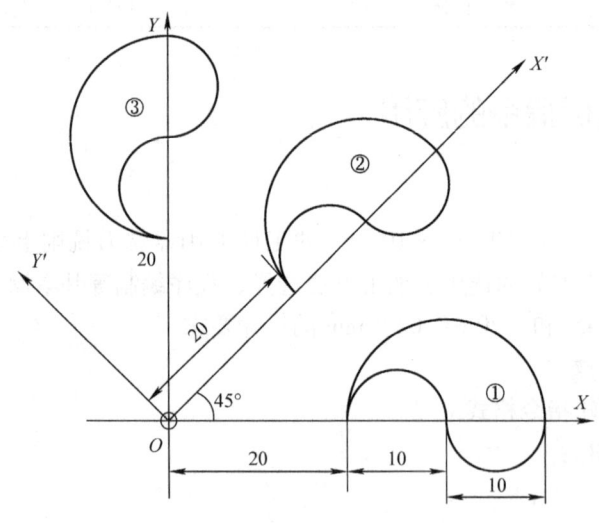

图 6-8 旋转指令应用

针对图 6-8 所示的轮廓，编写的程序如下：

主程序：　　　　　　　　　　　　　　子程序：

O1；　　　　　　　　　　　　　　　　O2；

G54 G40 G90 G0 Z100；
M3 S1000；
M98 P2；
G68 X0 Y0 R45；
M98 P2；
G68 X0 Y0 R90；
M98 P2；
G0 Z100；
M30；

G0 Z5；
G1 Z-2 F100；
G1 G41 X20 Y-5 D1；
Y0；
G2 X40 I10；
X30 I-5；
G3 X20 I-5；
G0 Y-6；
G40 X0 Y0；
Z5；
M99；

3. 任务实施

（1）工艺分析

1）分析技术要求。加工如图 6-7 所示零件，需要加工旋转的型腔轮廓 (70±0.02) mm，轮廓形状简单，深度为 3.5mm，保证轮廓的尺寸精度。

2）选择加工路线。分粗加工、精加工，通过旋转指令来编制程序，工件上表面中心为工件坐标系原点。旋转指令走刀路线如图 6-9 所示，4 个关键点坐标见表 6-6。

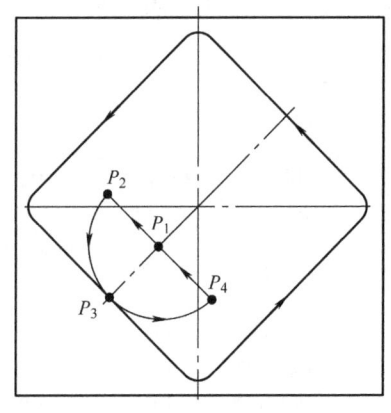

图 6-9 旋转指令走刀路线

表 6-6 4 个关键点坐标

关键点	坐标（X、Y）
P_1	(0, -15)
P_2	(-20, -15)
P_3	(0, -35)
P_4	(20, -15)

3）确定装夹方法。工件毛坯为正方形，采用平口钳装夹，工件下面用等高块支承，用百分表进行找正，工件伸出钳口部分视零件而定并夹紧。

（2）工具、量具、刀具选择 旋转角度类零件上表面加工工具、量具、刀具清单见表 6-7。

表 6-7 旋转角度类零件上表面加工工具、量具、刀具清单

种类	工具、量具、刀具			零件图号	图 6-7	
	序号	名称	规格尺寸/mm	分度值/mm	单位	数量
工具	1	平口钳	—	—	个	1
	2	扳手	—	—	把	1
	3	平行垫铁	—	—	副	1
	4	橡胶锤	—	—	个	1
量具	1	钢直尺	0~150	—	把	1
	2	游标卡尺	0~150	0.02	把	1
刀具	1	面铣刀	$\phi80$	—	把	1
	2	立铣刀	$\phi12$	—	把	1
	3	立铣刀	$\phi10$	—	把	1

(3) 加工工艺(见表6-8)

表 6-8 旋转角度类零件加工工艺

数控加工工艺卡片			产品名称		零件名称		材料	零件图号
					旋转零件		2A12	图 6-7
工序号	程序编号	夹具名称	夹具编号		使用设备			车间
1	O0602	平口钳			KDVM800LH			
工步号	工步内容	刀具号	刀具规格尺寸/mm	主轴转速/(r/min)	进给速度/(mm/min)	背吃刀量/mm	备注	
1	铣上表面	T01	$\phi80$	1500	200	0.5		
2	粗加工轮廓	T02	$\phi12$	1000	100	2		
3	精加工轮廓	T03	$\phi10$	1500	60	0.2		
编制		审核		批准		共 页	第 页	

(4) 加工程序(见表6-9)

表 6-9 旋转角度类零件加工程序

程序段号	程序格式	说明
	O0602	程序名
N10	G80 G40 G49 G90 G54;	程序初始化
N20	G91 G28 Z0;	抬刀
N30	T02 M06;	换2号刀
N40	G90 M03 S1000;	主轴正传
N50	G00 G43 Z20 H02;	调用长度补偿
N60	M08;	切削液开
N70	G68 X0 Y0 R45;	旋转45°
N80	M98 P0002;	调用子程序
N90	G69;	取消旋转
N100	G00 Z100;	抬刀

(续)

程序段号	程序格式	说明
N110	M09;	切削液关
N120	M05;	主轴停止
N130	M30;	主程序结束
	O0002	子程序名
N10	G00 X0 Y-15;	定位下刀点
N20	Z5;	快速下刀
N30	G01 Z-3.5 F60;	下到指定深度（可以分层切削）
N40	G01 G41 X-20 Y-15 D2 F100;	建立刀补
N50	G03 X0 Y-35 R20;	圆弧切入
N60	G01 X35, R10;	轮廓加工（内轮廓余量切除程序另外编制）
N70	G01 Y35, R10;	
N80	G01 X-35, R10;	
N90	G01 Y-35, R10;	
N100	G01 X0;	
N110	G03 X20 Y-15 R20;	圆弧切出
N120	G01 G40 X0;	取消刀补
N130	G00 Z5;	抬刀
N140	M99;	子程序结束

4. 任务评价

旋转角度类零件加工评价见表 6-10。

表 6-10 旋转角度类零件加工评价

组别		姓名			学号		
工件号		机床号			图号		
任务二				旋转坐标指令的应用			
		序号	检测内容		配分	自评	考核评分
基本检查	编程	1	切削工艺制定正确		5		
		2	切削用量选择合理		5		
		3	程序正确、简单、规范		5		
	操作	4	设备操作、维护正确		3		
		5	安全、文明生产		5		
		6	刀具选择、安装正确、规范		3		
		7	工件找正、安装正确、规范		4		
工作态度		8	行为规范、纪律表现		10		
尺寸检测		9	表面粗糙度		10		
		10	(70±0.02) mm (2处)		20		
		11	45°		10		
		12	R10mm		10		
		13	3.5mm		10		
		综合得分			100		

6.3 镜像指令的应用

1. 任务分析

如图 6-10 所示，在 100mm × 100mm × 30mm 的工件上用盘铣刀铣削上表面，完成图示零件的加工，完成加工刀具的选用、加工方法选择、程序编制等基本操作，达到图样的要求。

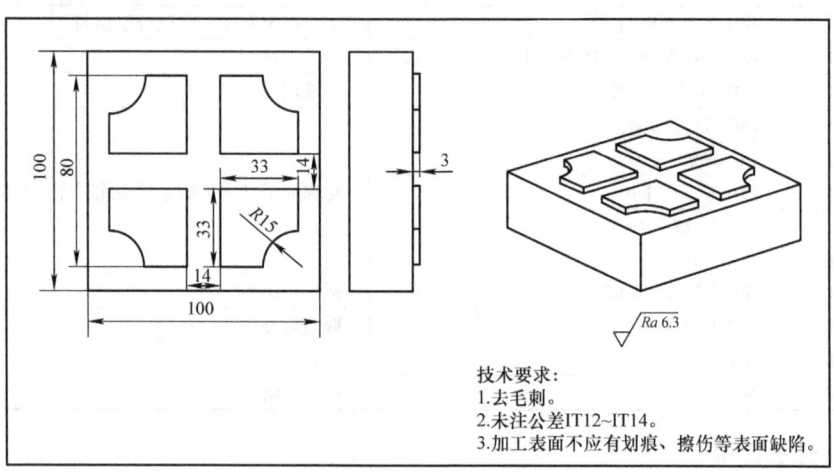

图 6-10 镜像类零件编程与加工零件图

2. 任务知识点

（1）镜像指令格式

G51.1 X_ Y_ Z_;

G50.1 X_ Y_ Z_;

说明：

G51.1：建立镜像；

G50.1：取消镜像；

X、Y、Z：镜像位置。

G51.1、G50.1 为模态指令，可相互注销，G50.1 为默认值。

（2）镜像指令应用　当工件相对于某一轴具有对称形状时，可以利用镜像功能和子程序，只对工件的一部分进行编程，而加工出工件的对称部分，这就是镜像功能。当某一轴的镜像有效时，该轴执行与编程方向相反的运动。镜像图形如图 6-11 所示。

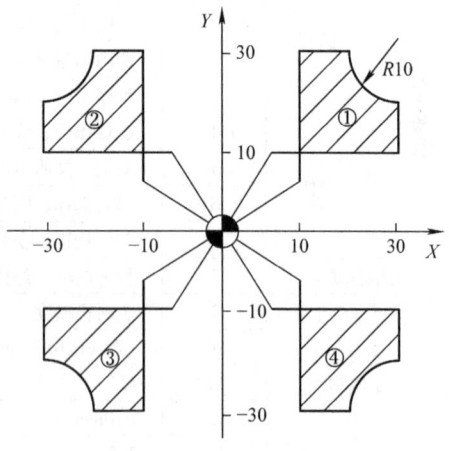

图 6-11 镜像图形

对图6-11所示的图形编程如下：

主程序：
O1；
G54 G40 G90 G0 Z100；
M3 S1000；
M98 P2；
G51.1 X0；
M98 P2；
G51.1 Y0；
M98 P2；
G50.1 X0；
M98 P2；
G50.1 Y0；
G0 Z100；
M30；

子程序：
O2；
G0 X0 Y0；
G0 Z5；
G1 Z-2 F100；
G91 G1 G41 X10 Y4 D1；
Y26；
X10；
G3 X10 Y-10 I10 J0；
G01 Y-10；
X-25；
G40 X-5 Y-10；
G90 G0 Z5；
M99；

3. 任务实施

(1) 工艺分析

1) 分析技术要求。加工如图6-10所示零件，加工相同的4个轮廓，这些轮廓绕着X/Y轴镜像，利用镜像指令完成加工并保证每个轮廓的尺寸和它们之间的位置。

2) 选择加工路线。采用相同的走刀路线，不用分粗加工、精加工，对零件进行镜像铣削加工，镜像指令走刀路线如图6-12所示，其工件上表面中心为工件坐标系原点，第一个凸台的起始点是（25，60），后面的4个凸台沿着X/Y轴镜像。

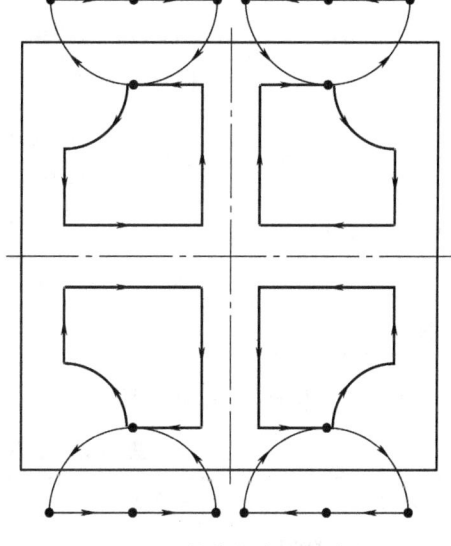

图6-12　镜像指令走刀路线

3) 确定装夹方法。毛坯为正方形，采用平口钳装夹，工件下面用等高块支承，用百分表进行找正，工件伸出钳口部分视零件而定并夹紧。

(2) 工具、量具、刀具选择　镜像类零件上表面加工工具、量具、刀具清单见表6-11。

表6-11 镜像类零件上表面加工工具、量具、刀具清单

种类	工具、量具、刀具				零件图号	图6-10
	序号	名称	规格尺寸/mm	分度值/mm	单位	数量
工具	1	平口钳	—	—	个	1
	2	扳手	—	—	把	1
	3	平行垫铁	—	—	副	1
	4	橡胶锤	—	—	个	1
量具	1	钢直尺	0~150	—	把	1
	2	游标卡尺	0~150	0.02	把	1
刀具	1	面铣刀	φ80mm		把	1
	2	立铣刀	φ10mm		把	1

(3) 加工工艺（见表6-12）

表6-12 镜像类零件加工工艺

数控加工工艺卡片			产品名称		零件名称		材料	零件图号
					镜像零件		2A12	图6-10
工序号	程序编号		夹具名称	夹具编号	使用设备			车间
1	O0603		平口钳		KDVM800LH			
工步号	工步内容	刀具号	刀具规格尺寸/mm	主轴转速/(r/min)	进给速度/(mm/min)		背吃刀量/mm	备注
1	铣上表面	T01	φ80	1500	200		0.5	
2	加工凸台	T02	φ10	1000	100		2	
编制			审核		批准		共 页	第 页

(4) 加工程序（见表6-13）

表6-13 镜像类零件加工程序

程序段号	程序格式	说明
	O0603	程序名
N10	G80 G40 G49 G90 G54;	程序初始化
N20	G91 G28 Z0;	抬刀
N30	T02 M06;	调用10mm刀
N40	G90 M03 S1000;	主轴正转
N50	G00 G43 Z20 H02;	调用长度补偿

(续)

程序段号	程序格式	说明
N60	M08;	切削液开
N70	M98 P0003;	调用子程序
N80	G51.1 X0;	Y轴镜像
N90	M98 P0003;	调用子程序
N100	G51.1 Y0;	X轴镜像
N110	M98 P0003;	调用子程序
N120	G51.1 X0Y0;	取消Y轴镜像
N130	M98 P0003;	调用子程序
N140	G50.1 Y0;	取消X轴镜像
N150	G50.1 X0;	取消Y轴镜像
N160	G00 Z100;	抬刀
N170	M09;	切削液关
N180	M05;	主轴停止
N190	M30;	程序结束
	O0003	子程序名
N10	G00 X25 Y60;	定位下刀点
N20	Z5;	快速下刀
N30	G01 Z-3 F60;	下到指定深度
N40	G01 G41 X5 D1 F100;	建立刀补
N50	G03 X25 Y40 R20;	圆弧切入
N60	G03 X40 Y25 R15;	轮廓加工
N70	G01 Y7;	
N80	X7;	
N90	Y40;	
N100	X25;	
N110	G03 X45 Y60 R20;	圆弧切出
N120	G01 G40 X25;	取消刀补
N130	G00 Z5;	抬刀
N140	M99;	子程序结束

4. 任务评价

镜像类零件加工评价见表6-14。

表 6-14 镜像类零件加工评价

组别			姓名		学号		
工件号			机床号		图号		
		任务三		镜像指令的应用			
		序号	检测内容		配分	自评	考核评分
基本检查	编程	1	切削工艺制定正确		5		
		2	切削用量选择合理		5		
		3	程序正确、简单、规范		5		
	操作	4	设备操作、维护正确		3		
		5	安全、文明生产		5		
		6	刀具选择、安装正确、规范		3		
		7	工件找正、安装正确、规范		4		
工作态度		8	行为规范、纪律表现		10		
尺寸检测		9	表面粗糙度		10		
			14mm（2处）		18		
			80mm（2处）		18		
			R15mm		7		
		10	3mm		7		
			综合得分		100		

6.4 宏指令编程

1. 任务分析

如图 6-13 所示，在 100mm × 100mm × 30mm 的工件上用盘铣刀铣削上表面，完成图示零件的加工，该零件 X 向半轴为 40mm，Y 向半轴为 30mm，高为 3mm 的椭圆凸台，完成加工刀具的选用、加工方法选择、程序编制等基本操作，达到图样的要求。

2. 任务知识点

（1）宏程序定义 常用的轮廓编程指令有直线插补指令和圆弧插补指令，有时候这些指令不能满足编程的需要，如椭圆、抛物线等轮廓的编制，需要借助宏指令来编写相应的程序，称为宏程序。宏程序是允许使用变量、算术和逻辑运算，以及条件转移来编制加工程序的编程指令系统。

（2）宏变量定义 普通加工程序直接使用数值指定的 G 代码和移动距离编程，例如：G01 X100；

宏变量是用户宏程序使用过程中数值直接给定或变量给定，例如：#1 = #2 +

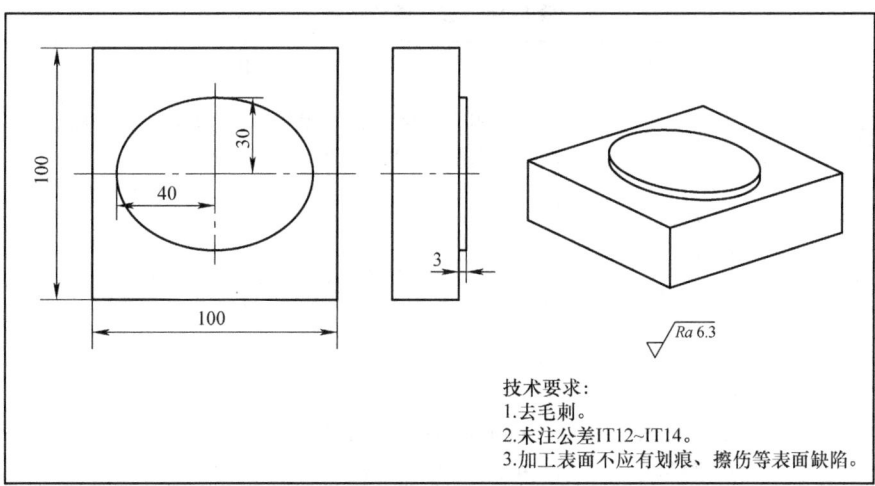

图6-13 镜像类零件编程与加工零件图

100；G01 X#1 F300；将#1 的数值赋值给 X。

以 FANUC-0i-MC 系统为例，介绍宏变量及常量的定义。

1）宏变量的表示。FANUC-0i-MC 系统变量一般以变量符合# + 变量号表示，例如：#5，#109 等；也可以是变量符号# + 表达式，例如：#【#1 + #2 - 12】，#【500/2】等，这里的表达式需要用括号括起来。

2）宏变量的种类。FANUC-0i-MC 系统变量有四种类型：空变量、局部变量、公共变量、系统变量，见表6-15。

表6-15 宏变量的种类

变量号	变量类型	用途
#0	空变量	该变量值永远为空，没有值能赋值该变量
#1 ~ #33	局部变量	局部变量只在本程序内起作用，同一个局部变量在不同的程序中，可以赋予不同的值，相互间互不影响。关闭电源时局部变量初始化为"空"，所以在使用局部变量时，必须在程序中赋初值
#100 ~ #199 #500 ~ #999	公共变量	公共变量在不同程序中的意义相同 #100 ~ #199 变量当断电时，变量初始化为空 #500 ~ #999 变量的数据即使断电也不丢失
#1000 以上	系统变量	系统变量是有固定用途的变量，每一个系统变量决定了系统的某一状态，通过系统变量用户可以了解和设置系统的状态。例如#5201 ~ #5203 对应的是 G54 中的 X、Y、Z 的坐标值

3）宏变量的运算。FANUC-0i-MC 系统变量的运算常见的有赋值运算、算术运算、函数运算、逻辑运算、BIN 和 BCD 的转换等，见表6-16。

表 6-16 宏变量的运算

功能	格式	注释
赋值运算	#i = 10	"#i = 10"是指将数值 10 赋值给 1 号变量，变量的赋值可以在程序中，也可以在 MDI 状态下进行
算术运算	#j = #i + 1 #i = #j – #k #i = #j * #k #i = #j/#k	+、–、*、/等算术运算对变量进行赋值
函数运算	#i = SIN[#j] #i = COS[#j] #i = TAN[#j] #i = ATAN[#j] #i = SQRT[#j] #i = ABS[#j] #i = ROUND[#j] #i = FIX[#j] #i = FUP[#j]	#i = SIN[#j]，正弦函数 #i = COS[#j]，余弦函数 #i = TAN[#j]，正切函数 #i = ATAN[#j]，反正切函数 #i = SQRT[#j]，平方根 #i = ABS[#j]，绝对值 #i = ROUND[#j]，进位 #i = FIX[#j]，下进位 #i = FUP[#j]，上进位
逻辑运算	#i = #jOR#k #i = #jXOR#k #i = #jAND#K	OR，或 XOR，异或 AND，与
BIN 和 BCD 的转换	#i = BIN[#j] #i = BCD[#j]	用于与 PMC 间信号的交换

（3）转移语句与循环语句 在宏程序中，可以使用转移语句或循环语句来改变程序的流向，常用的转移语句和循环语句有三种：

1）无条件转移语句：GOTO 语句；

2）条件转移语句：IF 语句；

3）循环语句：WHILE 语句。

转移语句与循环语句见表 6-17。

表 6-17 转移语句与循环语句

功能	格式	注释
无条件转移	GOTO N;	N 表示程序段号，该语句表示当程序运行到此程序段，立即转移至标有程序段号 N 的程序段
条件转移	IF（逻辑运算） GOTO N;	N 表示程序段号，IF 后面的（逻辑运算）成立，立即转移至标有程序段号 N 的程序段

(续)

功能	格式	注释
循环语句	WHILE（条件表达式）DOm（m 只能取 1, 2, 3）； ENDm；	当 WHILE（条件表达式）满足时，执行 DO 到 END 之间的程序，否则执行 END 后的程序段

3. 任务实施

（1）工艺分析

1）分析技术要求。如图 6-14 所示，零件上加工椭圆凸台，椭圆的参数方程是：$X = A\mathrm{COS}\theta$，$Y = B\mathrm{SIN}\theta$，其中 A 是 X 轴的半径，B 是 Y 轴的半径。从 P_1 点下刀，其他点通过数学计算和变量得到。

2）宏变量设定。根据椭圆的参数方程，确定角度的变量为#1，本程序加工路径为顺时针方向，设定#1 的初始值为 360°，依次递减，即#1 = #1 − 1。则椭圆上点的 X，Y 坐标以#2 和#3 表示。

#2 = 40 ∗ COS[#1]

#3 = 30 ∗ SIN[#1]

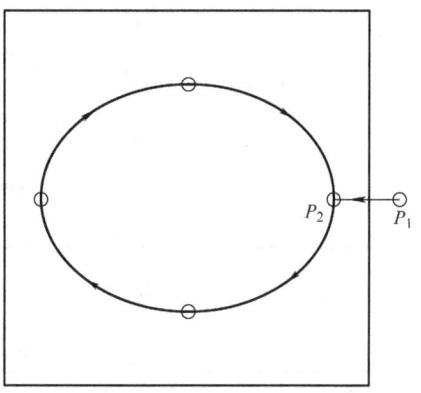

图 6-14 椭圆尺寸基点

3）确定装夹方法。工件毛坯为正方形，采用平口钳装夹，工件下面用等高垫块支承，用百分表进行找正，工件伸出钳口 10mm 左右并夹紧。

（2）工具、量具、刀具选择 椭圆凸台类零件上表面加工工具、量具、刀具清单见表 6-18。

表 6-18 椭圆凸台类零件上表面加工工具、量具、刀具清单

种类	工具、量具、刀具				零件图号	图 6-13	
	序号	名称	规格尺寸/mm	分度值/mm		单位	数量
工具	1	平口钳	—	—		个	1
	2	扳手	—	—		把	1
	3	平行垫铁	—	—		副	1
	4	橡胶锤	—	—		个	1
量具	1	钢直尺	0 ~ 150			把	1
	2	游标卡尺	0 ~ 150	0.02		把	1
刀具	1	面铣刀	φ80			把	1
	2	立铣刀	φ10			把	1

(3) 加工工艺（见表6-19）

表6-19 椭圆凸台类零件加工工艺

数控加工工艺卡片			产品名称		零件名称	材料	零件图号
					椭圆凸台零件	2A12	图6-13
工序号	程序编号	夹具名称	夹具编号		使用设备		车间
1	O0604	平口钳			KDVM800LH		
工步号	工步内容	刀具号	刀具规格尺寸/mm	主轴转速/(r/min)	进给速度/(mm/min)	背吃刀量/mm	备注
1	铣上表面	T01	ϕ80	1500	200	0.5	
2	加工凸台	T02	ϕ10	1000	100	2	
编制		审核		批准		共　页	第　页

(4) 加工程序（见表6-20）

表6-20 椭圆凸台类零件加工程序

程序段号	程序格式	说明
	O0604	
N10	G80 G40 G49 G90 G54;	程序初始化
N20	G91 G28 Z0;	抬刀
N30	T02 M06;	换10mm 刀
N40	G90 G00 X80 Y0 M03 S1000;	定位，主轴正转
N50	G00 G43 Z20 H02;	调用2号刀长度补偿
N60	M08 Z5;	切削液开，Z向安全高度5mm
N70	G01 Z-3 F100;	下刀3mm
N80	#1 = 360;	赋值
N90	WHILE [#1 GE 0] Do 1;	椭圆加工循环
N100	#2 = 40 * COS [#1];	
N110	#3 = 30 * SIN [#1];	
N120	G41 G01 X#2 Y#3 F50 D02;	
N130	#1 = #1 - 1;	
N140	END 1;	当达到条件#1 GE 0 退出循环
N150	G40 G01 X80 Y0;	退刀
N160	G00 Z100;	抬刀
N170	M09;	切削液开
N180	M05;	主轴停止
N190	M30;	程序结束

4. 任务评价

椭圆凸台类零件加工评价见表6-21。

表 6-21 椭圆凸台类零件加工评价

组别		姓名		学号		
工件号		机床号		图号		
任务四			宏指令编程			
基本检查		序号	检测内容	配分	自评	考核评分
	编程	1	切削工艺制定正确	5		
		2	切削用量选择合理	5		
		3	程序正确、简单、规范	5		
	操作	4	设备操作、维护正确	3		
		5	安全、文明生产	5		
		6	刀具选择、安装正确、规范	3		
		7	工件找正、安装正确、规范	4		
工作态度		8	行为规范、纪律表现	10		
尺寸检测		9	表面粗糙度	10		
		10	40mm	10		
		11	30mm	20		
		12	3mm	10		
		13	椭圆形状	10		
		综合得分		100		

思考与练习

1）图 6-15 所示三凸台零件的材料为 2A12，毛坯尺寸为 100mm×100mm×30mm。根据所学的子程序知识完成该零件的编程和加工。

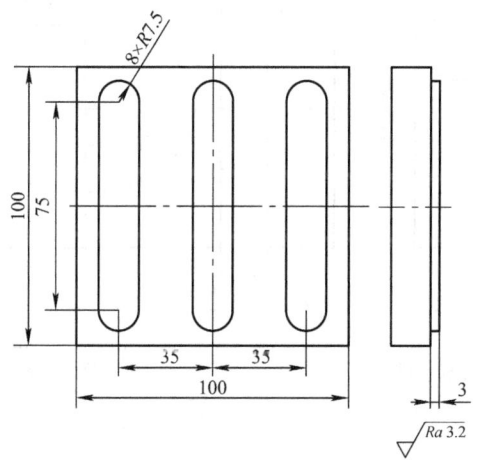

图 6-15 三凸台零件

2) 图 6-16 所示旋转件的材料为 2A12，毛坯尺寸为 80mm×80mm×30mm。请完成该零件的编程和中间 20mm×30mm 长方形内腔的加工。

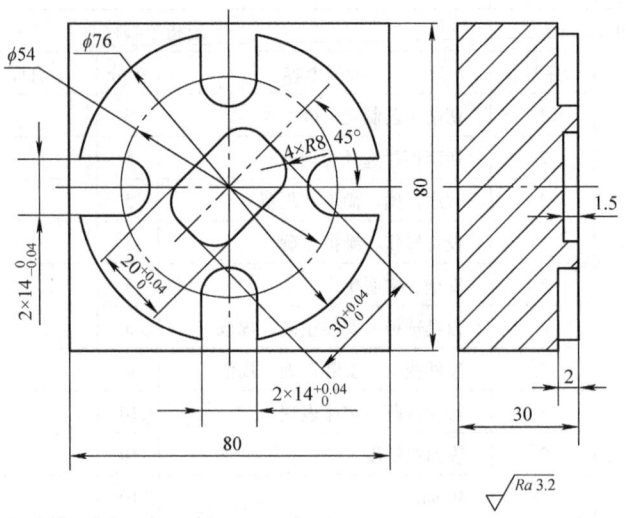

图 6-16 旋转件

3) 图 6-17 所示镜像零件的材料为 2A12，毛坯尺寸为 100mm×100mm×30mm。请利用镜像指令完成该零件的编程和加工。

4) 图 6-18 所示马蹄形零件的材料为 2A12，毛坯尺寸为 100mm×100mm×30mm。请利用宏指令完成该零件的编程和加工。

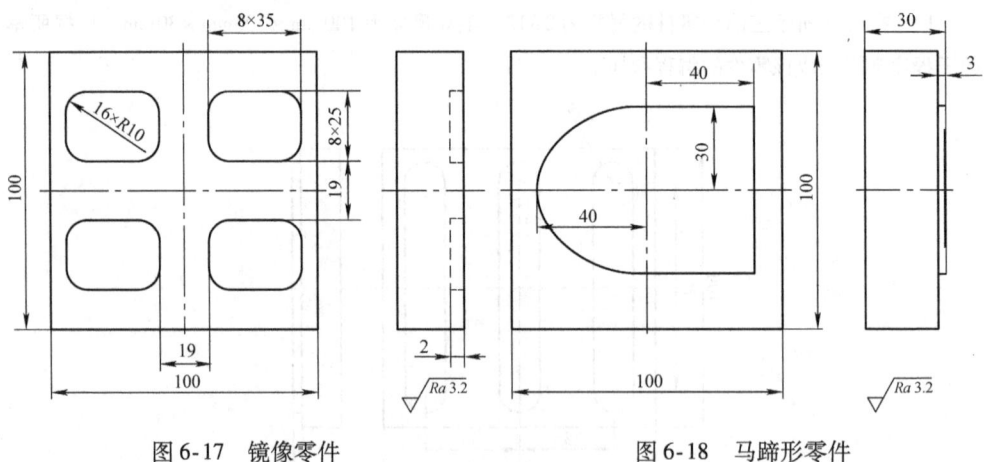

图 6-17 镜像零件　　　　　图 6-18 马蹄形零件

第7章 CAM 在数控铣削上的应用

学习目标

1）熟悉常见 CAM 软件的功能与适用场景。
2）熟悉 UG 软件数控铣削模块的界面与功能布局。
3）掌握 UG 软件自动编程的核心方法。
4）能独立完成典型零件的 UG 编程与后处理。
5）能结合工艺需求优化刀具路径与加工策略。

导入案例

随着现代加工业的发展，在实际生产过程中，比较复杂的二维零件、具有曲线轮廓和三维复杂零件越来越多，手工编程已满足不了实际生产的要求，见图 7-1 所示。如何在较短的时间内编制出高效、快速、合格的加工程序，在这种需求推动下，数控自动编程得到了很大的发展。随着微电子技术和 CAD 技术的发展，自动编程系统已逐渐过渡到以图形交互为基础，与 CAD 相集成的 CAD/CAM 一体化的编程方法，本章以 Siemens PLM Software 公司推出 NX10.0 为例，以图 7-1 和图 7-2 为例，探索 CAM 自动编程的核心方法。

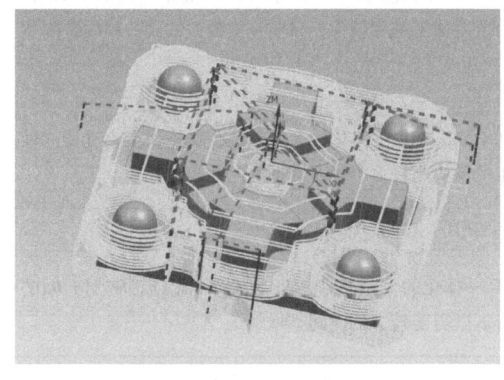

图 7-1　带 R6 球面零件

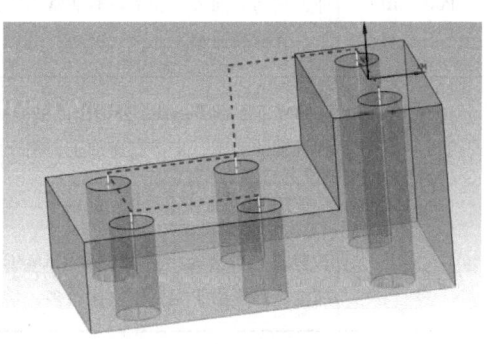

图 7-2　多孔类零件

7.1 CAM 自动编程简介

目前,商品化的 CAD/CAM 软件比较多,应用情况也各有不同。常用的 CAM 编程软件见表 7-1。

表 7-1 常用的 CAM 编程软件

软件名称	基本情况
CAXA	它是国内北航海尔软件有限公司出品的数控加工软件,和 UG、MasterCAM 等知名软件相比,功能上稍差一些,但价格便宜,国内高校大赛使用较多。更多内容请查 http://caxa.com/caxa/56.html
MasterCAM	美国 CNCSoftware,INC 开发的 CAD/CAM 系统,是最早在计算机上开发应用的 CAD/CAM 软件,用户数量最多,许多学校都广泛使用此软件来作为机械制造及 NC 程序编制的范例软件。更多内容请查 http://www.mastercam.com.cn/#/Mastercam2025
Unigraphics (UG)	美国 EDS 公司出品的 CAD/CAM/CAE 一体化的大型软件,功能强大,在大型软件中,加工能力最强,支持三轴到五轴的加工,由于相关模块比较多,需要较多的时间来学习掌握。更多内容请查 https://plm.sw.siemens.com/en-US/nx/
Ideas	美国 EDS 公司出品的 CAD/CAM/CAE 一体化的大型软件,由于目前与 UG 软件在功能方面有较多重复,EDS 公司准备将 Ideas 的优点融合到 UG 中,让两个软件合并成为一个功能更强的软件
Cimatron	以色列的 CIMATRON 公司出品的 CAD/CAM 集成软件,相对于前面的大型软件来说,是一个中端的专业加工软件,支持三轴到五轴的加工,支持高速加工,在模具行业应用广泛
PowerMILL	英国的 Delcam Plc 出品的专业 CAM 软件,是目前唯一一个与 CAD 系统相分离的 CAM 软件,其功能强大,加工策略非常丰富的数控加工编程软件,目前,支持 3 轴到 5 轴的铣削加工,支持高速加工
CATIA	IBM 下属的 Dassault 公司出品的 CAD/CAM/CAE 一体化的大型软件,功能强大,支持三轴到五轴的加工,支持高速加工,由于相关模块比较多,学习掌握的时间也较长
EdgeCAM	英国 Pathtrace 公司开发的一个中端的 CAD/CAM 系统
Pro/Engineer	美国 PTC 公司出品的 CAD/CAM/CAE 一体化的大型软件,功能强大,支持三轴到五轴的加工,同样由于相关模块比较多,学习掌握需要较多的时间

其中 Unigraphics(通常简称为 UG)是一款由 Siemens Digital Industries Software(原 UGS)开发的高级计算机辅助设计(CAD)、计算机辅助工程(CAE)和计算

机辅助制造（CAM）软件套件。它广泛应用于各行各业，尤其在航空航天、汽车、工业设备和消费电子等领域具有重要地位。Unigraphics 提供了一个强大的平台，用于产品设计、建模、工程分析、制造规划和生产管理。

Unigraphics 是一款多功能、集成化的工程软件，它涵盖了 CAD、CAM 和 CAE 三大领域，具体功能如下：

1. 计算机辅助设计（CAD）

三维建模与草图绘制：UG 提供强大的三维建模功能，支持实体建模、曲面建模、自由形状建模等。

参数化建模：通过参数化技术，可以快速修改和调整设计，适用于复杂产品的快速迭代。

装配设计：支持大规模装配的设计和管理，包括自动干涉检查、装配结构优化等。

钣金设计：专门的钣金模块可以进行钣金部件的设计与展开，优化生产工艺。

2. 计算机辅助工程（CAE）

有限元分析（FEA）：可以进行静力学、动力学、热学等分析，支持线性与非线性分析、模态分析、热传导分析等。

优化分析：通过优化工具，可以优化结构设计，提高性能，降低重量和成本。

运动分析：提供多体动力学分析和运动仿真，用于测试产品在实际使用中的行为和性能。

流体力学分析：可以进行 CFD（计算流体动力学）分析，模拟流体行为、热传导、流场等。

3. 计算机辅助制造（CAM）

数控加工：UG 支持自动化的 CNC 编程，包括 2.5 维、三维和 5 轴数控加工路径的生成。

刀具路径优化：通过高效的刀具路径生成和优化技术，缩短加工时间并提高加工精度。

逆向工程：通过对扫描数据进行处理，生成可用的制造模型和刀具路径。

4. 数据管理与协作

产品生命周期管理（PLM）：UG 可以与 Siemens 的 PLM 系统（如 Teamcenter）无缝集成，帮助管理设计文档、版本控制、协作和工作流程。

跨部门协作：支持设计团队、工程师、制造团队等多部门的协作，实时共享设计数据和工艺信息。

5. 仿真与虚拟验证

虚拟装配和验证：支持虚拟装配测试和设计验证，帮助识别设计中的潜在问题。

运动仿真与力学分析：进行部件和系统的运动仿真，评估其工作性能和稳定性。

Unigraphics 最初由 McDonnell Douglas 和 General Electric 于 20 世纪 70 年代联合开发，作为一种用于航空航天行业的设计软件。20 世纪 80 年代末，Unigraphics 成为独立公司 UGS 的一部分。2007 年，UGS 被西门子收购，并更名为 Siemens PLM Software，Unigraphics 也从原来的独立软件套件逐步发展为 Siemens NX（即现在的 NX 软件）。

随着 Siemens 的收购和产品升级，Unigraphics 被重新命名为 NX（也就是 Siemens NX）。NX 继续在原有的基础上发展，加入了更多先进的功能，如增强的协同设计工具、云计算支持、人工智能辅助设计等。

本章节使用的是 Unigraphics（现在的 NX10.0 版本）是一个高度集成化的设计与制造软件，能够帮助企业在整个产品生命周期中从概念设计到生产制造进行高效的协作、优化和验证。

在本章节的学习中，需要掌握并充分利用 CAD/CAM 软件，可以帮助我们将微型计算机与 CNC 机床组成面向加工的系统，大大提高设计效率和质量，缩短编程时间，充分发挥数控机床的优越性，提高整体生产制造水平。

UG 的操作步骤可归纳如下。

第一步，理解零件图样或其他的模型数据，确定加工内容。

第二步，确定加工工艺（装卡、刀具、毛坯情况等），根据工艺确定刀具原点位置（即用户坐标系）。

第三步，利用 CAD 功能建立加工模型或通过数据接口读入已有的 CAD 模型数据文件，并根据编程需要，进行适当的删减与增补。

第四步，选择合适的加工策略，CAM 软件根据前面提供的信息，自动生成刀具轨迹。

第五步，进行加工仿真或刀具路径模拟，以确认加工结果和刀具路径与我们设想的一致。

第六步，通过与加工机床相对应的后置处理文件，CAM 软件将刀具路径转换成加工代码。

第七步，将加工代码（G 代码）传输到加工机床上，完成零件加工。

7.2 针对球面零件的 UG 软件自动编程与加工

1. 任务分析

如图 7-3 所示，在 80mm×80mm×20mm 的工件毛坯上完成图示零件的加工，完成加工刀具的选用、加工方法选择、程序编制等基本操作，要求内轮廓表面光亮。

2. 任务知识点

（1）UG 草图绘制　UG 软件草图绘制界面如图 7-4 所示。在主界面中单击菜单—插入—在任务环境中绘制草图—选择 XY 平面—确定，通过草图里面的绘图命令及相关约束完成草图绘制及草图完全约束。

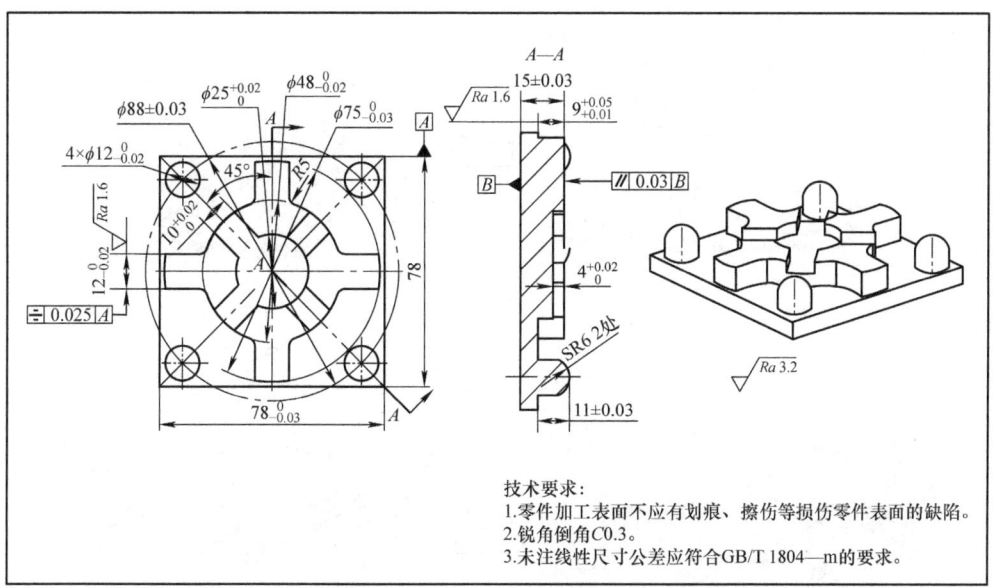

图 7-3　针对球面零件的 UG 软件自动编程与加工零件图

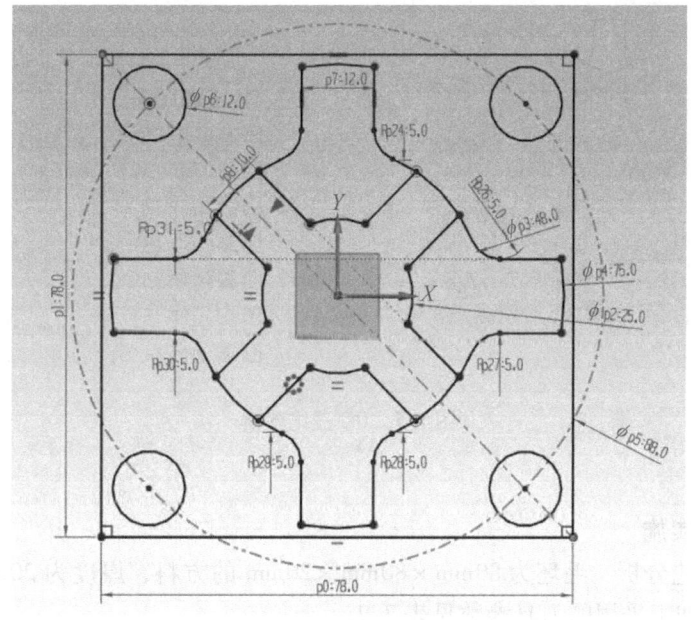

图 7-4　UG 软件草图绘制界面

（2）UG 三维建模　UG 三维建模如图 7-5 所示。单击菜单栏的拉伸命令弹出对话框，选择边倒圆命令将上面的草图设计成三维模型（具体的在计算机辅助设计等三维建模课程会详细介绍）。

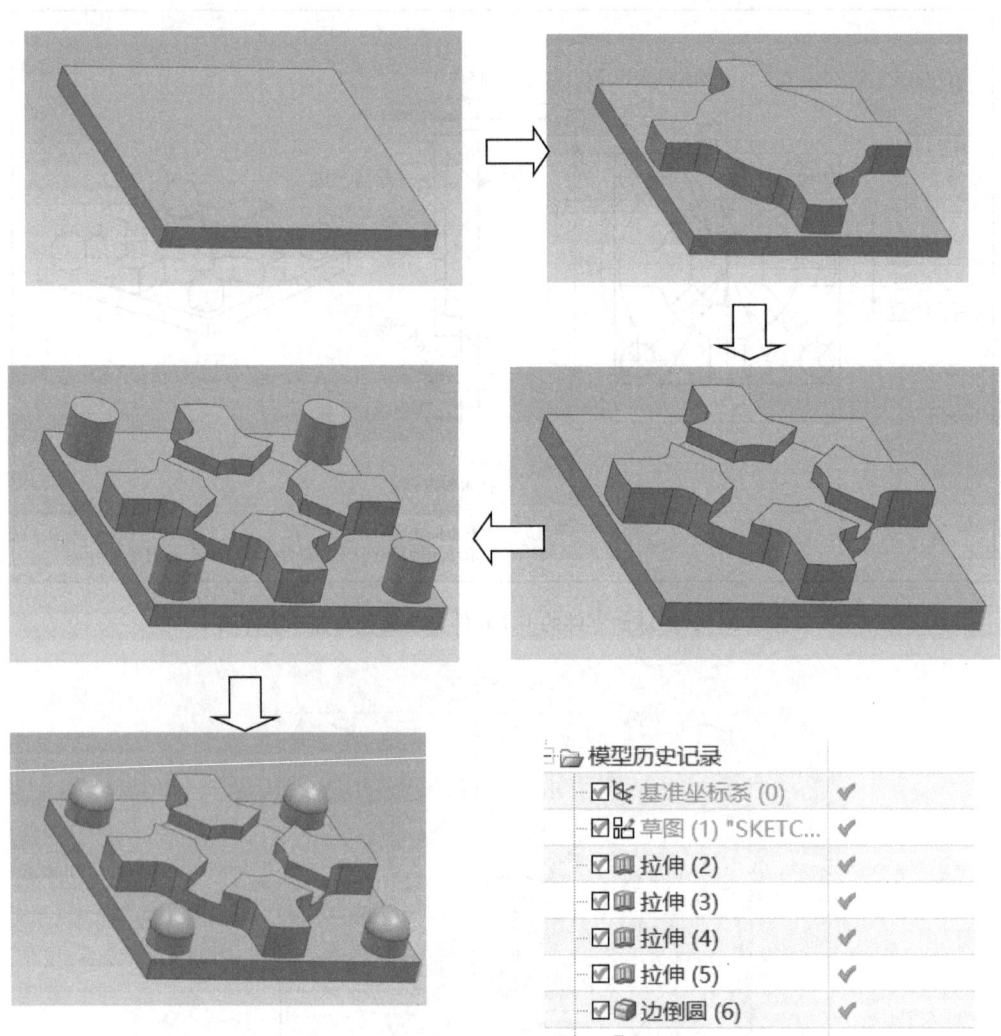

图 7-5　UG 三维建模

3. 任务实施

（1）工艺分析　毛坯为 80mm×80mm×20mm 的方料，厚度为 20mm，零件材料为铝材。加工采用的刀具参数见表 7-2。

表7-2 加工采用的刀具参数

刀具号码	刀具名称	刀具材料	刀具规格尺寸/mm	零件材料为铝材		备注
				转速/(r/min)	进给速度/(mm/min)	
T1	立铣刀	高速钢	$\phi 20$	3000	1500	铣平面
T2	立铣刀	高速钢	$\phi 12$	4000	1500	外部轮廓开粗
T3	立铣刀	高速钢	$\phi 8$	4500	1200	十字槽开粗
T4	立铣刀	高速钢	$\phi 8$	5000	1000	轮廓精加工
T5	球刀	高速钢	$\phi 6R3$	5000	800	球面精加工

（2）选择加工路线　根据零件图安排的加工路线是铣毛坯上平面→开粗铣轮廓→开粗铣十字槽→侧面精铣→铣球面 $R6$→去毛刺→检测。UG 加工路线如图7-6所示。

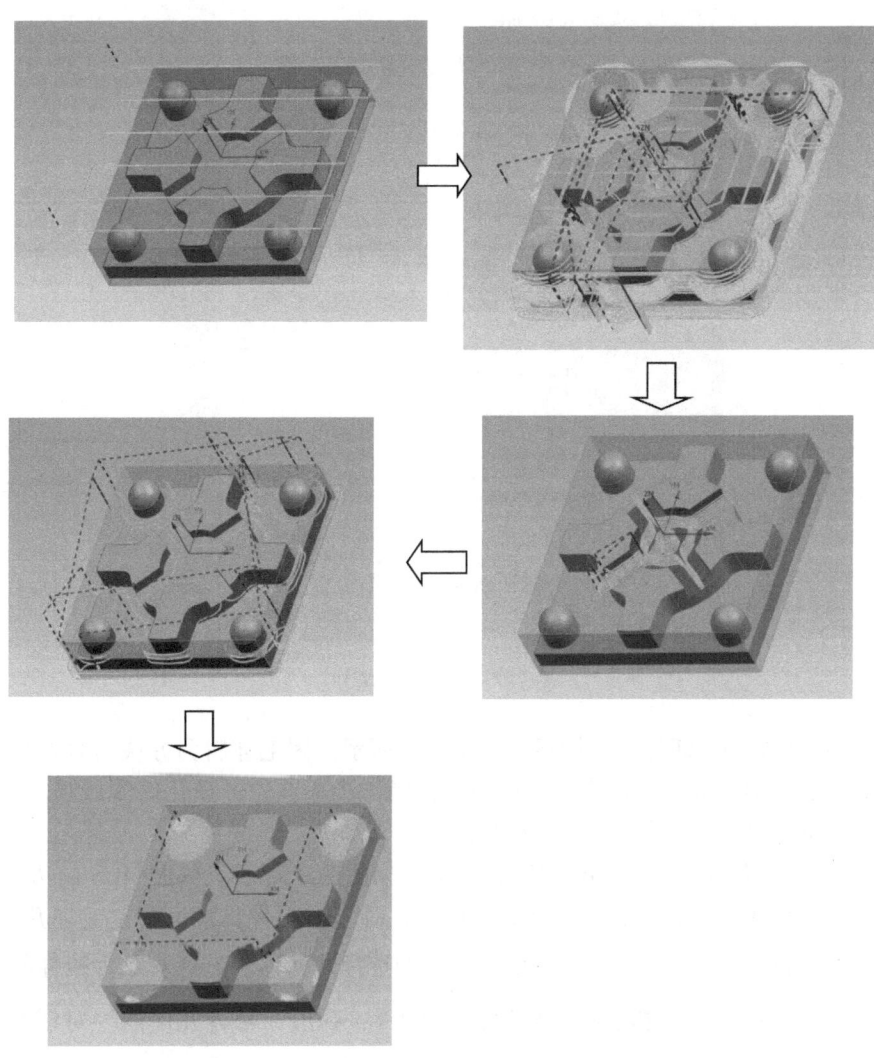

图7-6　UG加工路线

(3) UG 软件实操过程

1) 选择加工模块,确定进入加工模块,如图 7-7 所示。

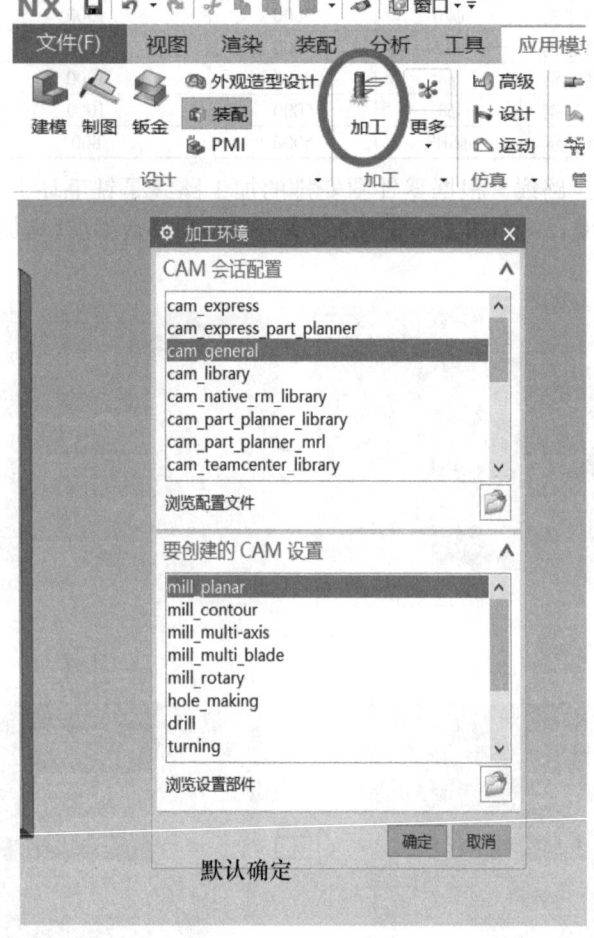

图 7-7 选择加工模块

2) 创建 MCS,即加工坐标系,如图 7-8 所示。因毛坯料为方块,对刀采用左右前后四面分中,故中心点应设置在中心,操作步骤首先选择几何体,双击 MCS_MILL,指定 MCS 坐标系,自动判断中心。

3) 指定几何体,即 WORKPIECE 指定,如图 7-9 所示。单击 MCS 前边"+"号,弹出 WORKPIECE 栏,双击 WORKPIECE 跳转至工件界面。指定毛坯几何体,单击 ,弹出"毛坯几何体"对话框,类型选择几何体,选择对象为拉伸的毛坯实体,单击"确定"按钮。指定部件,单击 ,弹出"部件几何体"对话框,选择对象为要加工的工件。指定完成后可以发现右边的手电筒图标由灰色变为了可选

第 7 章　CAM 在数控铣削上的应用

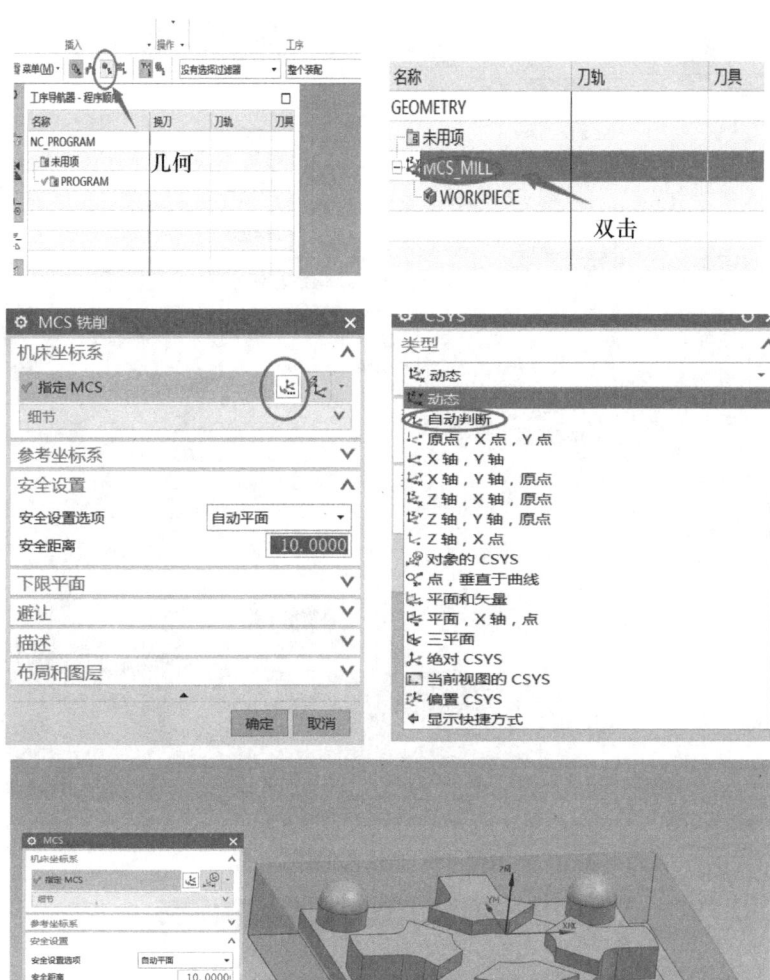

图 7-8　创建 MCS 坐标

中状态,可以通过单击它查看指定的部件是否正确。

4) 创建铣平面工序。将光标移动到 WORKPIECE 上方右击弹出对话框,然后将光标移动至"插入"扩展出"工序",单击"工序",弹出"创建工序"对话框,如图 7-10 所示。类型选择"mill_planar",工序子类型选择第一个图标"底壁加工",单击"确定"按钮。单击"几何体"对话框,将 WORKPIECE 切换为 MCS,因为第一道工序是加工毛坯的顶面,所以这里的部件几何体发生什么变化,需要重新去指定。指定部件为拉伸的毛坯几何体。单击指定切削区后方图标,切削区域选择毛坯顶面,单击"确定"按钮,如图 7-11 所示。

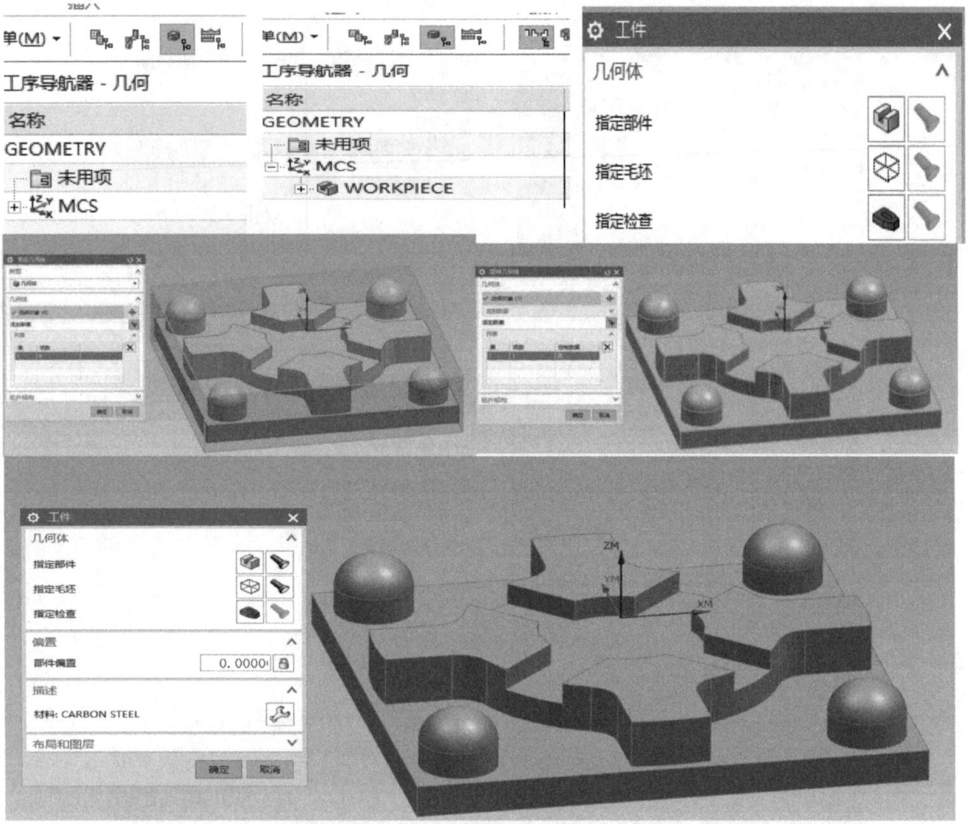

图 7-9　指定几何体

图 7-10　创建工序

第7章 CAM在数控铣削上的应用

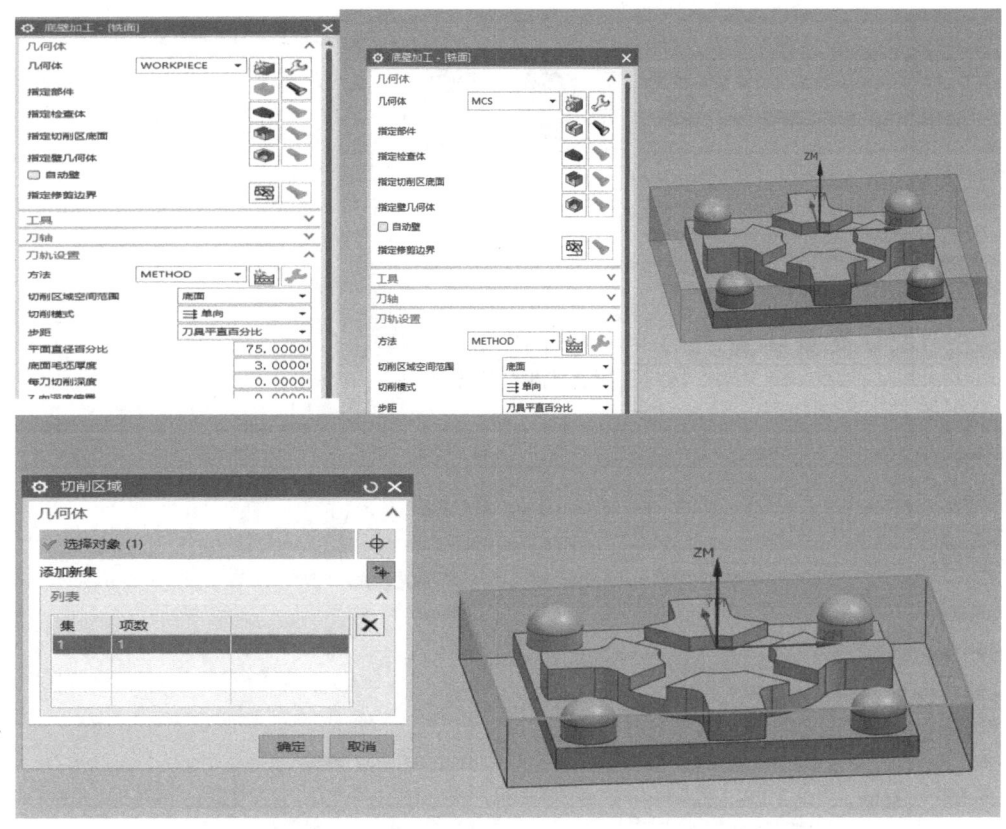

图7-11 设置毛坯边界

5）创建铣平面刀具。鼠标移动至工具项，单击"新建"跳转至"新建刀具"对话框，具体操作步骤及要点如图7-12所示。切削模式设置为往复，非切削移动开放区域进刀类型设置为线性，进给率和速度栏设置如图所示，最后单击"生成"，生成所需的加工刀路。

6）创建外轮廓开粗工序。将光标移动到WORKPIECE上方右击弹出如下对话框，然后将光标移动至"插入"扩展出"工序"，单击"工序"，弹出创建工序对话框。类型选择"mill_contour"，工序子类型选择第一个图标"型腔铣"，名称处可以输入备注，例如"开粗"便于区分工序步骤，单击"确定"按钮，如图7-13所示。

7）创建外轮廓开粗刀具。切削模式默认跟随部件，后期根据实际情况可进行更改。步距选用刀具平直百分比，根据刀具的材质及材料的不同去给合理的数值，一般在50%~75%之间。我们这里用65%。公共每刀切削深度选择恒定，最大距离这里指的就是Z轴每次下切的深度值，输入1，如图7-14所示。切削层设置，单击"切削层图标"，弹出"切削层"对话框，单击"列表"，选择最后一层，这

165

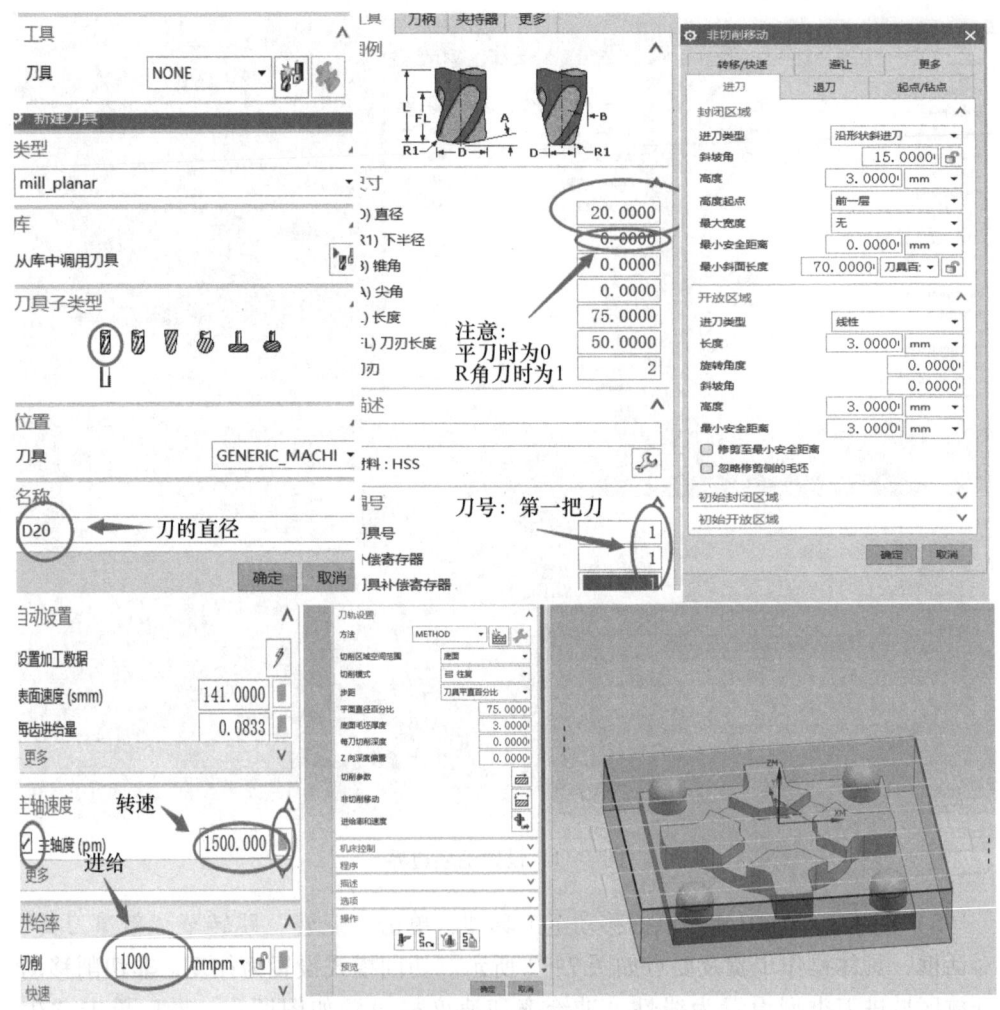

图7-12 创建平面工序刀具

里的深度是整个毛坯的深度,需要修改为部件的高度(为了下一步工序,会加工深一点),在范围深度栏输入17.5,单击"确定"按钮,如图7-15所示,留余量。单击"切削参数"图标,弹出对话框,选择"余量",默认"使底面余量与侧面余量一致"项是勾选的。这里根据图样公差要求留侧面余量就可以了,把勾选去掉,在部件侧面余量项输入0.5,单击"确定"按钮,如图7-16所示。切削参数设置。这里需要生成一下刀路,单击操作栏的第一个图标生成刀路。再次单击切削参数,选择策略,将切削顺序由层优先改为深度优先,刀路方向改为向内,岛清根项勾选。单击"确定"按钮。单击操作项第一个图标生成刀路,抬刀比较多且刀路较凌乱。通过调整切削模式进行刀路优化,将切削模式由跟随部件改为跟随周边,再次单击"生成",如图7-17所示。

第 7 章 CAM 在数控铣削上的应用

图 7-13 外轮廓开粗

图 7-14 创建外轮廓开粗刀具

图 7-15 切削层设置

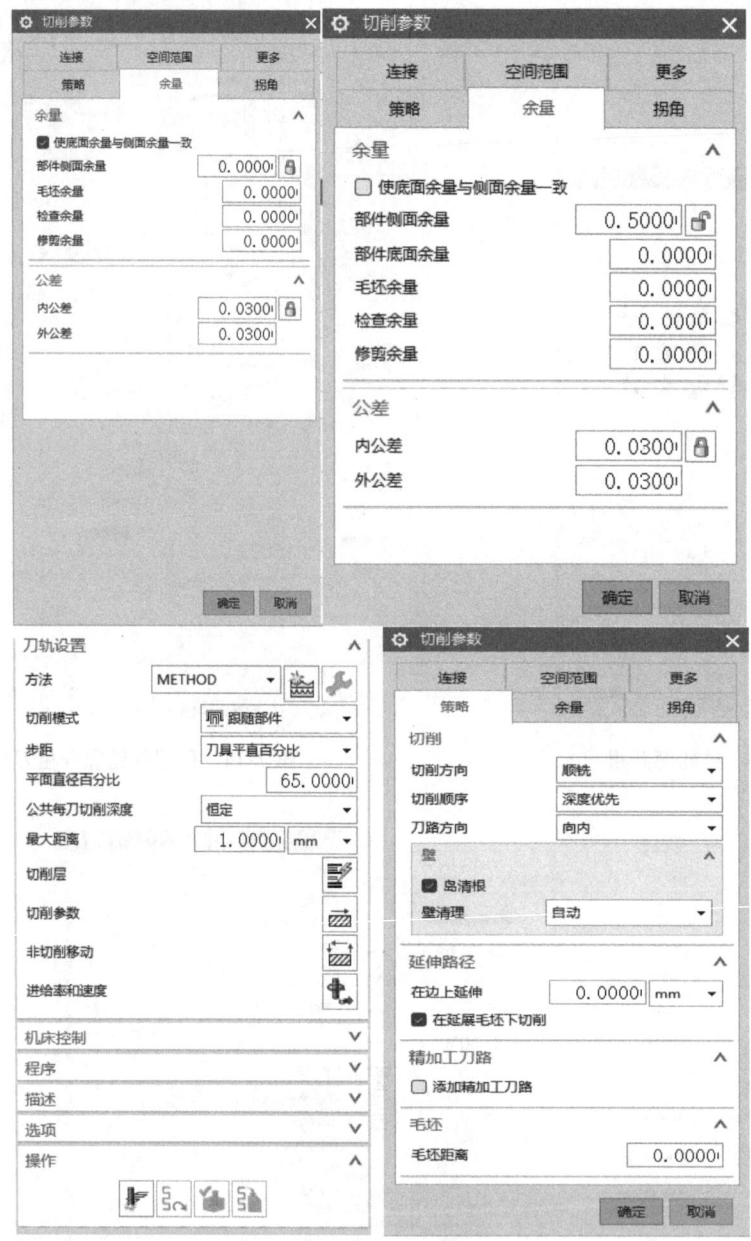

图 7-16 留侧面余量

8）创建十字槽开粗工序。鼠标光标移动至开粗工序上右击—选择复制—再次右击—粘贴。双击打开粘贴的程序，单击"指定切削区域"图标，弹出"切削区域"对话框，选择中间十字槽所有的面，单击"确定"按钮，如图 7-18 所示。单击"进给率和速度"图标，把转速改为 4500，单击"计算器图标"重新计算，完

第 7 章　CAM 在数控铣削上的应用

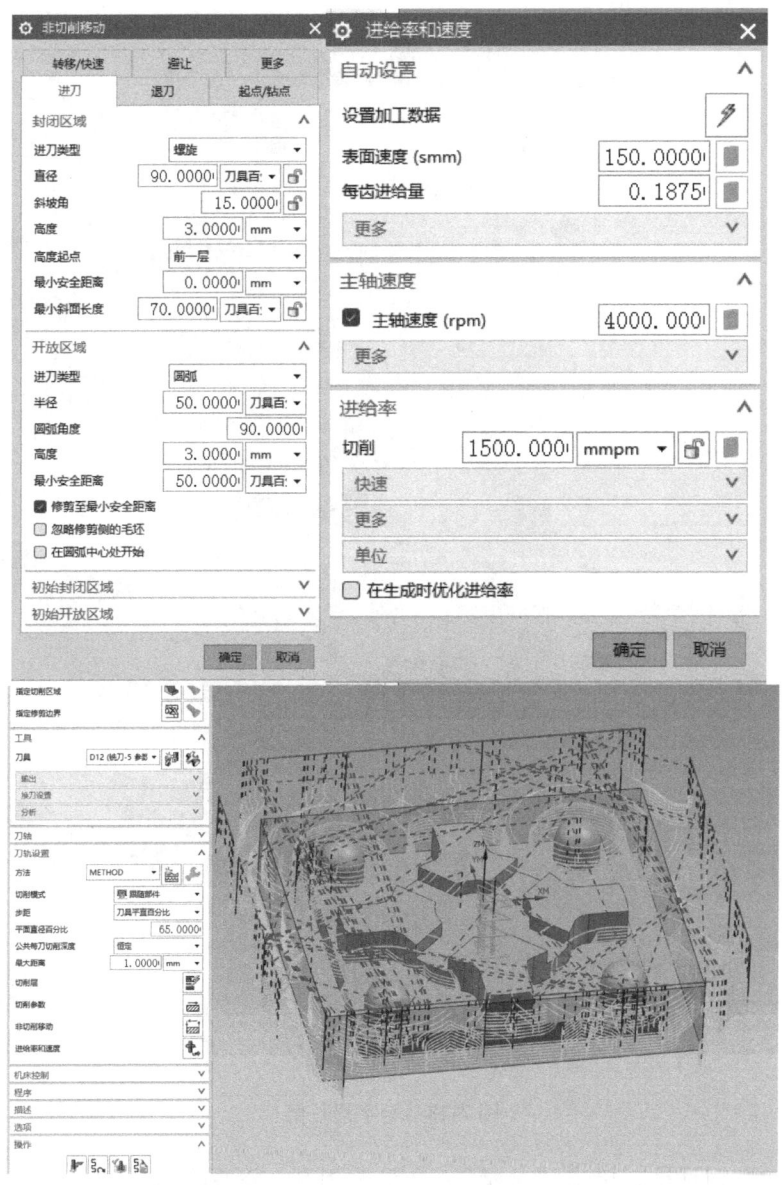

图 7-17　外轮廓开粗

成单击"确定"按钮。单击操作栏第一个图标,生成刀路。

9)创建侧面精加工工序。光标移动至 WORKPIECE 上右击"插入工序",类型选择 mill_contour,工序子类型选择"深度轮廓加工",单击"确定"按钮。鼠标单击"指定切削区域"图标,弹出对话框,选择对象这里选中所有需要精加工的侧面,注意不要漏选,如图 7-19 所示。工具刀具可以直接选用前面创建的直径为 8mm 的立铣刀。Z 轴下刀量这里设为 5mm。鼠标光标移动至"切削参数",打开

169

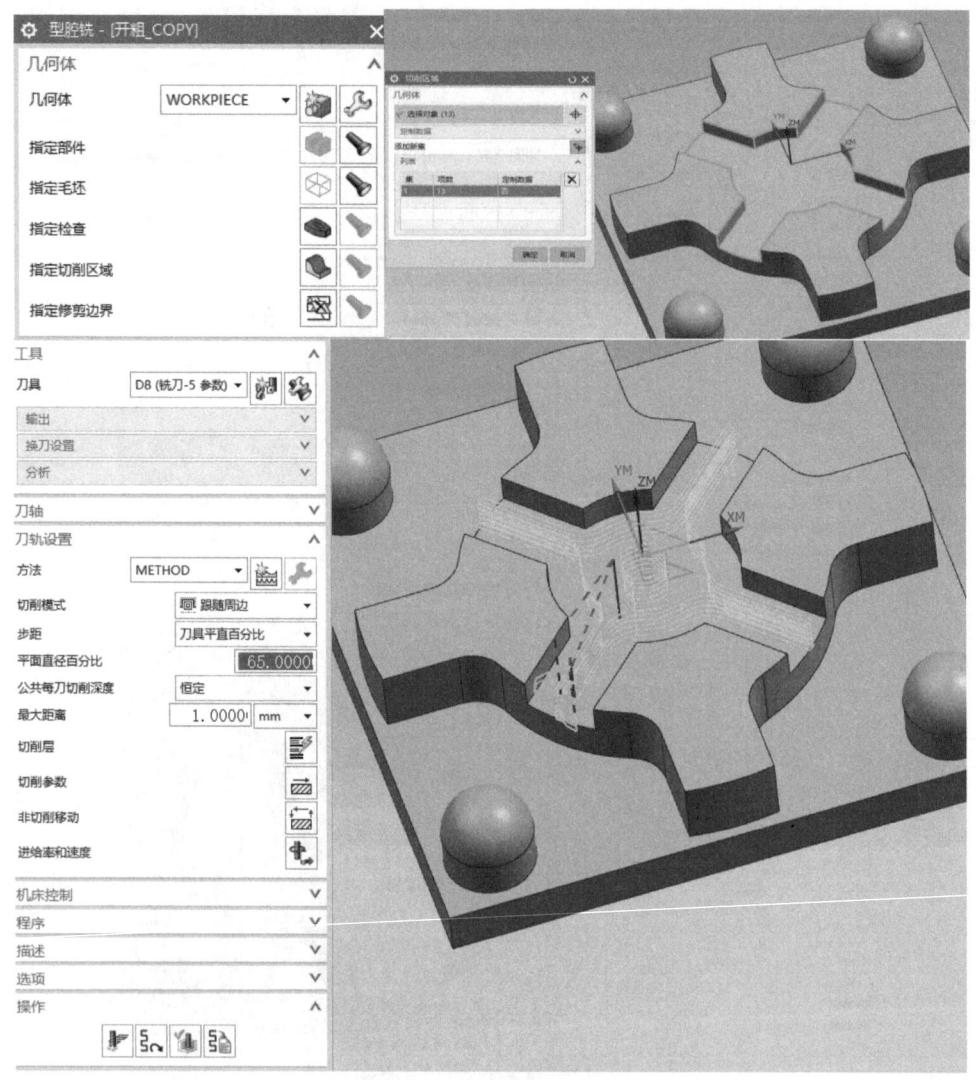

图 7-18 十字槽开粗

"切削参数"对话框,单击"余量"。余量改为 0,公差改为 0.01,单击"确定"按钮。打开"进给率和速度"对话框,主轴速度输入 5000r/min,进给率输入 800mm/min,单击"计算器",完成单击"确定"按钮,如图 7-20 所示。

10)切削层设置。通过检查发现有的地方刀路没有,有的地方刀路不对,需要对切削层进行修改,操作方法如下:打开切削层对话框—打开列表—添加新集—选择需要修改的面—每刀切削深度输入该层范围深度的倍数—单击"确定"按钮重新生成刀路,如图 7-21 所示。

11)创建球面精加工工序。光标移动至 WORKPIECE 上右击"插入工序",类

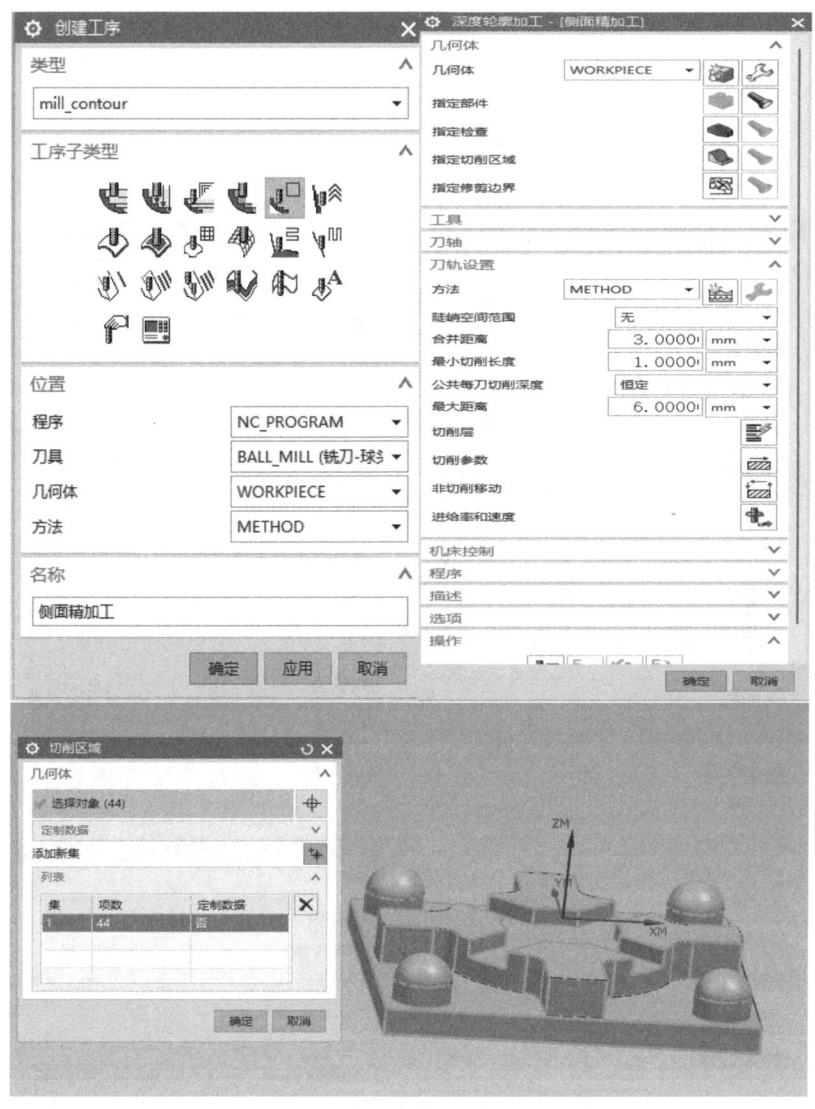

图 7-19 创建侧面精加工

型选择 mill_contour,工序子类型选择"固定轮廓铣",单击"确定"按钮。鼠标单击"指定切削区域"图标,弹出对话框,选择对象这里选中所有需要精加工的球面,注意不要漏选,如图 7-22 所示。创建刀具,新建刀具——球刀。直径为 6mm,半径为 3mm,刀具号为 4,如图 7-23 所示。驱动方法选择区域铣削,单击"后方黄色扳手图标"弹出对话框,切削模式——跟随周边,刀路方向——向内,切削方向——逆铣,步距——恒定,最大距离设为 0.1mm(步距越小面越光滑)。步距已应用——在部件上(曲面尽量选用在部件上)。进给率和速度设置完成,单击"确定"按钮,生成刀路,如图 7-24 所示。

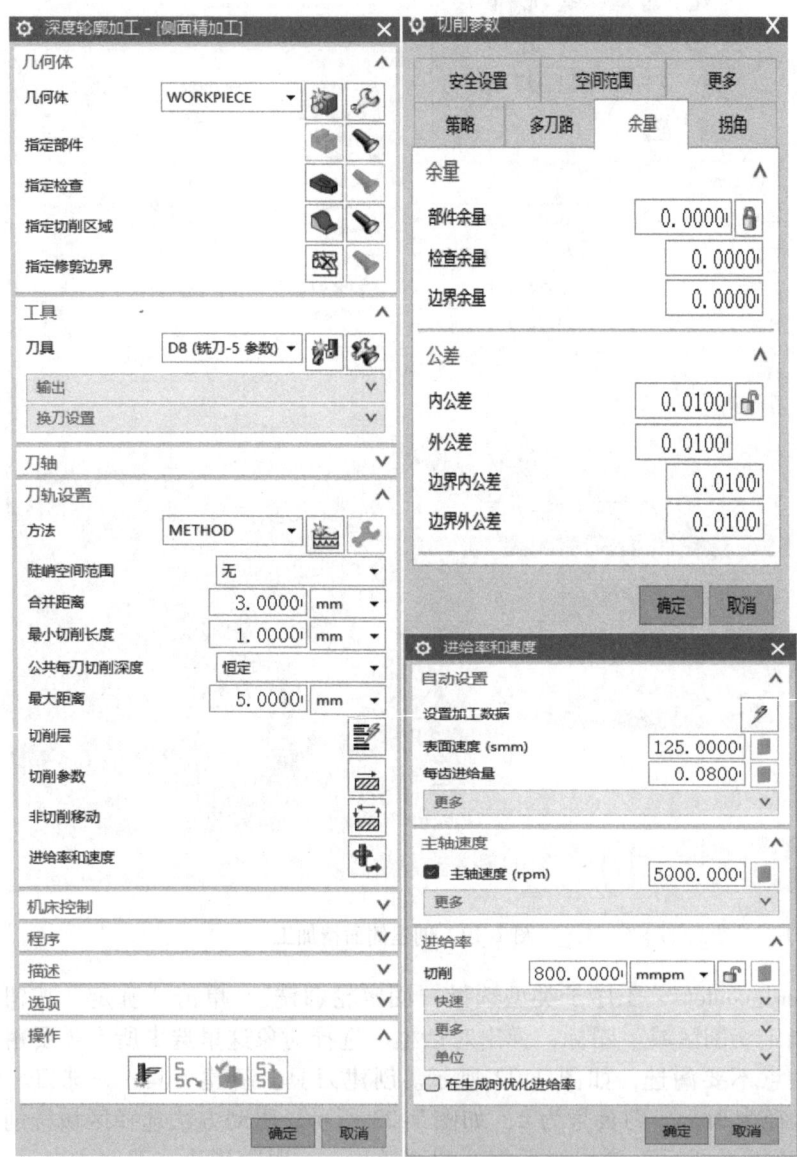

图 7-20　切削参数设置

第 7 章 CAM 在数控铣削上的应用

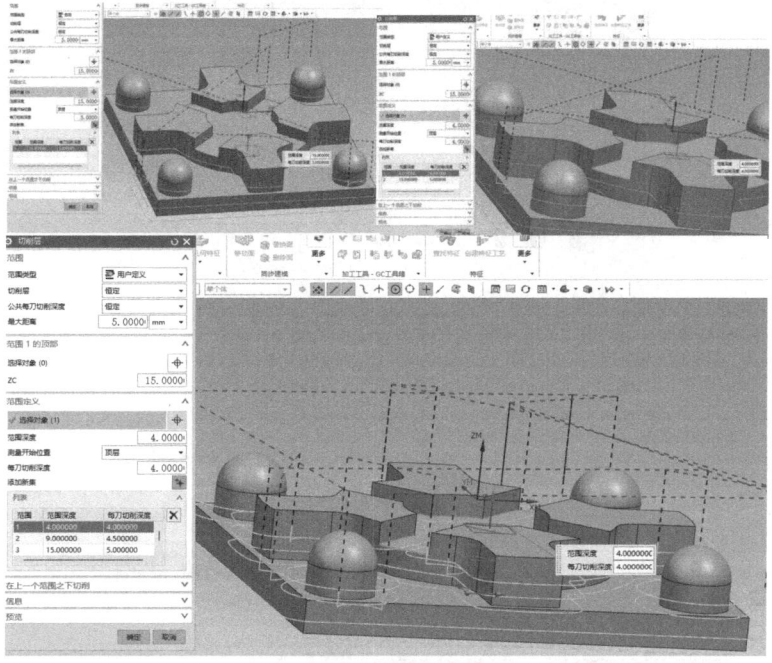

图 7-21 切削层设置

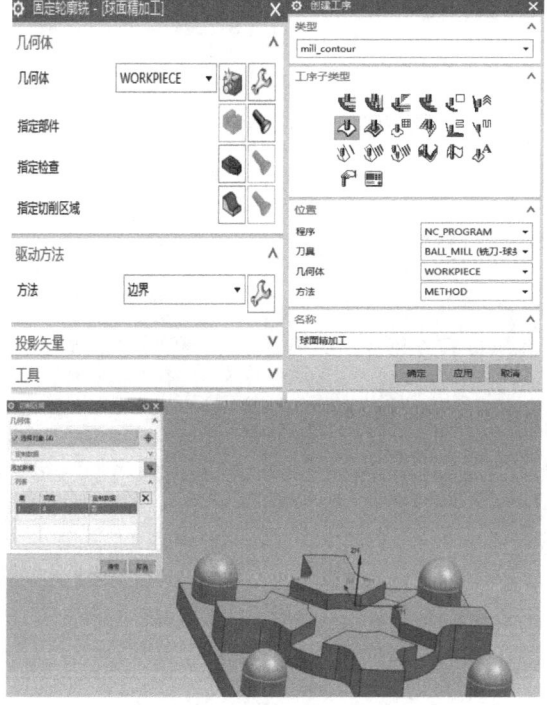

图 7-22 创建球面精加工工序

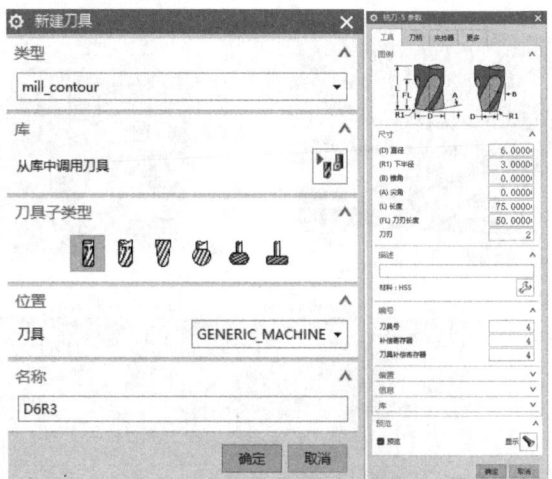

图 7-23 创建球面铣刀

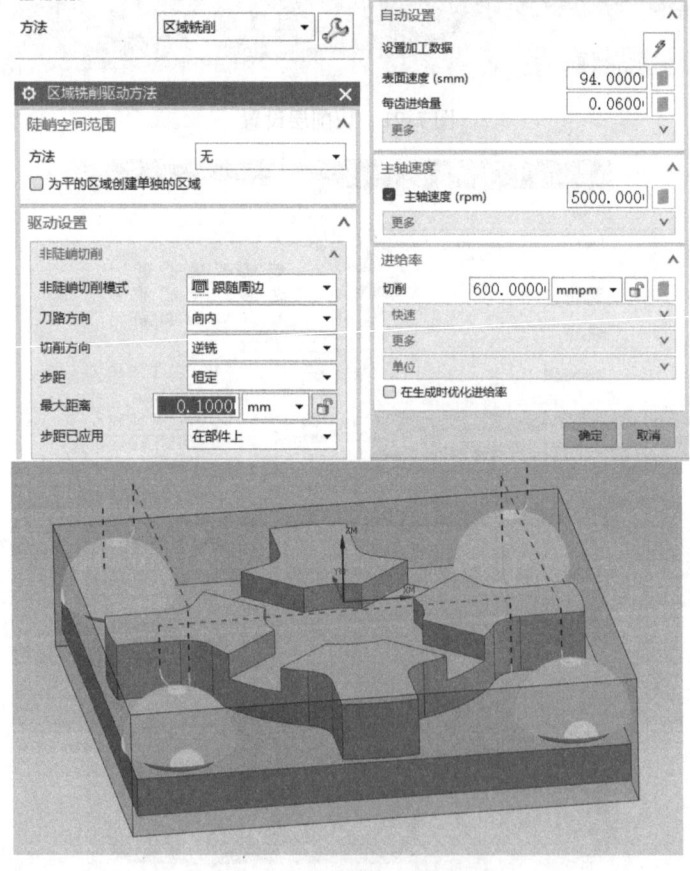

图 7-24 创建球面刀路

12）模拟仿真，导出加工程序。选中所有刀路—右击—刀轨—确认刀轨。默认为重播，选择三维动态，单击"播放"即可仿真，如图7-25所示。

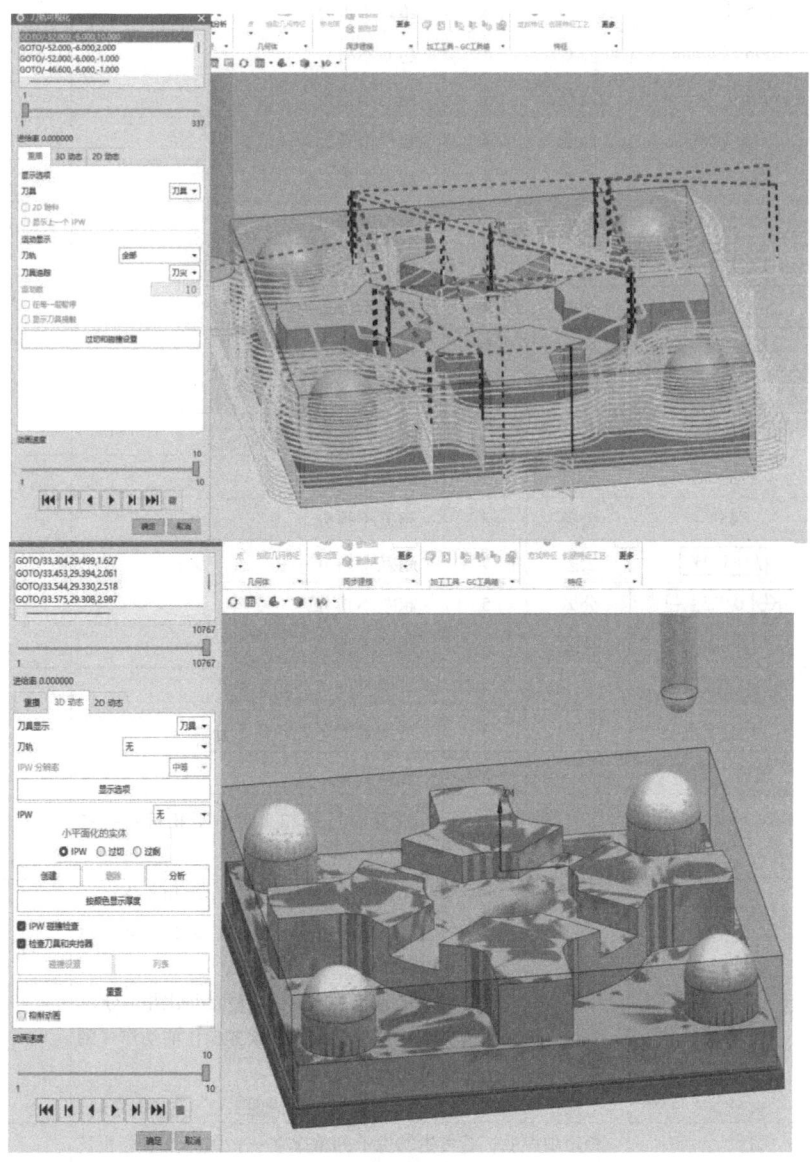

图 7-25　模拟仿真

4. 任务评价

带 R6 球面零件加工评价见表 7-3。

表 7-3 带 R6 球面零件加工评价

序号	考核内容	考核要点	配分	评分标准	扣分	得分
1	$\phi 25^{+0.02}_{\ 0}$ mm	公差	4	超差不得分		
2	$\phi 75^{\ 0}_{-0.03}$ mm	公差	4	超差不得分		
3	$\phi 48^{\ 0}_{-0.02}$ mm	公差	4	超差不得分		
4	($\phi 88 \pm 0.03$) mm	公差	4	超差不得分		
5	$\phi 12$ mm	公差	3	超差不得分		
6	$78^{\ 0}_{-0.03}$ mm	公差	3	超差不得分		
7	$10^{+0.02}_{\ 0}$ mm	公差	3	超差不得分		
8	$12^{\ 0}_{-0.02}$ mm	公差	3	超差不得分		
9	(15 ± 0.03) mm	公差	3	超差不得分		
10	$9^{+0.05}_{+0.01}$ mm	公差	3	超差不得分		
11	$4^{+0.02}_{\ 0}$ mm	公差	3	超差不得分		
12	(11 ± 0.03) mm	公差	3	超差不得分		
13	78 mm	公差	3	超差不得分		
14	45°	公差	3	超差不得分		
15	∥ 0.03	公差	5	超差不得分		
16	⌖ 0.025 A	公差	5	超差不得分		
17	$R5$ mm	公差	3	超差不得分		
18	机床倒角		3	可倒未倒每处扣 0.5 分		
19	手工倒角		3	可倒未倒每处扣 0.5 分		
20	磕碰、划伤		5	每处扣 0.5 分		
21	完成度		10	未完成每处扣 1 分、不相符每处扣 1 分		
22	职业素养		20	1. 发生安全小事故（每次扣 5 分） 2. 工件、工具、量具、刃具掉落（每次扣 2 分） 3. 未正确佩戴护目镜（每次扣 1 分） 4. 其他违反职业素养操作的动作（酌情扣分） 5. 考核结束未清理工位（扣 10 分）		
23	否定项			否定项说明：若考生发生下列情况之一，则应及时终止其考试，考生该试题成绩记为零分。 1. 考生没有按照规定要求穿戴防护用品。 2. 加工过程中出现严重违反安全操作规程的操作。 3. 因操作不当，导致人身伤害或设备损坏。		
	合计		100			

7.3 针对多孔零件的 UG 软件自动编程与加工

1. 任务分析

如图 7-26 所示,在 100mm×50mm×50mm 的"L"型工件毛坯上完成图示零件的加工,完成加工刀具的选用、加工方法选择、程序编制等基本操作,要求内轮廓表面光亮。

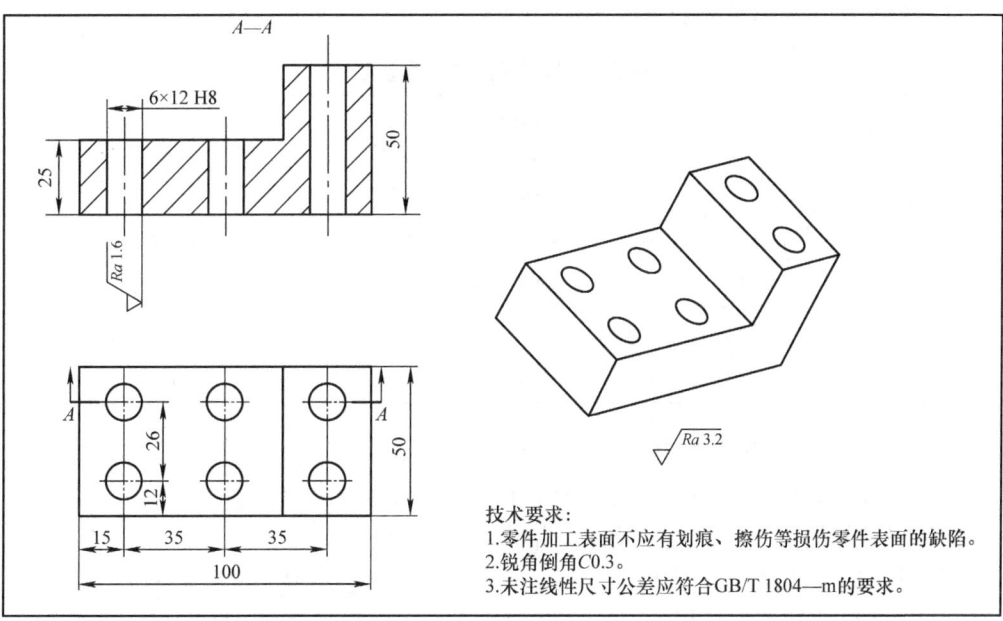

图 7-26 针对多孔零件的 UG 软件自动编程与加工零件图

2. 任务知识点

钻加工是 UG NX 10.0 加工中经常用到的加工类型,属于点位加工,它通过选择点和设定不同的固定循环以控制刀具的运动过程,从而达到钻孔(通孔、不通孔、中心孔、沉孔)、镗孔、铰孔和攻螺纹的目的。

钻加工的完整过程按先后顺序分为锪孔、钻中心孔、钻孔、铰孔或镗孔、攻螺纹。在 UG NX 10.0 钻孔操作中都可以找到相应的功能,下面分别进行介绍。

(1) 锪孔 当钻孔的表面不平时才使用锪孔,即在钻孔位置铣出一个平面,以便在钻中心孔时钻头不会偏移。

(2) 钻中心孔 使用专门的中心钻头在要钻孔的表面钻一个小孔,起引导作用,以便于在钻孔开始时钻头准确而顺利地向下运动。

(3) 钻孔 实际钻孔是通过钻头的循环运动进行加工的,其循环过程为,刀具快速移动定位在被选择的加工点位上,然后以切削进给速度切入工件并到达指定的切削深度，接着以退刀速度退回刀具，完成一个加工循环，如此重复加工，每次切削到不同的指定深度，加工到最终深度为止。

（4）铰孔或镗孔　当钻孔的精度达不到要求时，可以使用铰刀或镗刀进行铰孔或镗孔。例如，一般模芯上的镶件孔需要铰孔，模架上的导柱导套孔需要镗孔。

（5）攻螺纹　钻完孔后如有螺纹要求，可以使用丝锥加工内螺纹。

3. 任务实施

（1）工艺分析　毛坯为 100mm×50mm×50mm 的"L"型工件，零件材料为铝材。加工采用的刀具参数见表 7-4。

表 7-4　加工采用的刀具参数

刀具号码	刀具名称	刀具材料	刀具规格尺寸/mm	零件材料为铝材		备注
				转速（r/min）	进给速度（mm/min）	
T1	中心钻	高速钢	$\phi6$	2000	500	点中心孔
T2	钻头	高速钢	$\phi11.8$	1500	800	钻 4 个浅孔
T3	钻头	高速钢	$\phi11.8$	1500	600	钻右边 2 个深孔（啄钻）
T4	铰刀	高速钢	$\phi12$	1000	300	铰刀

（2）选择加工路线　利用 NX10.0 的 CAM 模块，选择合适的加工策略，自动生成刀具轨迹。根据前面安排的加工工艺，加工路线是钻中心孔→钻 4 个浅孔→钻 2 个深孔→铰孔。

（3）UG 软件实操过程

1）选择加工模块，确定进入加工模块钻中心孔，如图 7-27 所示。

2）选择"工序导航器"选择"几何"视图，双击 MCS_MILL，弹出"MCS 铣削"界面，单击对话框，弹出"CSYS"界面，类型选择"自动判断"，单击"最高的平面"，单击"确定"按钮，坐标系设置完成，如图 7-28 所示。

3）右击"MCS_MILL"选择"插入"——"工序"，工序子类型选择"定心钻"，单击"确定"按钮，如图 7-29 所示。

4）点孔工序操作如图 7-30 所示。单击指定孔后方图标—单击选择面上所有的孔——选择孔所在的两个平面顶面—单击"确定"按钮。

图 7-27　创建钻孔路径

第 7 章　CAM 在数控铣削上的应用

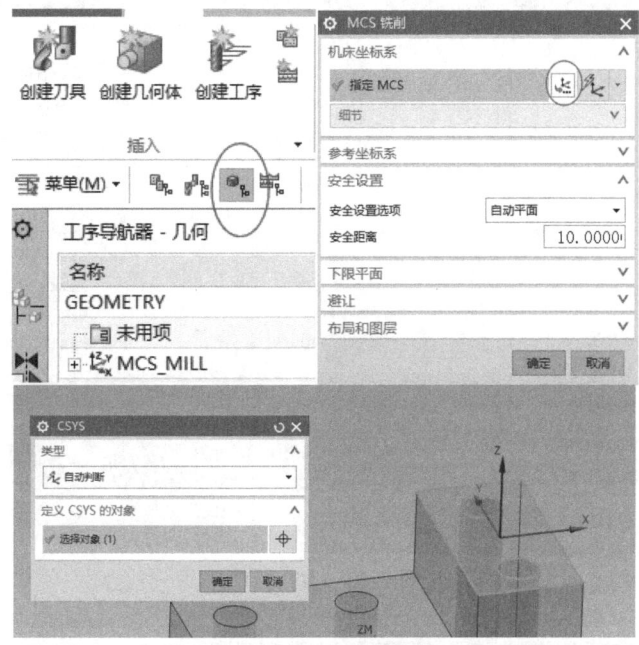

图 7-28　创建加工坐标系

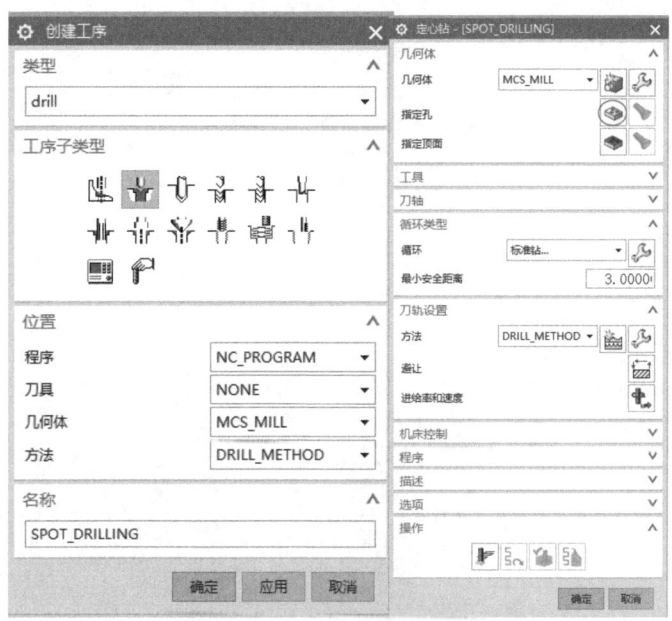

图 7-29　创建点孔工序

5）点孔路径优化如图 7-31 所示。最短刀轨—距离—接受，单击"确定"按钮。

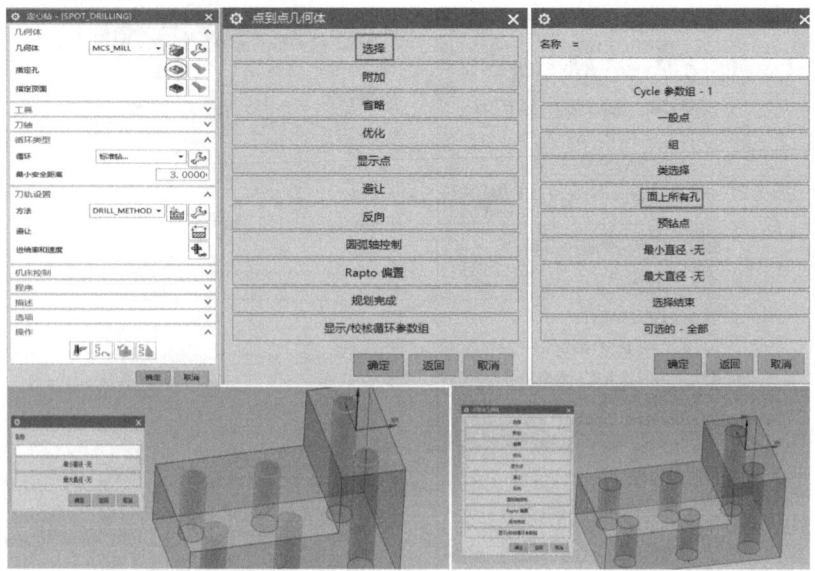

图7-30　点孔操作

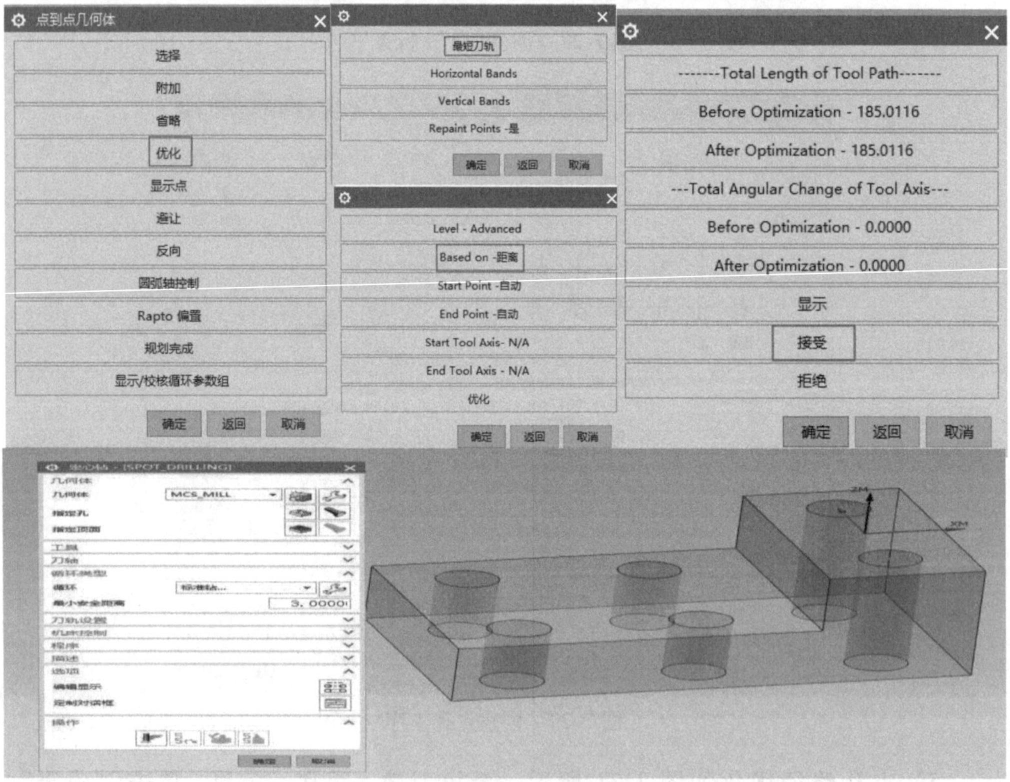

图7-31　点孔路径优化

6）创建 6mm 的点孔刀具，这里刀具类型跟刀具直径可以随意设定，但刀具号须跟实际对应，如图 7-32 所示。

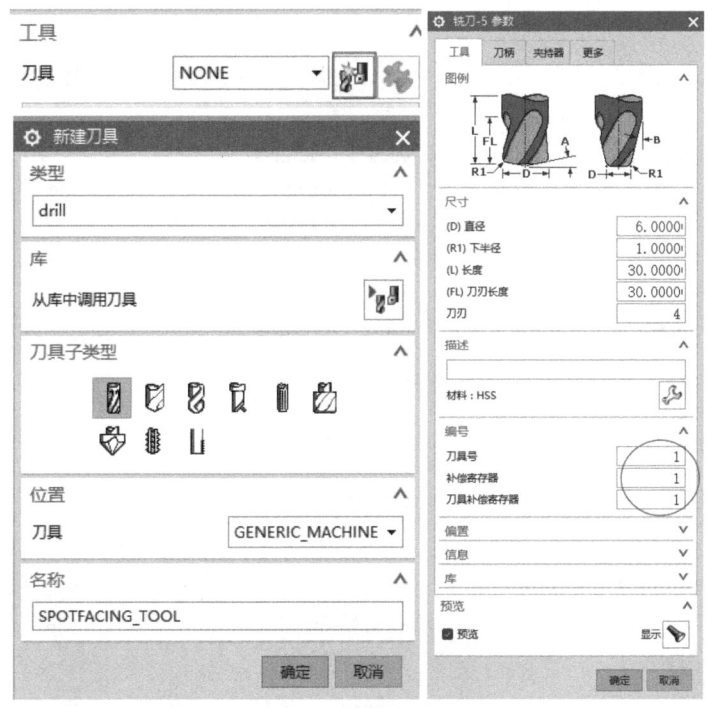

图 7-32 创建钻孔刀具

7）单击"循环后方黄色扳手图标"，Cycle 参数单击"第一项深度设置"，深度控制选择"刀尖深度"，中心孔通常设置 2~3mm，如图 7-33 所示。

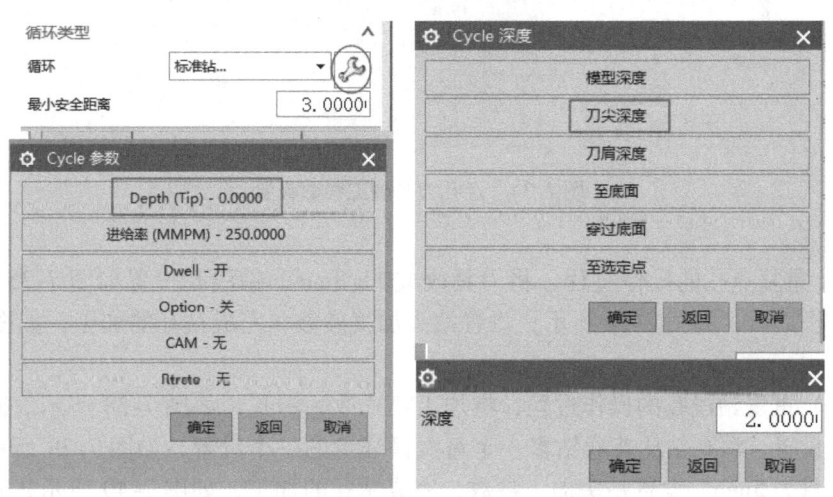

图 7-33 点孔刀具加工深度位置设置

8）单击"进给率和速度后方图标"，设置"进给率和速度"，单击"确定"按钮。单击"刀路生成"图标，生成刀轨，如图7-34所示。

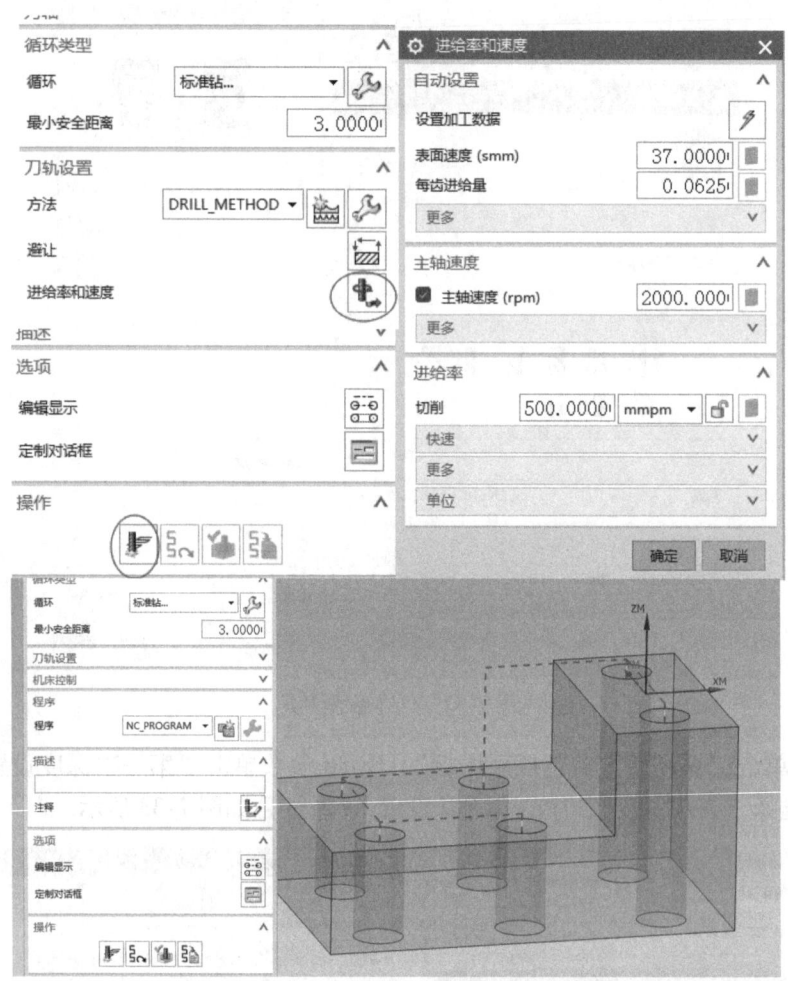

图7-34 点孔刀具加工参数设置

9）重复点孔的操作过程，将刀具改成11.8mm，钻浅孔设置如图7-35所示；设置钻头刀具，如图7-36所示；设置钻头加工参数，完成钻孔的加工，如图7-37所示。

10）重复钻浅孔的操作过程，将加工模式改为深孔，如图7-38所示。循环加工深度设置，深孔钻比普通钻多一个每次循环量的一个设置，如图7-39所示，每次循环量为5mm。设置钻头加工参数，完成钻孔的加工，如图7-40所示，其他操作和钻浅孔一致。

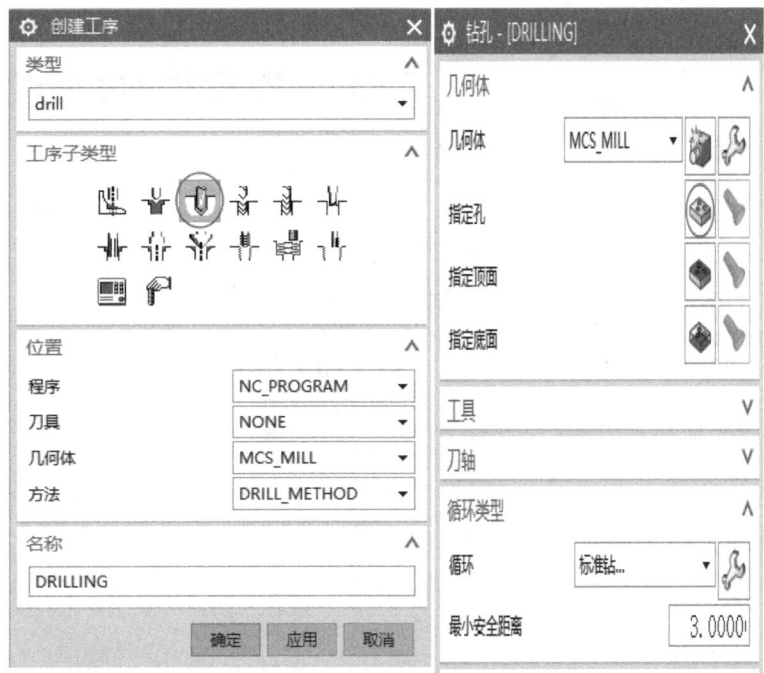

图 7-35　钻浅孔设置

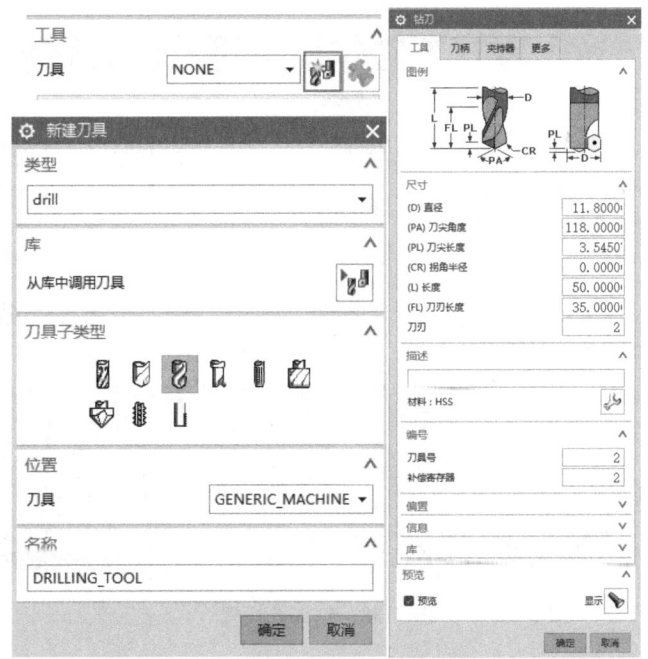

图 7-36　钻头设置

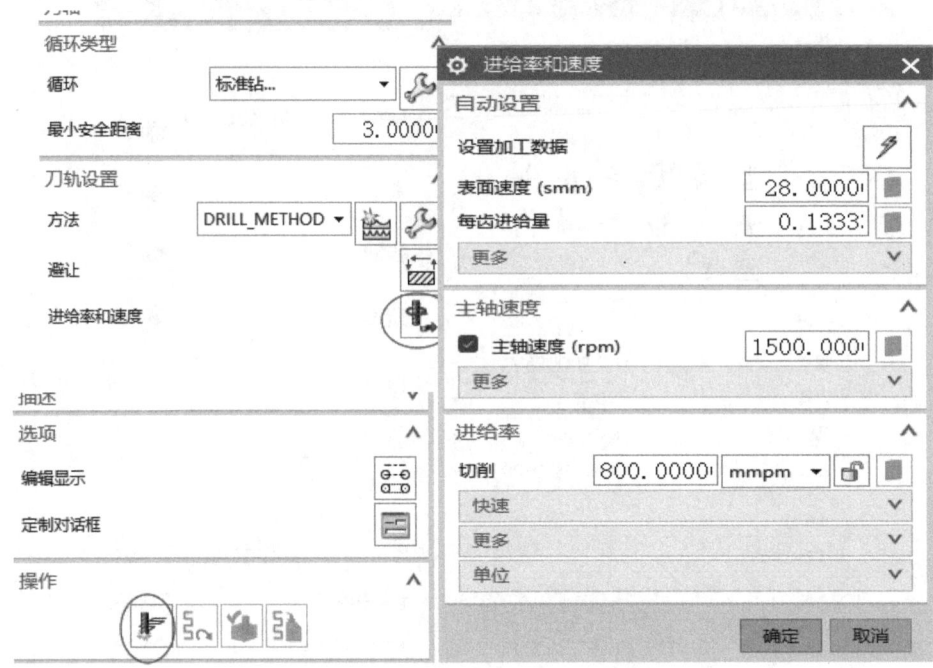

图 7-37　钻头加工参数设置

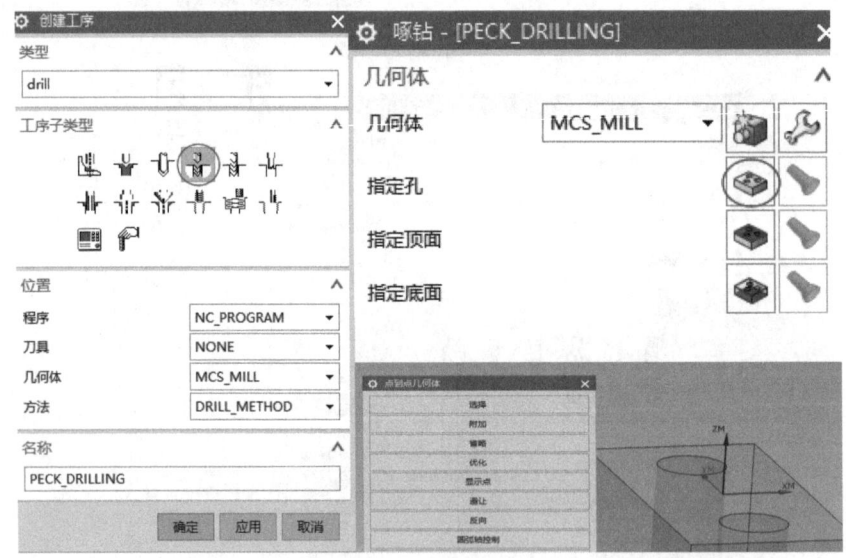

图 7-38　钻深孔设置

11）铰孔设置如图 7-41 所示，设置铰孔路径。

第 7 章 CAM 在数控铣削上的应用

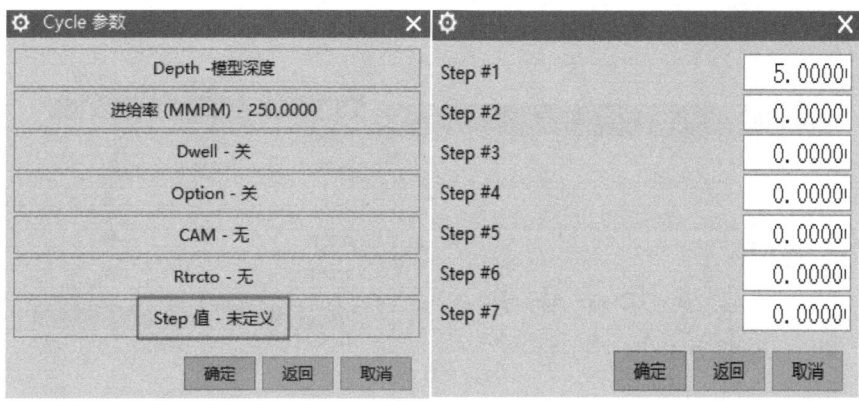

图 7-39 深孔钻循环量设置

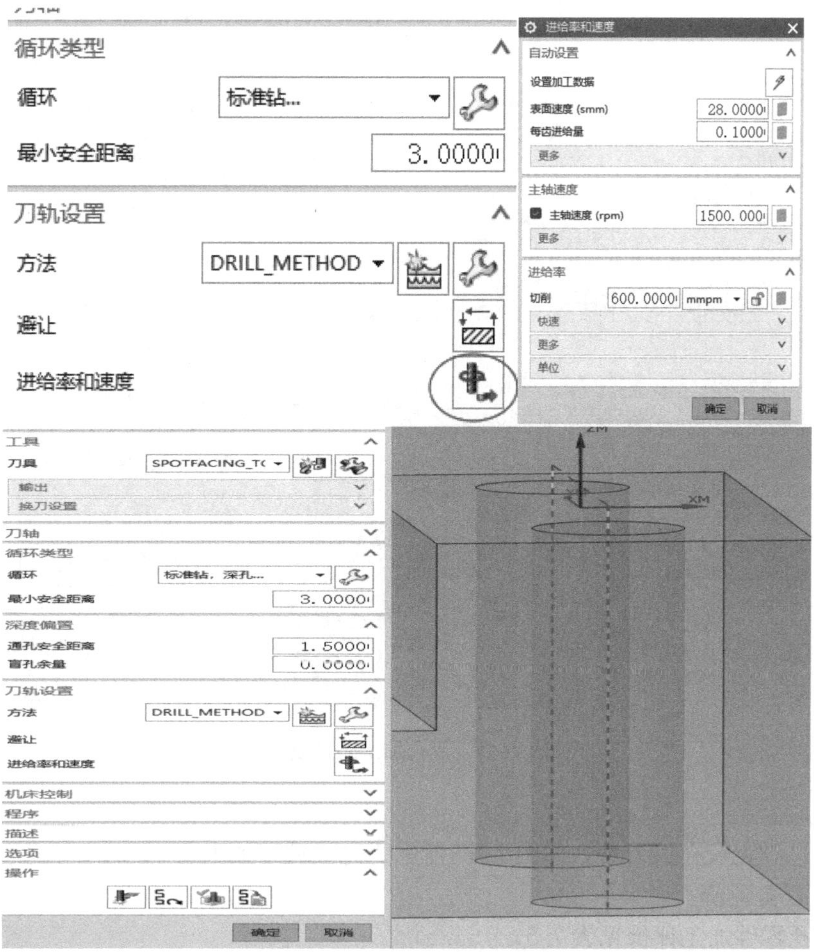

图 7-40 深孔钻头加工参数设置

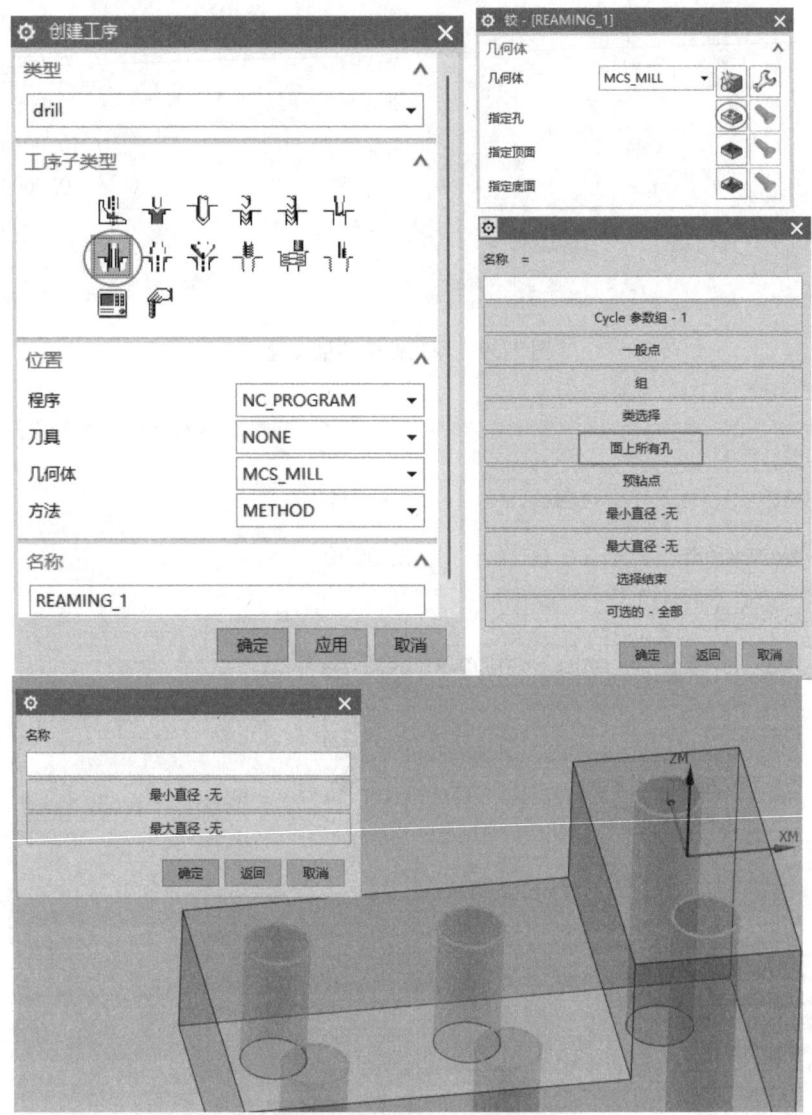

图 7-41 铰孔加工路径设置

12）设置铰孔铰刀参数如图 7-42 所示，完成铰刀加工。

4. 任务评价

多孔零件加工评价见表 7-5。

第 7 章 CAM 在数控铣削上的应用

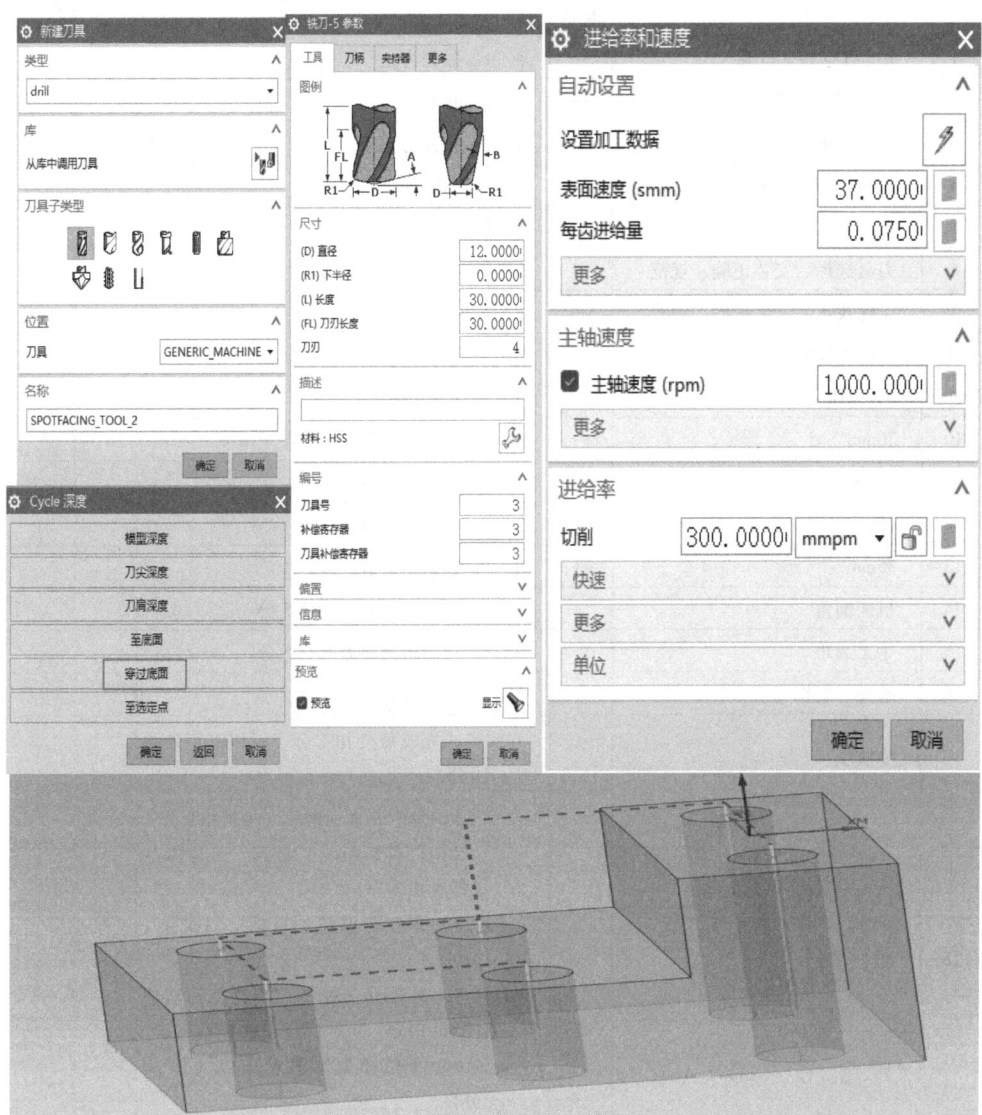

图 7-42 设置铰刀参数

表 7-5 多孔零件加工评价

序号	考核内容	考核要点	配分	评分标准	扣分	得分
1	切削工艺制定正确	—	4	扣完为止		
2	切削用量选择合理	—	4	扣完为止		
3	程序正确、简单、规范	—	4	扣完为止		
4	设备操作、维护正确	—	4	扣完为止		
5	安全、文明生产	—	3	扣完为止		
6	刀具选择、安装正确、规范	—	3	扣完为止		
7	工件找正、安装正确、规范	—	2	扣完为止		
8	表面粗糙度	—	3	扣完为止		
9	6×12H8	公差	20	超差不得分		
10	26mm	—	3	超差不得分		
11	12mm	—	3	超差不得分		
12	15mm	—	3	超差不得分		
13	35mm	—	3	超差不得分		
14	机床倒角		3	可倒未倒每处扣 0.5 分		
15	手工倒角		3	可倒未倒每处扣 0.5 分		
16	磕碰、划伤		5	每处扣 0.5 分		
17	完成度		10	未完成每处扣 1 分，不相符每处扣 1 分		
18	职业素养		20	1）发生安全小事故（每次扣 5 分） 2）工件、工具、量具、刃具掉落（每次扣 2 分） 3）未正确佩戴护目镜（每次扣 1 分） 4）其他违反职业素养操作的动作（酌情扣分） 5）考核结束未清理工位（扣 10 分）		
19	否定项			否定项说明：若考生发生下列情况之一，则应及时终止其考试，考生该试题成绩记为零分 1）考生没有按照规定要求穿戴防护用品 2）加工过程中出现严重违反安全操作规程的操作 3）因操作不当，导致人身伤害或设备损坏		
	合计		100			

思考与练习

1）简述 UG 加工的功能及用户界面？

2）图 7-43 所示梅花印零件的材料为 2A12，毛坯尺寸为 100mm×100mm×60mm。请完成该零件的造型和加工。

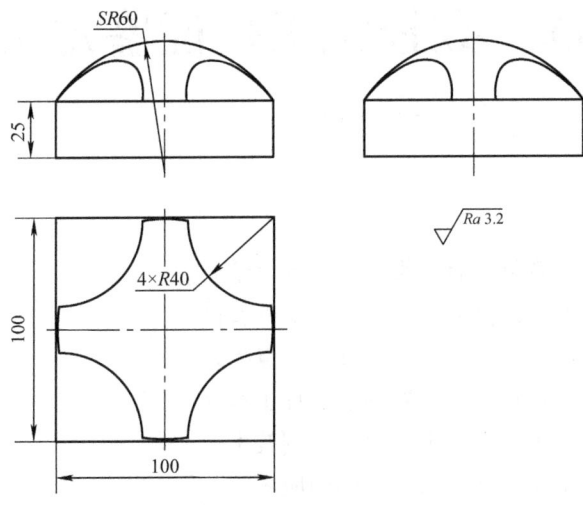

图 7-43　梅花印零件

3）图 7-44 所示鼠标零件的材料为 2A12，毛坯尺寸为 120mm×80mm×40mm。请完成该零件的造型和加工。

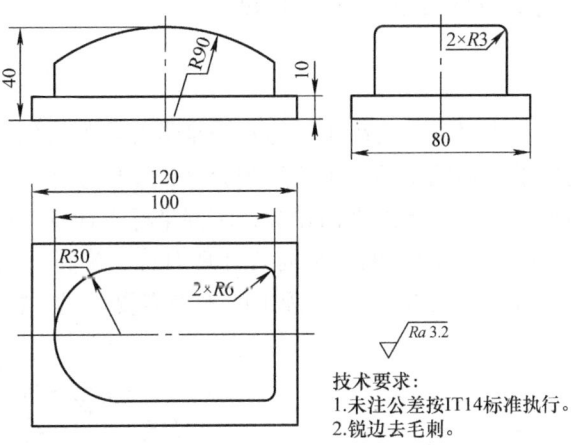

图 7-44　鼠标零件

第8章 数控铣工技能鉴定实例

学习目标

1) 能独立完成简单平面轮廓零件的程序编制。
2) 熟悉初级工考证典型零件的工艺文件解读。
3) 熟悉复杂轮廓零件的数学计算与节点处理。
4) 能独立编制含孔系、型腔的复合加工程序。
5) 掌握工件二次装夹的定位误差控制技术。
6) 熟悉宏程序在规则曲面加工中的应用。
7) 熟悉中级工考证件的综合误差分析控制。
8) 掌握参数化编程与CAD/CAM软件后处理。
9) 能独立完成薄壁件、异形件的防变形加工。
10 熟悉高级工考证件的表面质量控制标准。

导入案例

数控铣削初级工、中级工、高级工技能水平是学习典型机械零件数控铣削加工课程必须要达到的要求。初级工的水平要达到会分析零件图样,解读工艺文件中的加工顺序与刀具清单。针对简单的平面轮廓,掌握坐标点计算,能手动编写数控铣削加工程序(见图8-1)。中级工的水平需要处理对称、旋转、镜像等程序调用功能指令,减少重复编程(见图8-2)。高级工的水平需要通过二次装夹定位误差检

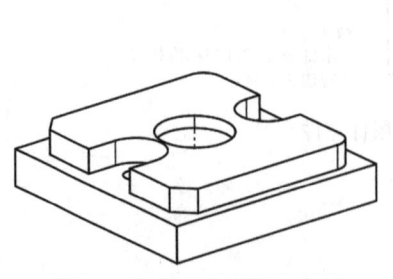
图8-1 初级工技能鉴定实例

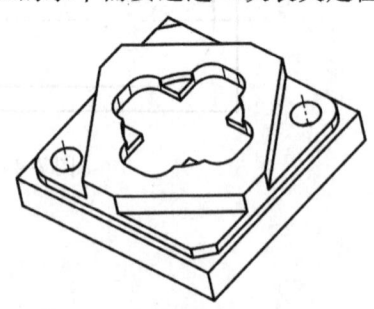
图8-2 中级工技能鉴定实例

测，分析孔位偏差来源并调整补偿值，需要完成加工椭圆槽时，引入宏程序，实现参数化轨迹控制（见图8-3）。针对更复杂或切削余量较多的工件，可以运用CAM技术辅助技能鉴定（见图8-4）。

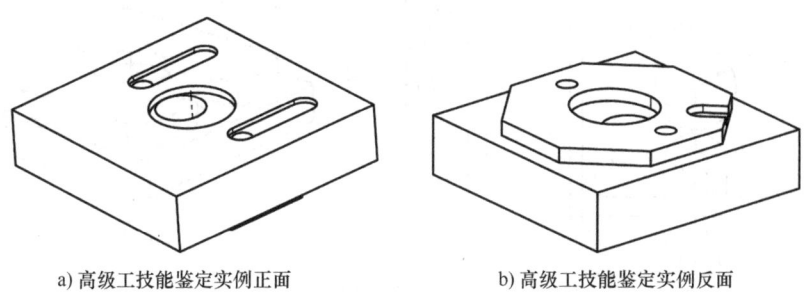

a) 高级工技能鉴定实例正面　　　　b) 高级工技能鉴定实例反面

图 8-3　高级工技能鉴定实例

a) CAM技术辅助技能鉴定实例正面　　　　b) CAM技术辅助技能鉴定实例反面

图 8-4　CAM技术辅助技能鉴定实例

8.1　初级职业技能鉴定实例

1. 任务分析

如图8-5所示，在100mm×100mm×30mm的毛坯工件，毛坯面上下表面用盘铣刀铣削至厚度25mm，用手工编程完成图示零件的加工，完成刀具的选择、加工方法选择、程序编制等基本操作。

2. 任务知识点

刀具半径补偿功能是手工编程中非常重要的内容，充分利用刀具半径补偿功

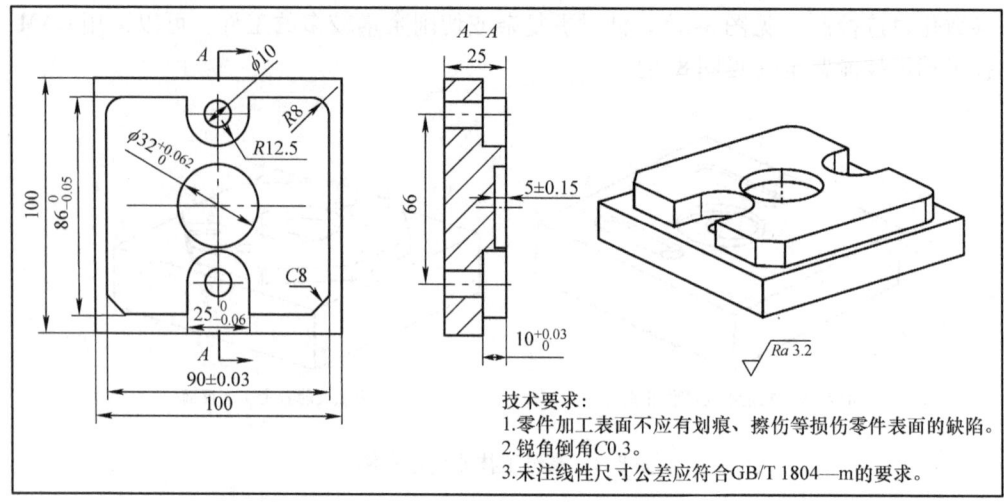

图 8-5 初级工技能鉴定实例编程与加工零件图

能,可以方便、有效地去除余量和控制尺寸精度,还可以用同一程序段加工同一公称尺寸的凸、凹型面。

(1) 去除加工余量 一般在工件上加工出要求的轮廓后,还会有加工余量(加工残料)需要去除,为提高加工效率,刀具半径补偿值以 $0.8d$(铣刀直径)递增去除加工残料。

例如,选用 $\phi 10$mm 的立铣刀加工轮廓后,第一次去除余量,刀具半径补偿值 $R_1 = 5$mm $+ 0.8 \times 10$mm $= 13$mm;第二次去除余量,刀具半径补偿值 $R_2 = 13$mm $+ 0.8 \times 10$mm $= 21$mm;以此类推,直至去除全部余量。

在使用刀具半径补偿功能去除余量中,注意下面两点:

1)走刀轨迹中,凹圆弧半径必须大于刀具半径补偿值,否则无法执行刀具半径补偿功能。

2)建立刀具半径补偿时移动的距离必须大于刀具半径补偿值,否则无法执行刀具半径补偿功能。

(2) 控制尺寸精度 利用刀具半径补偿功能,可以实现用同一个程序,对零件进行粗加工和精加工。在粗加工时,将刀具半径补偿值设为 $R + \Delta$(其中 R 是刀具的半径;Δ 是精加工余量,根据刀具、工件材料等因素确定)。精加工时,根据粗加工后的实测尺寸进行修正,然后再确定精加工的刀具半径补偿值。

以用 $\phi 10$mm 的立铣刀加工圆台尺寸 $\phi 85_{\ 0}^{+0.04}$mm 为例,精加工的刀具半径补偿值计算如下:

1)在粗加工时,取刀具半径补偿值为 5.2mm,尺寸 $\phi 85_{\ 0}^{+0.04}$mm 的中间值为

$\phi 85.02 \left(\dfrac{\text{尺寸的最大值} + \text{尺寸的最小值}}{2} \right)$ mm。

2）粗加工后，测得圆台尺寸的实际值为 $\phi 85.38$ mm，半径修正量 = $\dfrac{\text{粗加工实测值} - \text{尺寸中间值}}{2} = \dfrac{85.38 - 85.02}{2}$ mm = 0.18 mm。

3）精加工的刀具半径补偿值 = 粗加工的刀具半径补偿值 − 半径修正量 = 5.2 − 0.18 = 5.02。

(3) 应用模具加工　对于同一公称直径的凸、凹型面，内外轮廓编写成同一程序，在加工外轮廓时，将偏置量设为 +D，刀具中心将沿轮廓的外侧切削；当加工内轮廓时，将偏置量设为 −D，这时刀具中心将沿轮廓的内侧切削。这种编程与加工方法，在模具加工中应用较多。

3. 任务实施

(1) 工艺分析

1）分析技术要求。如图 8-5 所示，在 100mm × 100mm × 25mm 的工件上需要保证加工出 $86_{-0.05}^{0}$ mm、(90 ± 0.03) mm、$25_{-0.06}^{0}$ mm、$\phi 32_{0}^{+0.062}$ mm、$10_{0}^{+0.03}$ mm、(5 ± 0.15) mm 等尺寸。此工件轮廓较简单，编程与加工难度一般，主要包括平面加工、轮廓加工、型腔加工和孔加工。平面加工采用 $\phi 80$ mm 的面铣刀，轮廓的加工，通过设置不同的刀具半径补偿值来实现粗加工和精加工，粗加工采用 $\phi 16$ mm 的立铣刀。孔的加工精度要求不高，孔加工的步骤是先加工定位孔，再钻孔。

2）选择加工路线。根据零件图安排的加工工艺，加工路线是铣上下平面→铣外轮廓 90mm × 86mm 凸台→铣 $\phi 32$ mm 孔→钻中心孔→钻 $\phi 10$ mm 孔→去毛刺→检测，如图 8-6 所示。根据节点处理方式和数学处理方法，对零件节点进行处理。

图 8-6　初级工实操加工流程图

3）确定装夹方法。工件毛坯为正方形，采用平口钳装夹，工件下用等高块支承，用百分表进行找正，工件伸出钳口部分视零件而定并夹紧。

(2) 工具、量具、刀具选择　初级工实例加工工具、量具、刀具清单见表 8-1。

表8-1 初级工实例加工工具、量具、刀具清单

工具、量具、刀具				零件图号		图8-5	
种类	序号	名称	规格尺寸/mm	分度值/mm	单位	数量	
工具	1	平口钳	—	—	个	1	
	2	扳手	—	—	把	1	
	3	平行垫铁	—	—	副	1	
	4	橡胶锤	—	—	个	1	
量具	1	钢直尺	0~150	—	把	1	
	2	游标卡尺	0~150	0.02	把	1	
刀具	1	面铣刀	φ80	—	把	1	
	2	粗立铣刀	φ16	—	把	1	
	3	精立铣刀	φ16	—	把	1	
	4	粗立铣刀	φ12	—	把	1	
	5	精立铣刀	φ12	—	把	1	
	6	中心钻	φ3	—	把	1	
	7	麻花钻	φ10	—	把	1	

(3) 加工工艺 加工材料为2A12，φ80mm 面铣刀加工主轴转速为1500r/min，进给量选择 200mm/min。φ16mm 立铣刀主轴转速为600r/min，进给速度为150mm/min。φ12mm 立铣刀主轴转速为1200r/min，进给速度为100mm/min。中心钻转速为1500r/min，进给速度为80mm/min。φ10mm 麻花钻转速为1000r/min，进给速度为60mm/min。初级工职业技能鉴定实例加工工艺见表8-2。

表8-2 初级工职业技能鉴定实例加工工艺

数控加工工艺卡片			产品名称	零件名称	材料	零件图号
				初级工实例	2A12	图8-5
工序号	程序编号	夹具名称	夹具编号	使用设备		车间
1~4	O0801~O0804	平口钳		KDVM800LH		
工步号	工步内容	刀具号	刀具规格尺寸/mm	主轴转速/(r/min)	进给速度/(mm/min)	备注
1	铣上表面	T01	φ80 面铣刀	1500	200	
2	90×86 凸台粗加工	T02	φ16 立铣刀	600	150	
3	φ32mm 孔粗加工	T02	φ16 立铣刀	600	150	
4	90×86 凸台精加工	T03	φ12 立铣刀	1200	100	
5	φ32mm 孔精加工	T03	φ12 立铣刀	1200	100	
6	中心钻定位	T04	A3 中心钻	1500	80	
7	钻φ10mm 孔	T05	φ10 麻花钻	1000	60	
编制			审核	批准	共　页	第　页

(4)加工程序 上平面加工程序比较简单,前文已经介绍过,本例中省略。轮廓的粗精加工可采用同一程序,读者可根据加工精度要求调整刀具补偿值,具体加工程序见表8-3~表8-6。

表8-3 凸台90×86加工程序

程序段号	程序格式	说明
	O0801	程序名
N10	G80 G40 G49 G90 G54;	程序初始化
N20	G91 G28 Z0;	抬刀
N30	T02 M06;	换2号刀(精铣换3号刀,程序共用)
N40	G90 G00 X-65 Y0 M03 S1500;	定位,主轴正转
N50	G43 Z20 H02;	调用2号刀长度补偿
N60	Z5;	Z向定位
N70	M08;	切削液开
N80	G01 Z-5 F100;	下刀到指定深度,实行分层切削
N90	G01 G41 Y-20 D2 F150;	建立刀具补偿
N100	G03 X-45 Y0 R20;	圆弧切入
N110	G01 Y43, R8;	凸台90mm×86mm轮廓加工
N120	X-12.5;	
N130	Y33;	
N140	G03 X12.5 R12.5;	
N150	G01 Y43;	
N160	X45, R8;	
N170	Y-43, C8;	
N180	X12.5;	
N190	Y-33;	
N200	G03 X-12.5 R12.5;	
N210	G01 Y-43;	
N220	X-45, C8;	
N230	Y0;	
N240	G03 X-65 Y20 R20;	圆弧切出
N250	G01 G40 Y0;	取消刀补
N260	G00 Z100;	抬刀
N270	M09;	切削液关
N280	M05;	主轴关
N290	M30;	程序结束

表 8-4　铣 φ32mm 孔加工程序

程序段号	程序格式		说明
	O0802		程序名
N10	G80 G40 G49 G90 G54;		程序初始化
N20	G91 G28 Z0;		抬刀
N30	T02 M06;		换 2 号刀（精铣换 3 号刀，程序共用）
N40	G90 G00 X0 Y-6 M03 S800;		定位，主轴正转
N50	G43 Z20 H02;		调用 2 号刀长度补偿
N60	Z5;		Z 向定位
N70	M08;		切削液开
N80	G01 Z-0.1 F60;		下刀到指定深度，实行分层切削
N90	G01 G41 X-10 D2 F150;		
N100	G03 X0 Y-16 R10;		
N110	G03 J16 Z-0.4; G03 J16 Z-0.6; G03 J16 Z-1; G03 J16 Z-1.4; G03 J16 Z-1.8; G03 J16 Z-2.2; G03 J16 Z-2.6; G03 J16 Z-3; G03 J16 Z-3.4; G03 J16 Z-3.8; G03 J16 Z-4.2; G03 J16 Z-4.6; G03 J16 Z-5;	螺旋下刀	φ32mm 孔轮廓加工
N120	G03 X10 Y-6 R10;		
N130	G01 G40 X0;		
N140	G00 Z100;		抬刀
N150	M09;		切削液关
N160	M05;		主轴关
N170	M30;		程序结束

表 8-5　中心钻定位加工程序

程序段号	程序格式	说明
	O0803	程序名
N10	G80 G40 G49 G90 G54;	程序初始化

（续）

程序段号	程序格式	说明
N20	G91 G28 Z0;	抬刀
N30	T04 M06;	换4号刀
N40	G90 G00 X0 Y33 M03 S1500;	定位，主轴正转
N50	G43 Z20 H04;	调用4号刀长度补偿
N60	Z5;	Z向定位
N70	M08;	切削液开
N80	G98 G81 Z-8 R5 F80;	钻第一个孔
N120	X0 Y-33;	钻第二个孔
N130	G80;	取消循环指令
N140	G00 Z100;	抬刀
N150	M09;	切削液关
N160	M05;	主轴关
N170	M30;	程序结束

表8-6 钻孔加工程序

程序段号	程序格式	说明
	O0804	程序名
N10	G80 G40 G49 G90 G54;	程序初始化
N20	G91 G28 Z0;	抬刀
N30	T05 M06;	换5号刀
N40	G90 G00 X0 Y33 M03 S1000;	定位，主轴正转
N50	G43 Z20 H05;	调用5号刀长度补偿
N60	Z5;	Z向定位
N70	M08;	切削液开
N80	G98 G73 Z-30 Q5 R5 F60;	钻第一个孔
N120	X0 Y-33;	钻第二个孔
N130	G80;	取消循环指令
N140	G00 Z100;	抬刀
N150	M09;	切削液关
N160	M05;	主轴关
N170	M30;	程序结束

4. 任务评价

初级工职业技能鉴定实例加工评价见表8-7。

表 8-7 初级工职业技能鉴定实例加工评价

姓名			图号		零件编号	
考核项目		考核内容及要求	配分	评分标准	检测结果	得分
主要项目	1	(90 ± 0.03) mm	8	超差不得分		
	2	$86_{-0.05}^{\ 0}$ mm	8	超差不得分		
	3	$\phi 32_{\ 0}^{+0.062}$ mm	8	超差不得分		
	4	$25_{-0.06}^{\ 0}$ mm	8	超差不得分		
	5	$10_{\ 0}^{+0.03}$ mm	8	超差不得分		
	6	(5 ± 0.15) mm	8	超差不得分		
一般项目	7	$\phi10$(2处)mm	4	超差不得分		
	8	$R12.5$(2处)mm	4	超差不得分		
	9	$R8$(2处)mm	4	超差不得分		
	10	$C8$(2处)mm	4	超差不得分		
	11	66mm	4	超差不得分		
其他	12	表面粗糙度	10	升高1级扣1分 扣完为止		
	13	锐边倒钝	4	扣完为止		
	14	完整性	8	扣完为止		
	15	安全生产	5	扣完为止		
	16	文明生产	5	扣完为止		
		按时完成情况	扣分	超时≤15min 扣5分 超时15~30min 扣10分 超时≥30min 不计分		
		总配分	100	总分		

8.2 中级职业技能鉴定实例

1. 任务分析

如图 8-7 所示,在 80mm×80mm×30mm 的毛坯工件,毛坯面上下表面用盘铣刀铣削至厚度为 25mm,完成图示零件的加工,完成加工刀具的选用、加工方法选择、程序编制等基本操作,要求内轮廓表面光亮,保证尺寸要求。

2. 任务实施

(1) 工艺分析

1) 分析技术要求。如图 8-7 所示,在 80mm×80mm×25mm 的工件上需要保证加工出 $75_{-0.04}^{\ 0}$ mm、$60_{-0.04}^{\ 0}$ mm、$65_{-0.04}^{\ 0}$ mm、20 ± 0.03 mm、$\phi10_{\ 0}^{+0.022}$ mm、$8_{-0.04}^{\ 0}$ mm 等尺寸。此工件轮廓较复杂,编程与加工有一定难度,主要包括平面加

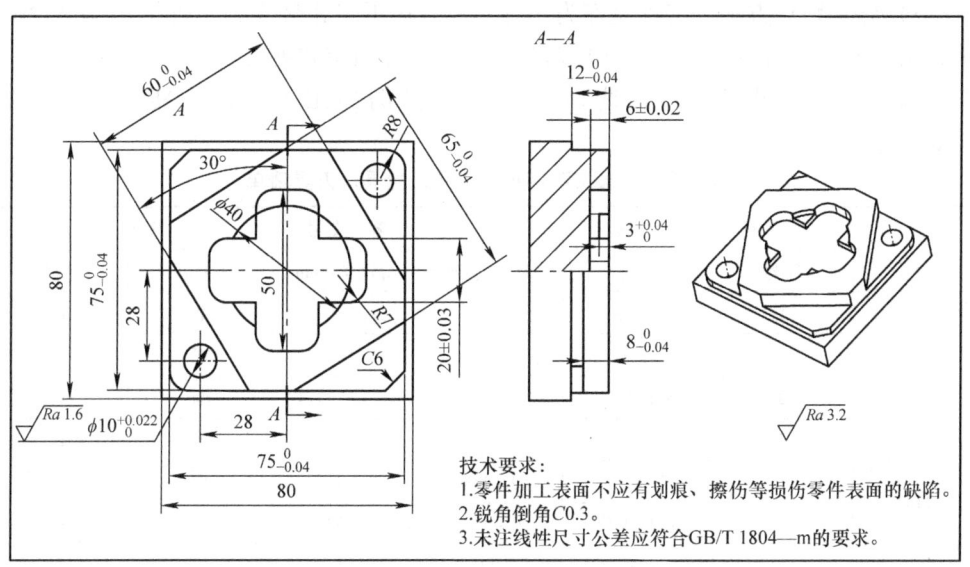

图 8-7 中级工技能鉴定实例编程与加工零件图

工、轮廓加工、型腔加工和孔加工,需采用多把刀具进行加工。尺寸精度的控制通过设置刀具半径补偿值来实现。孔的加工精度要求较高,孔加工的步骤是先加工定位孔,再钻孔,最后铰孔,注意孔深度的控制。

2)选择加工路线。根据零件图安排的加工工艺,加工路线是铣上下平面→铣外轮廓75mm×75mm凸台→铣65mm×60mm旋转凸台→铣φ40mm孔→铣十字槽加工→钻中心孔→钻孔→铰孔→去毛刺→检测,如图8-8所示。

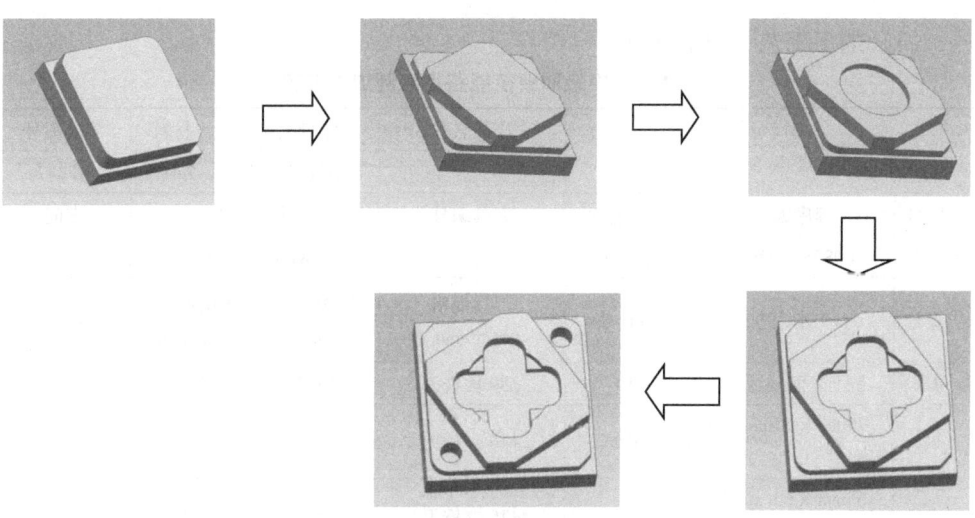

图 8-8 中级工实操加工流程

3) 确定装夹方法。工件毛坯为正方形,采用平口钳装夹,工件下用等高块支承,用百分表进行找正,工件伸出钳口部分视零件而定并夹紧。

(2) 工具、量具、刀具选择 中级工实例加工工具、量具、刀具清单见表8-8。

表8-8 中级工实例加工工具、量具、刀具清单

工具、量具、刀具				零件图号	图8-7	
种类	序号	名称	规格尺寸/mm	分度值/mm	单位	数量
工具	1	平口钳	—	—	个	1
	2	扳手	—	—	把	1
	3	平行垫铁	—	—	副	1
	4	橡胶锤	—	—	个	1
量具	1	钢直尺	0~150	—	把	1
	2	游标卡尺	0~150	0.02	把	1
刀具	1	面铣刀	ϕ80	—	把	1
	2	粗立铣刀	ϕ16	—	把	1
	3	精立铣刀	ϕ16	—	把	1
	4	粗立铣刀	ϕ12	—	把	1
	5	精立铣刀	ϕ12	—	把	1
	6	中心钻	ϕ3	—	把	1
	7	麻花钻	ϕ10	—	把	1
	8	铰刀	ϕ10	—	把	1

(3) 加工工艺(见表8-9)

表8-9 中级职业技能鉴定实例加工工艺

数控加工工艺卡片			产品名称	零件名称	材料	零件图号
				中级工实例	2A12	图8-7
工序号	程序编号	夹具名称	夹具编号	使用设备		车间
5~11	O0805~O0811	平口钳		KDVM800LH		
工步号	工步内容	刀具号	刀具规格尺寸/mm	主轴转速/(r/min)	进给速度/(mm/min)	备注
1	铣上表面	T01	ϕ80 面铣刀	1500	200	
2	75mm×75mm 凸台粗加工	T02	ϕ16 立铣刀	1500	150	
3	65mm×60mm 旋转凸台粗加工	T02	ϕ16 立铣刀	1500	150	
4	ϕ40mm 孔粗加工	T02	ϕ16 立铣刀	1000	100	

（续）

工步号	工步内容	刀具号	刀具规格尺寸/mm	主轴转速/(r/min)	进给速度/(mm/min)	备注
5	75mm×75mm 凸台精加工	T03	φ12 立铣刀	2000	100	
6	65mm×60mm 旋转凸台精加工	T03	φ12 立铣刀	2000	100	
7	20mm×50mm 十字槽粗加工	T03	φ12 立铣刀	1500	150	
8	20mm×50mm 十字槽精加工	T03	φ12 立铣刀	2000	150	
9	中心钻定位	T04	A3 中心钻	1500	80	
10	钻 φ10mm 孔	T05	φ10 麻花钻	1000	60	
11	铰孔	T06	φ10 铰刀	500	40	
编制		审核		批准	共 页	第 页

（4）加工程序（见表 8-10 ~ 表 8-17）

表 8-10　凸台 75mm×75mm 加工程序

程序段号	程序格式	说明
	O0805	程序名
N10	G80 G40 G49 G90 G54；	程序初始化
N20	G91 G28 Z0；	抬刀
N30	T02 M06；	换 2 号刀（精铣换 3 号刀，程序共用）
N40	G90 G00 X0 Y-57.5 M03 S1500；	定位，主轴正转
N50	G43 Z20 H02；	调用 2 号刀长度补偿
N60	Z5；	Z 向定位
N70	M08；	切削液开
N80	G01 Z-12 F100；	下刀 12mm
N90	G01 G41 X20 D2 F150；	建立刀具补偿
N100	G03 X0 Y-37.5 R20；	圆弧切入
N110	G01 X-37.5, R8；	
N120	Y37.5, C8；	
N130	X37.5, R8；	凸台 75mm×75mm 轮廓加工
N140	Y-37.5, C8；	
N150	X0；	
N160	G03 X-20 Y-57.5 R20；	圆弧切出
N170	G01 G40 X0；	取消刀补
N180	G00 Z100；	抬刀

(续)

程序段号	程序格式	说明
N190	M09;	切削液关
N200	M05;	主轴关
N210	M30;	程序结束

表 8-11　凸台 65mm×60mm 旋转加工程序

程序段号	程序格式	说明
	O0806	程序名
N10	G80 G40 G49 G90 G54;	程序初始化
N20	G91 G28 Z0;	抬刀
N30	T02 M06;	换2号刀（精铣换3号刀，程序共用）
N40	G90 G00 X-20 Y-57.5 M03 S1500;	定位，主轴正转
N50	G43 Z20 H02;	调用2号刀长度补偿
N60	Z5;	Z 向定位
N70	M08;	切削液开
N80	G68 X0 Y0 R30;	旋转 30°
N90	G00 X0 Y-42.5;	定位下刀点
N100	Z5;	快速下刀
N110	G01 Z-8 F100;	下刀到指定深度，实行分层切削
N120	G01 G41 X10 D2 F150;	建立刀具补偿
N130	X0 Y-32.5;	圆弧切入
N140	G01 X-30;	凸台 65mm×60mm 轮廓加工
N150	Y32.5;	凸台 65mm×60mm 轮廓加工
N160	X30;	凸台 65mm×60mm 轮廓加工
N170	Y-32.5;	凸台 65mm×60mm 轮廓加工
N180	X-10;	凸台 65mm×60mm 轮廓加工
N190	G01 G40 Y-52;	取消刀补
N200	G69 G00 Z100;	抬刀
N210	M09;	切削液关
N220	M05;	主轴关
N230	M30;	程序结束

表 8-12 铣 ϕ40mm 孔加工程序

程序段号	程序格式	说明
	O0807;	程序名
N10	G80 G40 G49 G90 G54;	程序初始化
N20	G91 G28 Z0;	抬刀
N30	T02 M06;	换 2 号刀（精铣换 3 号刀，程序共用）
N40	G90 G00 X0 Y0 M03 S1000;	定位，主轴正转
N50	G43 Z20 H02;	调用 2 号刀长度补偿
N60	Z5;	Z 向定位
N70	M08;	切削液开
N80	G01 Z-3 F60;	下刀到指定深度
N90	G01 G41 X20 D2 F100;	建立刀具补偿
N100	G03 I-20;	轮廓加工
N110	G01 G40 X0;	取消刀补
N120	G00 Z100;	抬刀
N130	M09;	切削液关
N140	M05;	主轴关
N150	M30;	程序结束

表 8-13 十字槽加工主程序

程序段号	程序格式	说明
	O0808;	程序名
N10	G80 G40 G49 G90 G54;	程序初始化
N20	G91 G28 Z0;	抬刀
N30	T03 M06;	换 3 号刀
N40	G90 G00 X0 Y0 M03 S1500;	定位，主轴正转
N50	G43 Z20 H03;	调用 3 号刀长度补偿
N60	Z5;	Z 向定位
N70	M08;	切削液开
N80	M98 P0001;	加工第一个槽
N90	G68 X0 Y0 R90;	旋转 90°
N100	M98 P0001;	加工第二个槽
N110	G00 Z100;	抬刀
N120	M09;	切削液关
N130	M05;	主轴关
N140	M30;	程序结束

表 8-14　十字槽加工子程序

程序段号	程序格式	说明
	O0001；	程序名
N10	G00 X0 Y0；	定位下刀点
N20	Z5；	快速下刀
N30	G01 Z-5 F60；	下刀到指定深度，实行分层切削
N40	G01 G41 X10 D3 F150；	建立刀具补偿
N50	Y25，R7；	轮廓加工
N60	X-10，R7；	
N70	Y-25，R7；	
N80	X10，R7；	
N90	Y0；	
N100	G01 G40 X0；	取消刀补
N110	G00 Z5；	抬刀
N120	G69；	取消旋转
N130	M99；	子程序结束

表 8-15　中心钻定位加工程序

程序段号	程序格式	说明
	O0809；	程序名
N10	G80 G40 G49 G90 G54；	程序初始化
N20	G91 G28 Z0；	抬刀
N30	T04 M06；	换 4 号刀
N40	G90 G00 X28 Y28 M03 S1500；	定位，主轴正转
N50	G43 Z20 H04；	调用 4 号刀长度补偿
N60	Z5；	Z 向定位
N70	M08；	切削液开
N80	G98 G81 Z-11 R5 F80；	钻第一个孔
N90	X-28 Y-28；	钻第二个孔
N100	G80；	取消循环指令
N110	G00 Z100；	抬刀
N120	M09；	切削液关
N130	M05；	主轴关
N140	M30；	程序结束

表 8-16　钻孔加工程序

程序段号	程序格式	说明
	O0810；	程序名
N10	G80 G40 G49 G90 G54；	程序初始化
N20	G91 G28 Z0；	抬刀
N30	T05 M06；	换 5 号刀
N40	G90 G00 X28 Y28 M03 S1000；	定位，主轴正转
N50	G43 Z20 H05；	调用 5 号刀长度补偿
N60	Z5；	Z 向定位
N70	M08；	切削液开
N80	G98 G81 Z-28 R5 F80；	钻第一个孔
N90	X-28 Y-28；	钻第二个孔
N100	G80；	取消循环指令
N110	G00 Z100；	抬刀
N120	M09；	切削液关
N130	M05；	主轴关
N140	M30；	程序结束

表 8-17　铰孔加工程序

程序段号	程序格式	说明
	O0811；	程序名
N10	G80 G40 G49 G90 G54；	程序初始化
N20	G91 G28 Z0；	抬刀
N30	T06 M06；	换 6 号刀
N40	G90 G00 X28 Y28 M03 S500；	定位，主轴正转
N50	G43 Z20 H06；	调用 6 号刀长度补偿
N60	Z5；	Z 向定位
N70	M08；	切削液开
N80	G98 G85 Z-28 R5 F40；	钻第一个孔
N90	X-28 Y-28；	钻第二个孔
N100	G80；	取消循环指令
N110	G00 Z100；	抬刀
N120	M09；	切削液关
N130	M05；	主轴关
N140	M30；	程序结束

3. 任务评价

中级工职业技能鉴定实例加工评价见表8-18。

表8-18 中级工职业技能鉴定实例加工评价

姓名			图号		零件编号		
考核项目		考核内容及要求	配分	评分标准	检测结果		得分
主要项目	1	$75_{-0.04}^{0}$ mm(2处)	4	超差不得分			
	2	$65_{-0.04}^{0}$ mm	5	超差不得分			
	3	$60_{-0.04}^{0}$ mm	5	超差不得分			
	4	(20±0.03) mm	4	超差不得分			
	5	$10_{0}^{+0.022}$ mm(2处)	8	超差不得分			
	6	$12_{-0.04}^{0}$ mm	5	超差不得分			
	7	$8_{-0.04}^{0}$ mm	5	超差不得分			
一般项目	8	φ40mm	6	扣完为止			
	9	R7mm(8处)	6	扣完为止			
	10	50mm(2处)	4	扣完为止			
	11	28mm(4处)	2	扣完为止			
	12	30°	2	扣完为止			
	13	10mm(2处)	2	扣完为止			
	14	6mm	1	扣完为止			
	15	3mm	1	扣完为止			
	16	R8mm(2处)	4	扣完为止			
	17	C6(2处)	4	扣完为止			
其他	18	表面粗糙度	10	升高1级扣1分 扣完为止			
	19	锐边倒钝	4	扣完为止			
	20	完整性	8	扣完为止			
	21	安全生产	5	扣完为止			
	22	文明生产	5	扣完为止			
	23	按时完成情况	扣分	超时≤15min 扣5分 超时15~30min 扣10分 超时≥30min 不计分			
总配分			100	总分			

8.3 高级职业技能鉴定实例

1. 任务分析

如图 8-9 所示，在 100mm×100mm×30mm 的工件上铣削上、下表面，完成图示零件的加工，完成加工刀具的选用、加工方法选择、程序编制等基本操作，达到图样的要求。

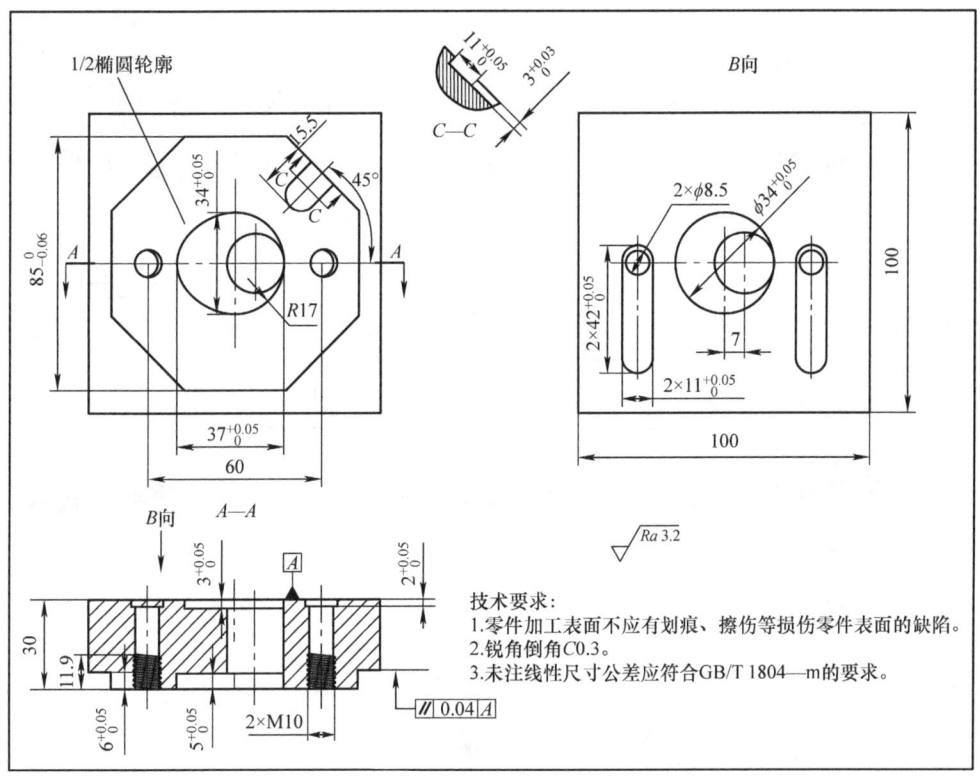

图 8-9 高级工技能鉴定实例编程与加工零件图

2. 任务实施

（1）工艺分析

1）分析技术要求。如图 8-9 所示，在 100mm×100mm×30mm 的工件上需要保证加工出 $85_{-0.06}^{\ 0}$ mm、$37_{\ 0}^{+0.05}$ mm、$34_{\ 0}^{+0.05}$ mm、$42_{\ 0}^{+0.05}$ mm、$\phi 34_{\ 0}^{+0.05}$ mm、$11_{\ 0}^{+0.05}$ mm、$6_{\ 0}^{+0.05}$ mm、$5_{\ 0}^{+0.05}$ mm、$3_{\ 0}^{+0.05}$ mm、$2_{\ 0}^{+0.05}$ mm 等尺寸。此工件轮廓较复杂，编程与加工有一定难度，主要包括平面加工、轮廓加工、型腔加工、孔和椭圆加工，需采用多把刀具进行加工。尺寸精度的控制通过设置刀具半径补偿值来实现。孔的加工

精度要求较高，孔加工的步骤是先加工定位孔，再钻孔，最后攻螺纹，注意孔深度的控制。

2) 选择加工路线。根据零件图安排的加工工艺，加工路线是铣上下平面→铣B向 $\phi 34^{+0.05}_{\ 0}$ mm 内圆→铣 $11^{+0.05}_{\ 0}$ mm 长度 42mm 的键槽→点中心孔→钻 $\phi 8.5$ mm 孔→反面装夹，巡边调整→铣 $85^{\ 0}_{-0.06}$ mm 八边形凸台→铣 1/2 椭圆内腔→铣 $11^{+0.05}_{\ 0}$ mm 长度 15.5mm 的键槽→铣与 $\phi 34^{+0.05}_{\ 0}$ mm 相切的内圆→攻 M10 螺纹孔→去毛刺→检测，如图 8-10 所示。

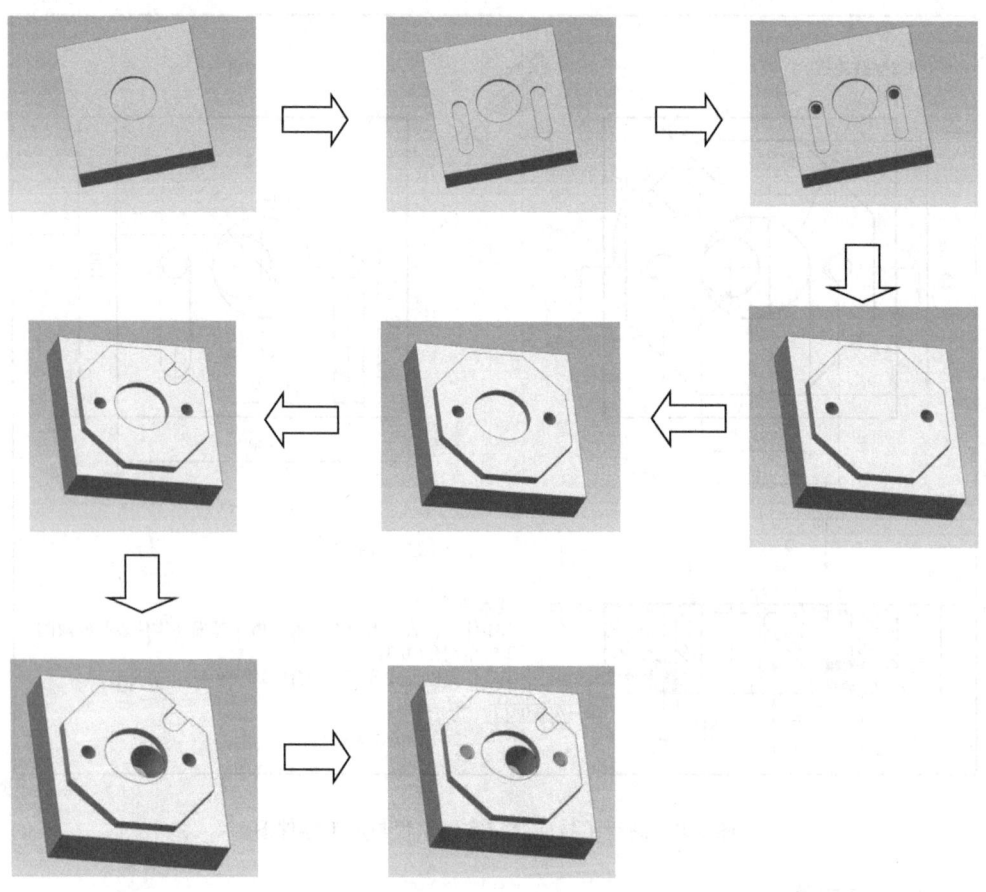

图 8-10 高级工实操加工流程

3) 确定装夹方法。工件毛坯为正方形，采用平口钳装夹，工件下用等高块支承，用百分表进行找正，工件伸出钳口部分视零件而定并夹紧。

(2) 工具、量具、刀具选择　高级工实例加工工具、量具、刀具清单见表 8-19。

表8-19 高级工实例加工工具、量具、刀具清单

种类	工具、量具、刀具			零件图号	图8-9
	序号	名称	规格尺寸/mm	分度值/mm	单位	数量
工具	1	平口钳	—	—	个	1
	2	扳手	—	—	把	1
	3	平行垫铁	—	—	副	1
	4	橡胶锤	—	—	个	1
量具	1	钢直尺	0~150	—	把	1
	2	游标卡尺	0~150	0.02	把	1
	3	内径千分尺	0~100	0.01	把（不同规格尺寸各1）	1
	4	外径千分尺	0~75	0.01	把（不同规格尺寸各1）	1
	5	半径样板	$R1 \sim R7$	—	套	1
刀具	1	面铣刀	$\phi 80$	—	把	1
	2	粗立铣刀	$\phi 16$	—	把	1
	3	精立铣刀	$\phi 16$	—	把	1
	4	粗立铣刀	$\phi 10$	—	把	1
	5	精立铣刀	$\phi 10$	—	把	1
	6	中心钻	$\phi 3$	—	把	1
	7	钻头	$\phi 8.5$	—	把	1
	8	丝锥	M10-7H	—	把	1

（3）加工工艺（见表8-20）

表8-20 高级职业技能鉴定实例加工工艺

数控加工工艺卡片		产品名称	零件名称	材料	零件图号
			高级工实例	2A12	图8-9
工序号	程序编号	夹具名称	夹具编号	使用设备	车间
12~20	O0812~O0820	平口钳		KDVM800LH	
工步号	工步内容	刀具号	刀具规格尺寸/mm	主轴转速/(r/min)	进给速度/(mm/min)	备注
1	铣上表面	T01	$\phi 80$ 面铣刀	1500	200	
2	铣 B 向 $\phi 34^{+0.05}_{0}$ mm 内圆	T02	$\phi 10$ 键槽刀	1200	100	
3	铣 $11^{+0.05}_{0}$ mm 长度42mm 的键槽	T02	$\phi 10$ 键槽刀	1200	100	

工步号	工步内容	刀具号	刀具规格尺寸/mm	主轴转速/(r/min)	进给速度/(mm/min)	备注
4	点中心孔	T03	$\phi 3$ 中心钻	1500	80	
5	钻 $\phi 8.5$mm 孔	T04	$\phi 8.5$ 钻头	1200	80	
6	铣 $85_{-0.06}^{0}$ mm 八边形凸台	T05	$\phi 16$ 立铣刀	1000	150	
7	铣 1/2 椭圆内腔	T02	$\phi 10$ 键槽刀	1200	100	
8	铣 $11_{0}^{+0.05}$ mm 长度 15.5mm 的键槽	T02	$\phi 10$ 键槽刀	1200	100	
9	铣与 $\phi 34_{0}^{+0.05}$ mm 相切的内圆	T02	$\phi 10$ 键槽刀	1200	100	
10	攻 M10 螺纹孔	T06	M10-7H 丝锥	40	60	
编撰		审核		批准	共 页	第 页

（4）加工程序　上平面加工程序比较简单，本例中省略。轮廓的粗精加工可采用同一程序，读者可根据加工精度要求调整刀具补偿值，本课题中铣 $11_{0}^{+0.05}$ mm 长度 42mm 的键槽编程可采用镜像指令结合子程序来实现，椭圆采用宏程序编程。本例中工件的层数较多，注意高度方向尺寸的控制。具体程序见表 8-21 ～ 表 8-29。

表 8-21　铣 B 向 $\phi 34_{0}^{+0.05}$ mm 内圆

程序段号	程序格式	说明
	O0812	程序名
N10	G80 G21 G40 G17 G54;	程序初始化
N20	G91 G28 Z0;	主轴 Z 向回零
N30	T02 M06;	换 2 号刀
N40	G90 G00 X0 Y-6 M03 S1200;	定位下刀点
N50	G43 Z100 H02;	调用 2 号 $\phi 10$mm 立铣刀
N60	Z5;	快速下刀
N70	M08;	切削液开
N80	G01 Z-3 F20;	下刀到指定深度，Z 向实行分层切削，每次不超过 1mm 切削量
N90	G01 G41 X17 Y0 D02 F100;	建立刀具补偿
N100	G03 I-17 J0;	$\phi 34_{0}^{+0.05}$ mm 内圆
N110	G40 G01 X0 Y6;	取消刀补
N120	G00 Z100;	抬刀
N130	M09;	切削液关
N140	M05;	主轴关
N150	M30;	程序结束

表8-22 铣 $11_{\ 0}^{+0.05}$ mm 长度 42mm 的键槽加工程序

程序段号	程序格式	说明
	O0813	程序名
N10	G80 G21 G40 G17 G54;	程序初始化
N20	G91 G28 Z0;	主轴正转
N30	T02 M06;	换2号刀
N40	G90 G00 X0 Y0 M03 S1200;	定位下刀点
N50	G43 Z100 H02;	调用2号 ϕ10mm 立铣刀
N60	Z10;	快速下刀
N70	M98 P0002;	调用子程序
N80	G51.1 X0;	以 Y 轴镜像
N90	M98 P0002;	调用子程序
N100	G50.1 X0;	取消镜像指令
N110	G00 Z100;	抬刀
N120	G90 M05;	主轴停止
N130	M09;	切削液关
N140	M05;	主轴关
N150	M30;	程序结束
	O0002	子程序
N10	G00 X30 Y0;	X、Y 向定位
N20	Z5 M08;	Z 向定位
N30	G01 Z-2 F30;	下刀,开切削液
N40	G41 G01 X35.5 Y0 D02 F100;	加工轮廓
N50	G03 X24.5 R5.5;	
N60	G01 Y-31;	
N70	G03 X35.5 R5.5;	
N80	G01 Y0;	
N90	G40 G01 X30 Y0 M09;	
N100	G00 Z100;	抬刀
N110	M99;	返回主程序

表 8-23　点中心孔

程序段号	程序格式	说明
	O0814	程序名
N10	G80 G40 G49 G90 G54;	程序初始化
N20	G91 G28 Z0;	抬刀
N30	T03 M06;	换 3 号刀
N40	G90 G00 X30 Y0 M03 S1500;	定位，主轴正转
N50	G43 Z20 H03;	调用 3 号刀长度补偿
N60	Z5;	Z 向定位
N70	M08;	切削液开
N80	G98 G81 Z-3 R5 F80;	钻第一个孔
N90	X-30 Y0;	钻第二个孔
N100	G80;	取消循环指令
N110	G00 Z100;	抬刀
N120	M09;	切削液关
N130	M05;	主轴关
N140	M30;	程序结束

表 8-24　钻 $\phi 8.5$ mm 孔

程序段号	程序格式	说明
	O0815	程序名
N10	G80 G40 G49 G90 G54;	程序初始化
N20	G91 G28 Z0;	抬刀
N30	T04 M06;	换 4 号刀
N40	G90 G00 X30 Y0 M03 S1500;	定位，主轴正转
N50	G43 Z20 H04;	调用 4 号刀长度补偿
N60	Z5;	Z 向定位
N70	M08;	切削液开
N80	G98 G81 Z-33 R5 F80;	钻第一个孔
N90	X-30 Y0;	钻第二个孔
N100	G80;	取消循环指令
N110	G00 Z100;	抬刀
N120	M09;	切削液关
N130	M05;	主轴关
N140	M30;	程序结束

表 8-25　铣 $85_{-0.06}^{0}$ mm 八边形凸台

程序段号	程序格式	说明
	O0816	程序名
N10	G90 G80 G21 G40 G17 G54;	程序初始化
N20	G91 G28 Z0;	主轴回零
N30	T05 M06;	换 5 号刀
N40	G90 G00 X0 Y-55 M03 S1000;	定位
N50	G43 Z100 H05;	调用 5 号刀
N60	Z5 M08;	Z 向定位,切削液开
N70	G01 Z-6 F80;	下刀到指定深度,Z 向实行分层切削,每次不超过 1mm 切削量
N80	G42 X17.6 Y-42.5 D05 F150;	
N90	X42.5 Y-17.6;	
N100	Y17.6;	
N110	X17.6 Y42.5;	
N120	X-17.6;	$85_{-0.06}^{0}$ mm 八边形凸台轮廓
N130	X-42.5 Y17.6;	
N140	Y-17.6;	
N150	X-17.6 Y-42.5;	
N160	X17.6;	
N170	G40 X50;	
N180	G00 Z50;	抬刀
N190	M09;	切削液关
N200	M05;	主轴关
N210	M30;	程序结束

表 8-26　铣 1/2 椭圆内腔

程序段号	程序格式	说明
	O0817	程序名
N10	G90 G80 G21 G40 G17 G54;	程序初始化
N20	G91 G28 Z0;	主轴回零
N30	T02 M06;	
N40	G90 G00 X0 Y0 M03 S1200;	定位下刀点
N50	G43 Z100 H02;	快速下刀
N60	Z5;	Z 向定位
N70	M08;	切削液开
N80	G01 Z-5 F80;	深度
N90	#1 = 270;	加工 1/2 椭圆
N100	WHILE [#1GE90] DO1;	
N110	#2 = 20 * COS [#1];	
N120	#3 = 17 * SIN [#1];	
N130	G42 G01 X#2 Y#3 F100 D02;	
N140	#1 = #1-1;	
N150	END1;	

(续)

程序段号	程序格式	说明
N160	G02 X0 Y-17 R17；	内腔
N170	G40 G01 X0 Y0；	
N180	G00 Z100；	Z 向抬刀
N190	M09；	切削液关
N200	M05；	主轴关
N210	M30；	程序结束

表 8-27　铣 $11^{+0.05}_{0}$ mm 长度 15.5mm 的键槽

程序段号	程序格式	说明
	O0818	程序名
N10	G90 G80 G21 G40 G17 G54；	程序初始化
N20	G91 G28 Z0；	主轴回零
N30	T02 M06；	调用 2 号刀
N40	G90 G00 X55 Y0 M03 S1200；	快速定位
N50	G43 Z100 H02；	调用 2 号刀补偿
N60	Z5；	Z 向快速定位
N120	G68 X0 Y0 R45；	旋转 45°
N130	M98 P0003；	调用子程序
N140	G69；	取消旋转
N150	G00 Z100；	抬刀
	M30；	程序结束
	O0003	子程序
N10	G00 X50 Y0；	X、Y 定位
N20	Z2；	Z 定位
N30	G01 Z-3 F60；	下刀
N40	G01 G42 X42.5 Y-5.5 D2 F100；	长度 15.5mm 的键槽轮廓
N50	X32.5；	
N60	G02 Y5.5 R5.5；	
N70	G01 X42.5；	
N80	G40 X50 Y0；	
N90	G00 Z5；	抬刀
N100	M99；	子程序结束

表 8-28　铣与 $\phi 34^{+0.05}_{0}$ mm 相切的内圆

程序段号	程序格式	说明
	O0819	程序名
N10	G90 G80 G21 G40 G17 G54;	程序初始化
N20	G91 G28 Z0;	回参考点
N30	T02 M06;	调用 2 号刀
N40	G90 G00 X7 Y-3 M03 S1000;	快速定位，主轴正转
N50	G43 Z100 H02;	调用 2 号刀补偿
N60	Z5;	Z 向快速定位
N70	M08;	切削液开
N80	G01 Z-28 F80;	下刀到指定深度，Z 向实行分层切削，每次不超过 1mm 切削量
N90	G01 G41 X17 Y0 D02 F100;	建立刀补
N100	G03 I-17 J0;	铣整圆
N110	G40 G01 X7 Y3;	取消刀补
N120	G00 Z5;	抬刀
N130	M09;	切削液关
N140	M05;	主轴关
N150	M30;	程序结束

表 8-29　攻 M10 螺纹孔加工程序

程序段号	程序格式	说明
	O0820	程序名
N10	G90 G80 G21 G40 G17 G54;	程序初始化
N20	G91 G28 Z0;	回参考点
N30	T06 M06;	调用 6 号刀
N40	G90 G00 X-30 Y0 M03 S40;	定位
N50	G43 Z20 H06;	调用 6 号刀长度补偿
N60	Z5;	快速下刀
N70	M08;	切削液开
N80	G98 G84 Z-11.9 R2 F60;	攻螺纹第一个孔
N90	X30 Y0;	攻螺纹第二个孔
N100	G80;	取消循环指令
N110	G00 Z100;	抬刀
N120	M09;	切削液关
N130	M05;	主轴关
N140	M30;	程序结束

3. 任务评价

高级工职业技能鉴定实例加工评价见表 8-30。

表8-30 高级工职业技能鉴定实例加工评价

姓名			图号		零件编号	
考核项目		考核内容及要求	配分	评分标准	检测结果	得分
主要项目	1	$85_{-0.06}^{0}$ mm（4处）	8	超差不得分		
	2	$34_{0}^{+0.05}$ mm	6	超差不得分		
	3	$\phi 34_{0}^{+0.05}$ mm	6	超差不得分		
	4	$37_{0}^{+0.05}$ mm	8	超差不得分		
	5	$42_{0}^{+0.05}$ mm（2处）	8	超差不得分		
	6	$11_{0}^{+0.05}$ mm	4	超差不得分		
	7	$3_{0}^{+0.03}$ mm	4	超差不得分		
一般项目	8	$3_{0}^{+0.05}$ mm	2	超差不得分		
	9	$2_{0}^{+0.05}$ mm	2	超差不得分		
	10	$6_{0}^{+0.05}$ mm	3	超差不得分		
	11	$5_{0}^{+0.05}$ mm	3	超差不得分		
	12	M10	2	扣完为止		
	13	⫽ 0.04 A	4	超差不得分		
	14	R17mm	2	扣完为止		
	15	15.5mm	2	扣完为止		
	16	100mm	2	扣完为止		
	17	11.9mm	2	超差不得分		
其他	18	表面粗糙度	10	升高1级扣1分 扣完为止		
	19	锐边倒钝	4	扣完为止		
	20	完整性	8	扣完为止		
	21	安全生产	5	扣完为止		
	22	文明生产	5	扣完为止		
	23	按时完成情况	扣分	超时≤15min 扣5分 超时 15~30min 扣10分 超时≥30min 不计分		
总配分			100	总分		

8.4 CAM技术辅助技能鉴定实例

1. 任务分析

如图8-11所示，在75mm×75mm×25mm的工件上铣削上、下表面，完成图示零件的加工，完成加工刀具的选用、加工方法选择、程序编制等基本操作，达到图样的要求。

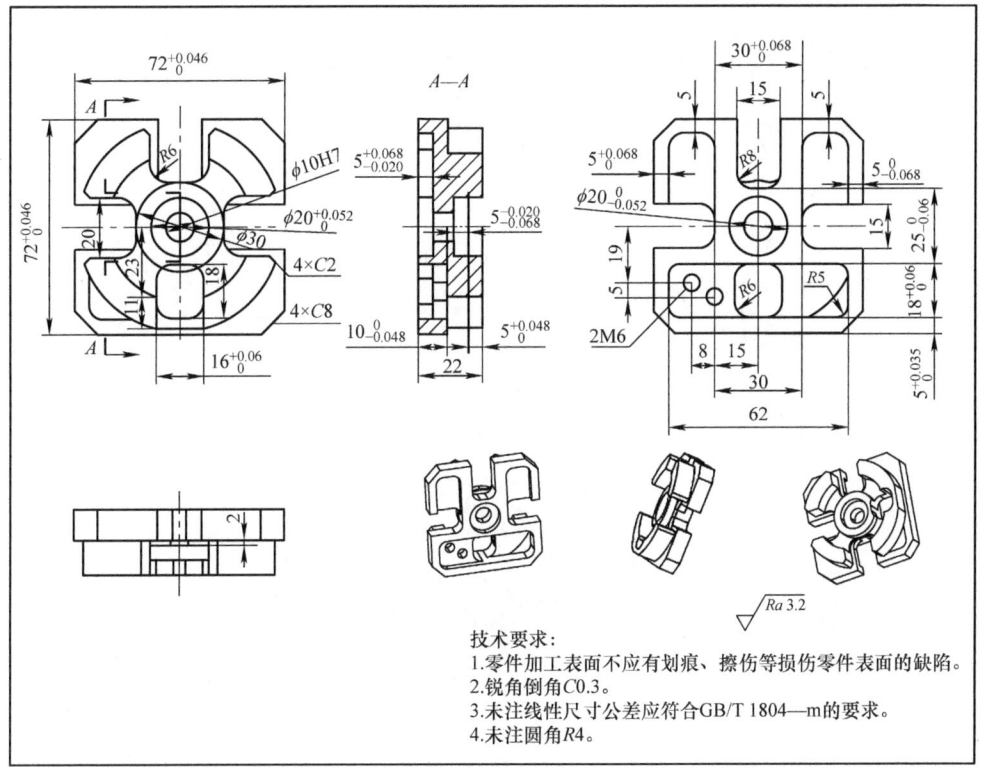

图 8-11　CAM 技术辅助技能鉴定实例编程与加工零件图

2. 任务实施

（1）工艺分析

1）分析技术要求。如图 8-11 所示，在 75mm×75mm×25mm 的工件上需要保证加工出 $2×72_{\ 0}^{+0.046}$ mm、$\phi20_{-0.052}^{\ \ 0}$ mm、$\phi20_{\ 0}^{+0.052}$ mm、$\phi10H7$ mm、$16_{\ 0}^{+0.06}$ mm、$5_{-0.020}^{+0.068}$ mm、$5_{-0.068}^{-0.020}$ mm、$10_{-0.048}^{\ \ 0}$ mm、$5_{\ 0}^{+0.048}$ mm、$5_{\ 0}^{+0.068}$ mm、$5_{-0.068}^{\ \ 0}$ mm、$30_{\ 0}^{+0.068}$ mm、$25_{-0.06}^{\ \ 0}$ mm、$18_{\ 0}^{+0.06}$ mm、$5_{\ 0}^{+0.035}$ mm 等尺寸。此工件轮廓较复杂，编程与加工有一定难度，主要包括平面加工、轮廓加工、型腔加工、孔加工，需要切除的余量很多，采用多把刀具进行加工。尺寸精度的控制通过设置刀具半径补偿值来实现。孔加工的步骤是先加工定位孔，再钻孔，最后攻螺纹，注意孔深度的控制。

2）选择加工路线。根据零件图安排的加工工艺，加工路线是铣上平面→粗铣 $2×72_{\ 0}^{+0.046}$ mm 内腔→粗铣 $16_{\ 0}^{+0.06}$ mm 内腔→精铣 $2×72_{\ 0}^{+0.046}$ mm 和 $16_{\ 0}^{+0.06}$ mm 内腔→点中心孔→钻 $\phi5.2$mm 孔→反面装夹，巡边调整→铣上平面→粗铣 $\phi20_{\ 0}^{+0.052}$ mm 凸台→精铣 $\phi20_{\ 0}^{+0.052}$ mm 凸台→铣型腔底面→铰孔 $\phi10H7$mm→攻 M6 螺纹孔→去毛刺→检测，如图 8-12 所示。

3）确定装夹方法。工件毛坯为正方形，采用平口钳装夹，工件下用等高块支

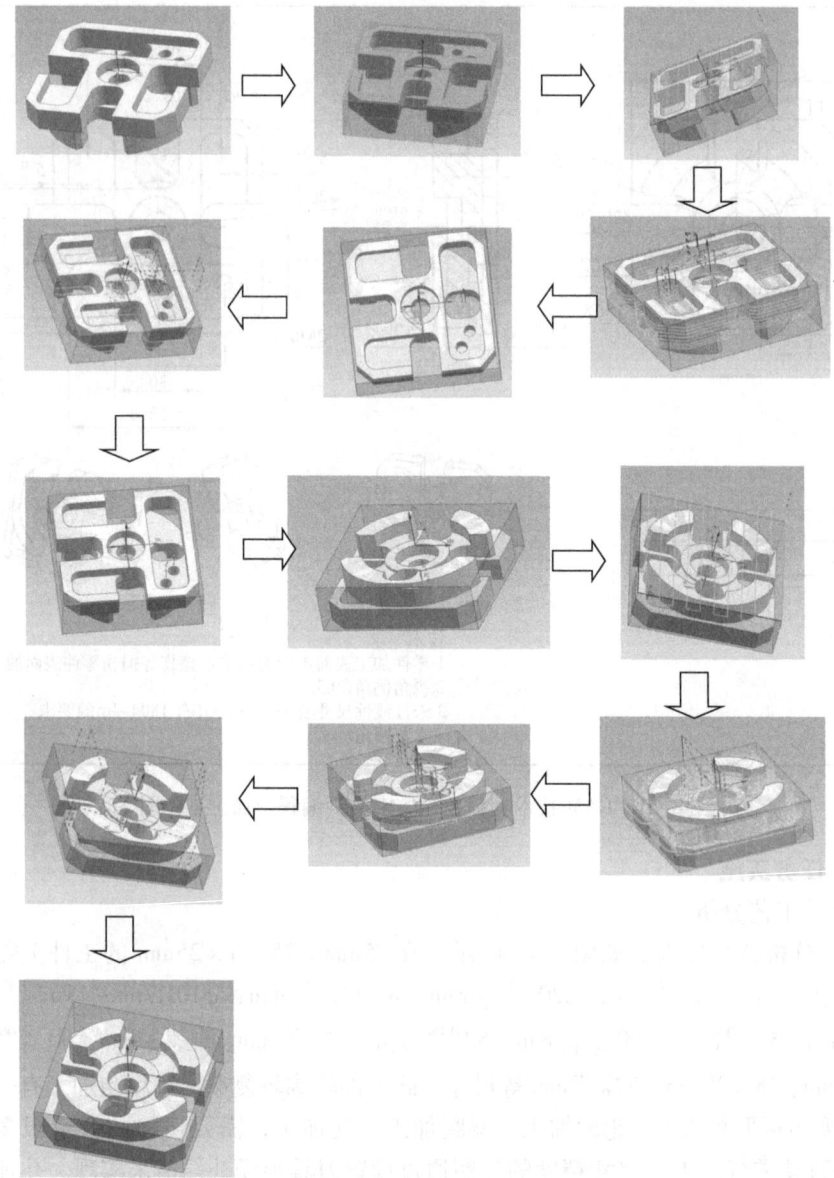

图 8-12 CAM 技术辅助技能鉴定实操加工流程

承,用百分表进行找正,工件伸出钳口部分视零件而定并夹紧。

(2) 工具、量具、刀具选择 CAM 技术辅助技能鉴定实例加工工具、量具、刀具清单见表 8-31。

(3) UG 软件实操过程

1) 指定机床坐标系,安全距离为 10mm,如图 8-13 所示。

表8-31 CAM技术辅助技能鉴定实例加工工具、量具、刀具清单

工具、量具、刀具				零件图号	图8-11	
种类	序号	名称	规格尺寸/mm	分度值/mm	单位	数量
工具	1	平口钳	—	—	个	1
	2	扳手	—	—	把	1
	3	平行垫铁	—	—	副	1
	4	橡胶锤	—	—	个	1
量具	1	钢直尺	0~150	—	把	1
	2	游标卡尺	0~150	0.02	把	1
	3	内径千分尺	0~100	0.01	把（不同规格尺寸各1）	1
	4	外径千分尺	0~75	0.01	把（不同规格尺寸各1）	1
	5	半径样板	$R1 \sim R7$	—	套	1
刀具	1	粗立铣刀	$\phi 10$	—	把	2
	2	精立铣刀	$\phi 8$	—	把	2
	3	中心钻	$\phi 3$	—	把	1
	4	钻头	$\phi 5.2$	—	把	1
	5	丝锥	M6	—	把	1
	6	铰刀	$\phi 10H7$	—	把	1

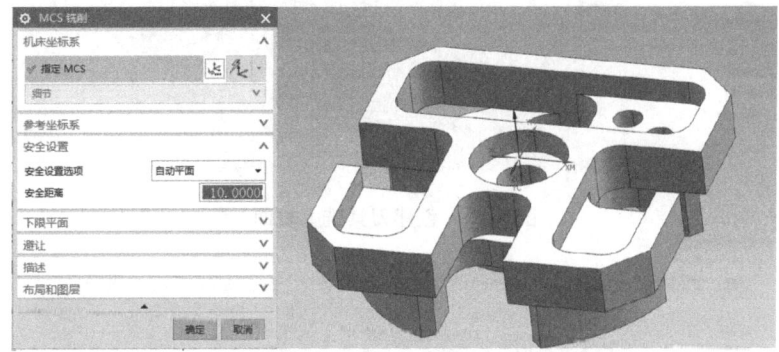

图8-13 创建MCS坐标

2）指定工件几何体中的加工部件和毛坯，毛坯选择75mm×75mm×25mm，如图8-14所示。

3）铣$2 \times 72_{\ 0}^{+0.046}$mm正面的上平面，刀具设置为$\phi 10$mm，如图8-15所示。

4）粗铣$2 \times 72_{\ 0}^{+0.046}$mm正面的型腔，刀具设置为$\phi 8$mm，如图8-16所示。

5）粗加工型腔16mm×18.5mm深槽，刀具设置为$\phi 8$mm，如图8-17所示。

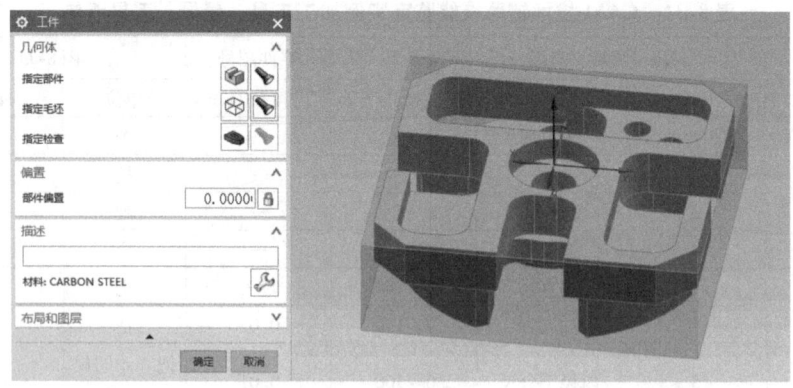

图 8-14 创建毛坯

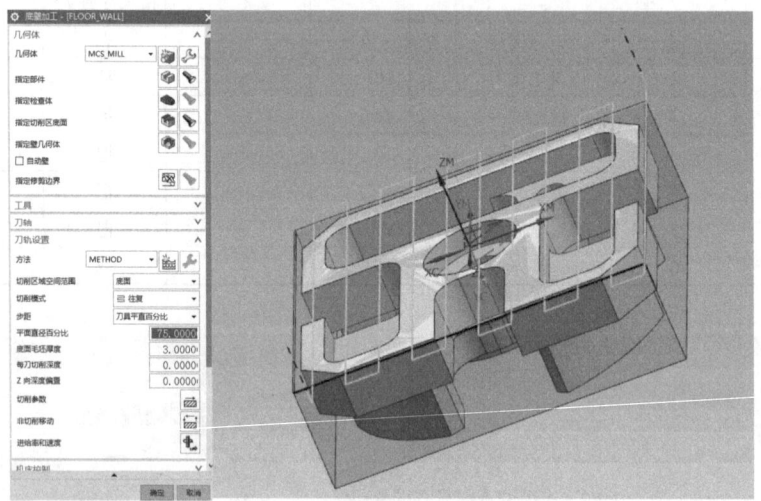

图 8-15 创建刀具铣上表面

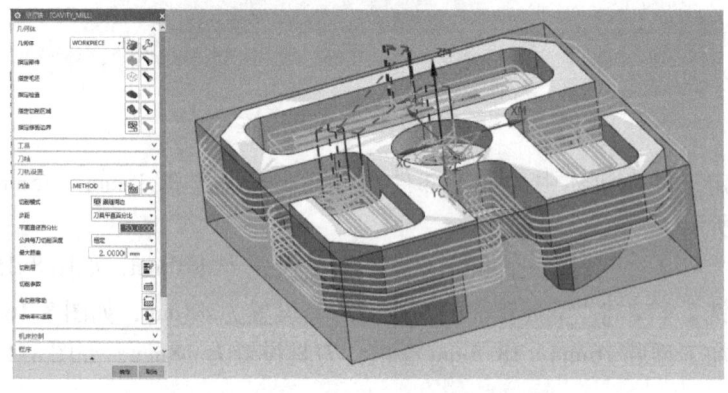

图 8-16 粗铣 $2 \times 72_{0}^{+0.046}$ mm 正面的型腔

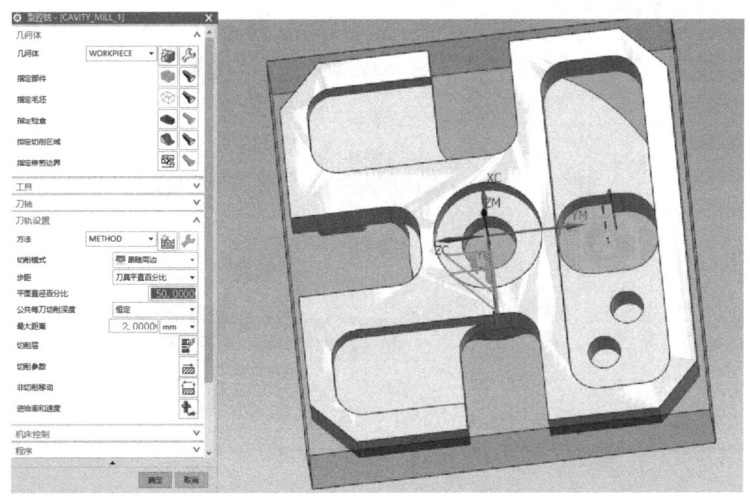

图 8-17　粗铣 16mm×18.5mm 深槽

6）精铣 $2×72_{0}^{+0.046}$ mm 正面的型腔，刀具设置为 ϕ10mm，如图 8-18 所示。

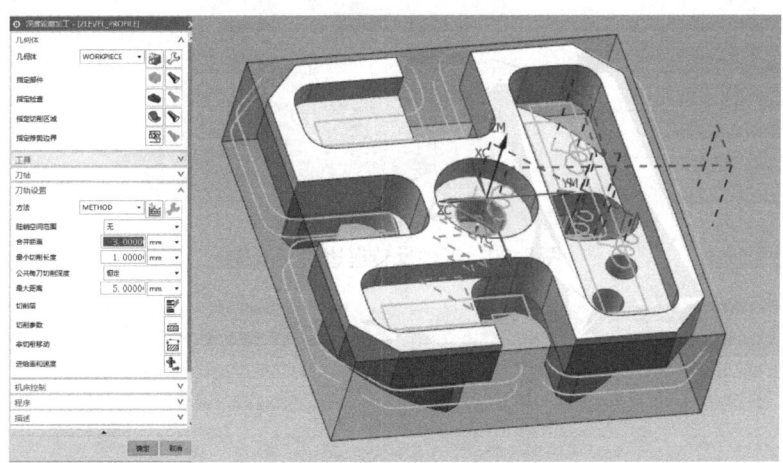

图 8-18　精铣 $2×72_{0}^{+0.046}$ mm 正面的型腔

7）钻 M6 底孔，刀具设置为 ϕ5.2mm 钻头，如图 8-19 所示。

8）工件反转，用已经加工好的面夹持，夹持之前需要用刀铜皮，保证不能夹伤工件，巡边器巡边，保证对称误差不超过 0.01mm，如图 8-20 所示。

9）铣 $2×72_{0}^{+0.046}$ mm 反面的上平面，刀具设置为 ϕ10mm，如图 8-21 所示。

10）粗铣 $\phi20_{0}^{+0.052}$ mm 凸台，刀具设置为 ϕ8mm，如图 8-22 所示。

11）精铣 $\phi20_{0}^{+0.052}$ mm 凸台，刀具设置为 ϕ8mm，如图 8-23 所示。

12）精铣固定轮廓，刀具设置为 ϕ10mm，如图 8-24 所示。

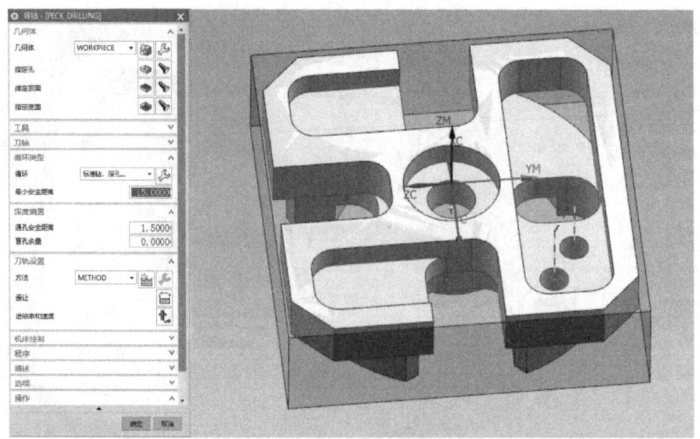

图 8-19　钻 M6 底孔

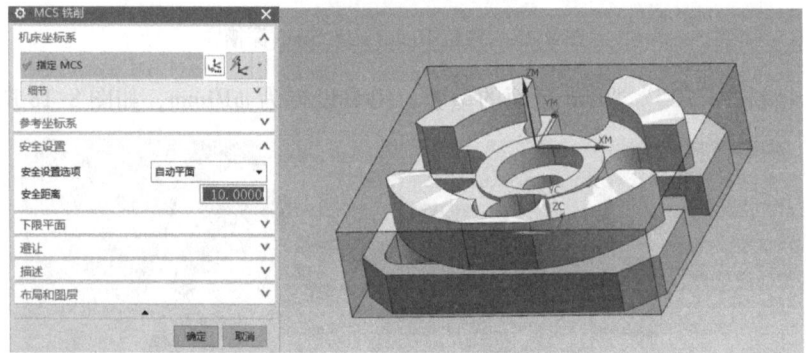

图 8-20　工件反转巡边找正工件

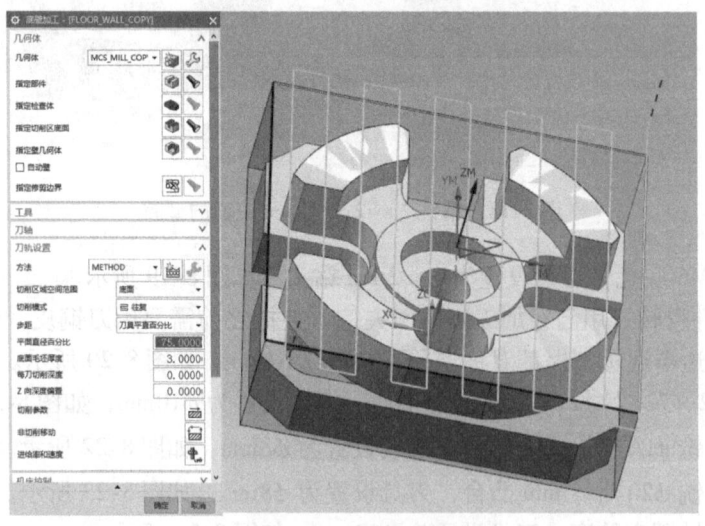

图 8-21　铣平面

第 8 章 数控铣工技能鉴定实例

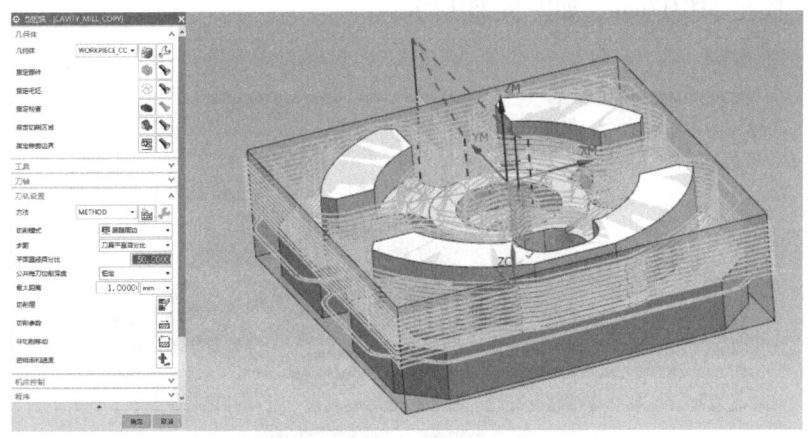

图 8-22 粗铣 $\phi 20^{+0.052}_{\ \ 0}$ mm 凸台

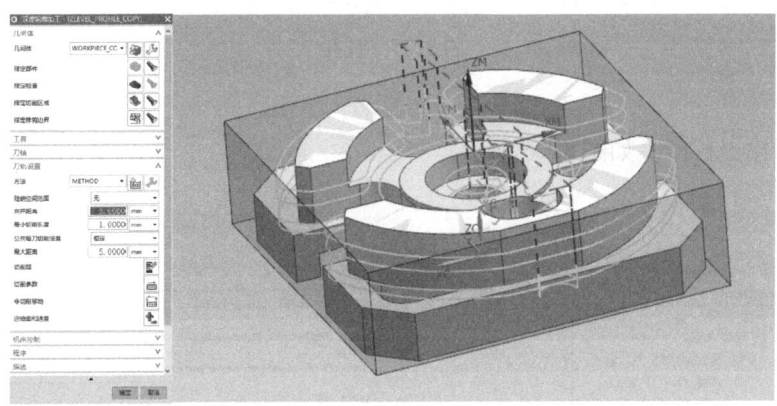

图 8-23 精铣 $\phi 20^{+0.052}_{\ \ 0}$ mm 凸台

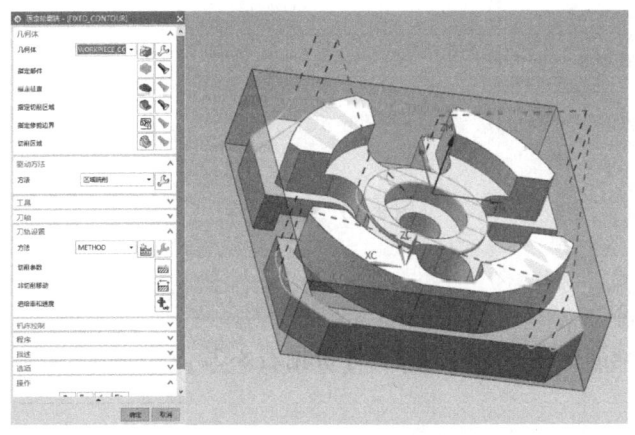

图 8-24 固定轮廓铣

13) 铰孔 ϕ10H7mm，如图 8-25 所示。

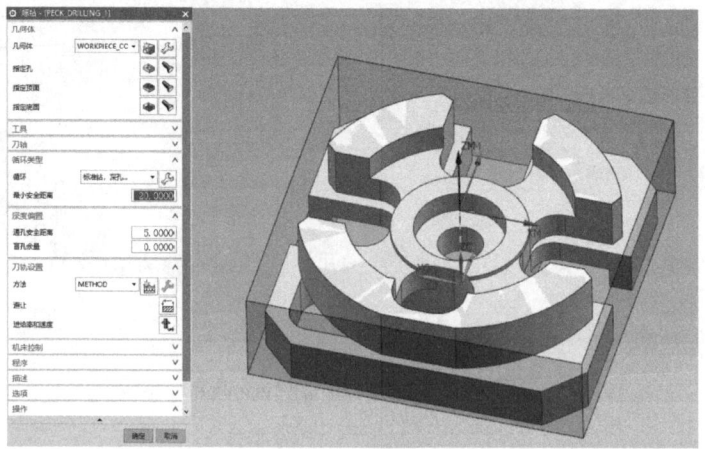

图 8-25　铰孔

14) 输出程序，如图 8-26 所示。

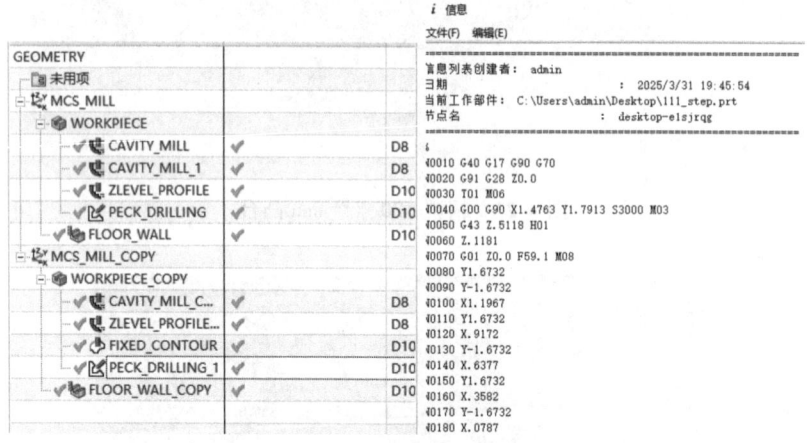

图 8-26　输出程序

3. 任务评价

CAM 技术辅助技能鉴定实例加工评价见表 8-32。

表 8-32　CAM 技术辅助技能鉴定实例加工评价

姓名			图号		零件编号	
考核项目		考核内容及要求	配分	评分标准	检测结果	得分
主要项目	1	$2\times72_{\ 0}^{+0.046}$ mm	8	超差不得分		
	2	$\phi20_{-0.052}^{\ \ 0}$ mm	6	超差不得分		
	3	$\phi20_{\ 0}^{+0.052}$ mm	6	超差不得分		
	4	$\phi10H7$	8	超差不得分		
	5	$16_{\ 0}^{+0.06}$ mm	8	超差不得分		
	6	$10_{-0.048}^{\ \ 0}$ mm	4	超差不得分		
	7	$30_{\ 0}^{+0.068}$ mm	4	超差不得分		
一般项目	8	$5_{-0.020}^{+0.068}$ mm	2	超差不得分		
	9	$5_{-0.068}^{-0.020}$ mm	2	超差不得分		
	10	$5_{\ 0}^{+0.048}$ mm	3	超差不得分		
	11	$5_{\ 0}^{+0.068}$ mm	3	超差不得分		
	12	$5_{-0.068}^{\ \ 0}$ mm	2	超差不得分		
	13	$25_{-0.06}^{\ \ 0}$ mm	4	超差不得分		
	14	$18_{\ 0}^{+0.06}$ mm	2	超差不得分		
	15	$5_{\ 0}^{+0.035}$ mm	2	超差不得分		
	16	$4C8$ mm	2	扣完为止		
	17	$4C2$ mm	2	扣完为止		
其他	18	$2M6$ mm	10	升高 1 级扣 1 分 扣完为止		
	19	锐边倒钝	4	扣完为止		
	20	完整性	8	扣完为止		
	21	安全生产	5	扣完为止		
	22	文明生产	5	扣完为止		
	23	按时完成情况	扣分	超时≤15min 扣 5 分 超时 15～30min 扣 10 分 超时≥30min 不计分		
		总配分	100	总分		

思考与练习

1）图 8-27 所示"回"字形凸台零件的材料为 2A12，毛坯尺寸为 80mm×80mm×30mm。请完成该零件的造型和手工编程。

2）图 8-28 所示花形槽零件的材料为 2A12，毛坯尺寸为 120mm×90mm×30mm。请完成该零件的造型和 CAM 自动编程。

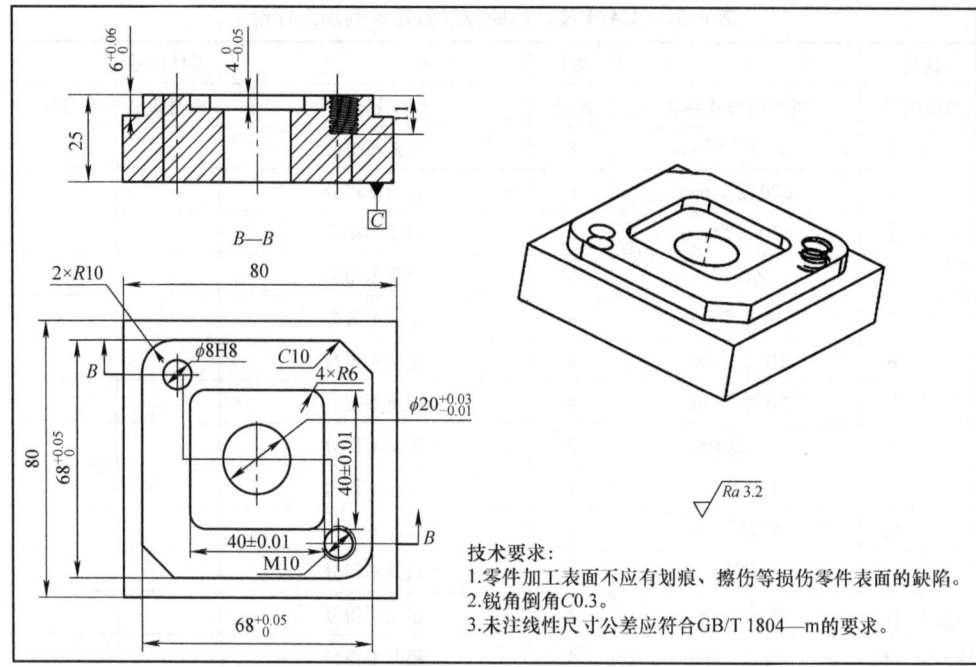

图 8-27 "回"字形凸台零件

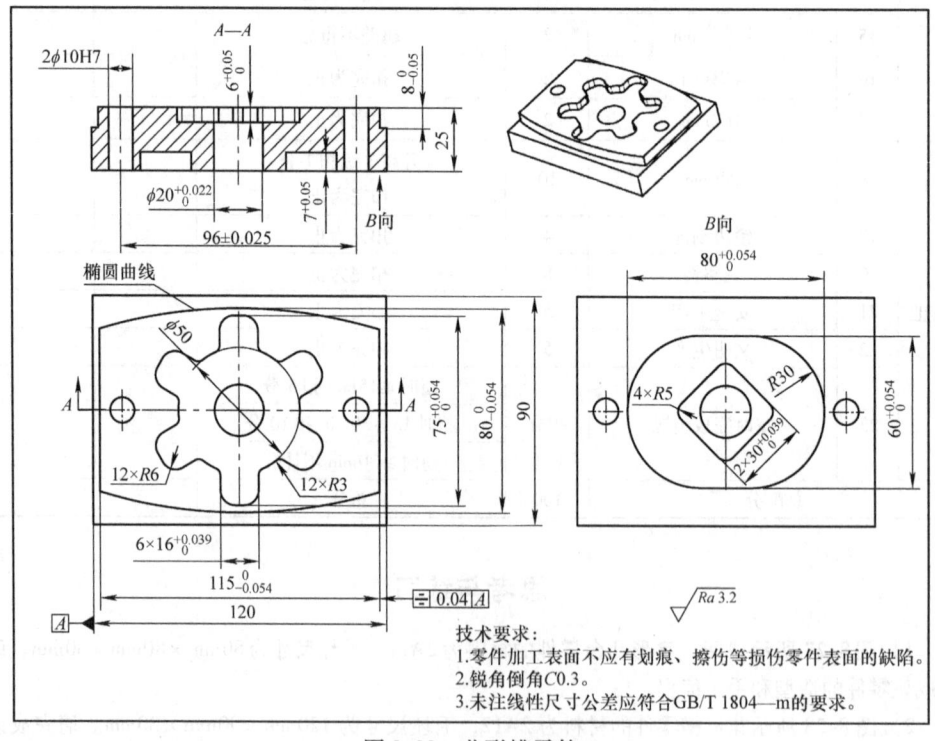

图 8-28 花形槽零件

附　　录

附录 A　FANUC-0i 系统数控指令中支持的 G 代码组成及其含义

G 代码	组别	功能	程序格式及说明
G00 *		快速点定位	G00 X __ Y __ Z __ ;
G01		直线插补	G01 X __ Y __ Z __ F __ ;
G02	01	顺时针圆弧插补	G02 X __ Y __ Z __ R __ F __ ; 或 G02 X __ Y __ Z __ I __ J __ K __ F __ ;
G03		逆时针圆弧插补	G03 X __ Y __ Z __ R __ F __ ; 或 G03 X __ Y __ Z __ I __ J __ K __ F __ ;
G04	00	暂停	G04 X1; 或 G04 P1000;
G15 *	17	极坐标取消	G15;
G16		极坐标指令	G16;
G17 *		选择 XY 平面	G17;
G18	02	选择 XZ 平面	G18;
G19		选择 YZ 平面	G19;
G20	06	寸制输入	G20;
G21 *		米制输入	G21;
G28		返回参考点	G28 X __ Y __ Z __ ;
G29	00	从参考点返回	G29 X __ Y __ Z __ ;
G30		返回第 2、3、4 参考点	G30 X __ Y __ Z __ ;
G31		跳转功能	G31 X __ Y __ Z __ ;
G40 *		刀具半径补充取消	G40;
G41	07	刀具半径左补偿	G41 G01 X __ Y __ D __ ;
G42		刀具半径右补偿	G42 G01 X __ Y __ D __ ;

(续)

G 代码	组别	功能	程序格式及说明
G43	08	刀具长度正补偿	G43 G01 Z __ H __ ;
G44		刀具长度负补偿	G44 G01 Z __ H __ ;
G49 *		刀具长度补偿取消	G49 ;
G50 *	11	比例缩放取消	G50 ;
G51		比例缩放有效	G51 X __ Y __ Z __ P __ ；或 G51 I __ J __ K __ P __ ;
G50.1 *	22	可编程镜像取消	G50.1 X __ Y __ Z __ ;
G51.1		可编程镜像有效	G51.1 X __ Y __ Z __ ;
G52	00	局部坐标系设定	G52 X __ Y __ Z __ ；（XYZ 坐标以绝对值指定）
G53		选择机床坐标系	G53 X __ Y __ Z __ ;
G54 *	14	选择工件坐标系 1	G54 ;
G55		选择工件坐标系 2	G55 ;
G56		选择工件坐标系 3	G56 ;
G57		选择工件坐标系 4	G57 ;
G58		选择工件坐标系 5	G58 ;
G59		选择工件坐标系 6	G59 ;
G61	15	准确停止方式	G61 ;
G64 *		切削方式	G64 ;
G65	00	宏程序非模态调用	G65 P __ L __ ；（自变量指定）
G66	12	宏程序模态调用	G66 P __ L __ ；（自变量指定）
G67		宏程序模态调用取消	G67 ;
G68	16	坐标系旋转	G68 X __ Y __ R __ ;
G69 *		坐标系旋转取消	G69 ;
G73	09	深孔钻循环	G73 X __ Y __ Z __ R __ Q __ F __ ;
G74		攻左旋螺纹循环	G74 X __ Y __ Z __ R __ P __ F __ ;
G76		精镗孔循环	G76 X __ Y __ Z __ R __ Q __ P __ F __ ;
G80 *		固定循环取消	G80 ;
G81		钻、锪、镗孔循环	G81 X __ Y __ Z __ R __ F __ ;
G82		钻孔循环	G82 X __ Y __ Z __ R __ P __ F __ ;
G83		深孔循环	G83 X __ Y __ Z __ R __ Q __ F __ ;
G84		攻右旋螺纹循环	G84 X __ Y __ Z __ R __ F __ ;
G85		镗孔循环	G85 X __ Y __ Z __ R __ F __ ;
G86		镗孔循环	G86 X __ Y __ Z __ R __ P __ F __ ;
G87		背镗孔循环	G87 X __ Y __ Z __ R __ Q __ F __ ;
G88		镗孔循环	G88 X __ Y __ Z __ R __ P __ F __ ；（手动返回）
G89		镗孔循环	G89 X __ Y __ Z __ R __ P __ F __ ;
G90 *	03	绝对值编程	G90 G01 X __ Y __ Z __ F __ ;
G91		增量值编程	G91 G01 X __ Y __ Z __ F __ ;

（续）

G 代码	组别	功能	程序格式及说明
G92	00	设定工件坐标系	G92 X＿ Y＿ Z＿；
G94 *	05	每分钟进给	单位 mm/min
G95		每转进给	单位 r/min
G96	13	恒线速度	G96 S200；（200m/min）
G97 *		恒转速	G97 S200；（200r/min）
G98 *	10	固定循环返回初始点	G98 G81 X＿ Y＿ Z＿ R＿ F＿；
G99		固定循环返回 R 点	G99 G81 X＿ Y＿ Z＿ R＿ F＿；

注：带 * 的为初始状态。

附录 B　FANUC-0i 系统数控指令中支持的辅助功能（M 功能）

代码	说明	代码	说明
M00	程序停	M30	程序结束（复位）并回到程序头
M01	选择停止	M48	主轴过载取消不起作用
M02	程序结束	M49	主轴过载取消起作用
M03	主轴正转	M60	APC 循环开始
M04	主轴反转	M80	分度台正转
M05	主轴停	M81	分度台反转
M06	换刀	M94	镜像取消
M08	切削液开	M95	X 坐标镜像
M09	切削液关	M96	Y 坐标镜像
M19	主轴定向停止	M98	子程序调用
M28	返回原点	M99	子程序结束

参 考 文 献

［1］余健. 数控编程与加工［M］. 北京：机械工业出版社，2024.
［2］林岩，谷裕. 数控加工工艺与编程［M］. 北京：化学工业出版社，2023.
［3］吕宜忠. 数控编程与加工技术［M］. 2版. 北京：机械工业出版社，2024.
［4］万晓航. 数控机床编程技术［M］. 北京：北京理工大学出版社，2021.
［5］刘蔡保. 数控铣床（加工中心）编程与操作［M］. 北京：化学工业出版社，2020.
［6］刘蔡保. UG NX12.0数控加工高级典型案例［M］. 北京：化学工业出版社，2019.
［7］关雄飞. 数控加工工艺与编程［M］. 北京：机械工业出版社，2018.
［8］胡晓东. 数控铣床操作技能实训教程［M］. 杭州：浙江大学出版社，2016.
［9］陈康玮，李志江. 数控铣床/加工中心编程与操作［M］. 北京：科学出版社，2014.
［10］许云飞. FANUC系统数控铣床编程与加工［M］. 北京：电子工业出版社，2014.